财政干部教育培训用书
现代财政制度系列教材

现代财政宏观调控研究

财政部干部教育中心　组编

中国财经出版传媒集团
经济科学出版社
Economic Science Press

图书在版编目（CIP）数据

现代财政宏观调控研究／财政部干部教育中心组编．
—北京：经济科学出版社，2017.9
财政干部教育培训用书　现代财政制度系列教材
ISBN 978 - 7 - 5141 - 8440 - 2

Ⅰ. ①现…　Ⅱ. ①财…　Ⅲ. ①财政管理 - 宏观
经济调控 - 中国 - 干部培训 - 教材　Ⅳ. ①F812

中国版本图书馆 CIP 数据核字（2017）第 225454 号

责任编辑：白留杰　程新月
责任校对：王苗苗
责任印制：李　鹏
封面设计：陈宇琰

现代财政宏观调控研究

财政部干部教育中心　组编
经济科学出版社出版、发行　新华书店经销
社址：北京市海淀区阜成路甲 28 号　邮编：100142
教材分社电话：010 - 88191354　发行部电话：010 - 88191522
网址：www. esp. com. cn
电子邮箱：bailiujie518@ 126. com
天猫网店：经济科学出版社旗舰店
网址：http://jjkxcbs. tmall. com
北京密兴印刷有限公司印装
710 × 1000　16 开　16 印张　230000 字
2017 年 9 月第 1 版　2017 年 9 月第 1 次印刷
ISBN 978 - 7 - 5141 - 8440 - 2　定价：56.00 元
（图书出现印装问题，本社负责调换。电话：010 - 88191510）
（版权所有　侵权必究　举报电话：010 - 88191586
电子邮箱：dbts@esp. com. cn）

前　　言

　　党的十八届三中全会通过的《中共中央关于全面深化改革若干重大问题的决定》提出了财政是国家治理的基础和重要支柱的重要论断，并就深化财税体制改革作出了总体部署。当前，统筹推进"五位一体"总体布局和协调推进"四个全面"战略布局，牢固树立和贯彻落实新发展理念，努力实现"两个一百年"奋斗目标和中华民族伟大复兴的中国梦，都迫切需要充分发挥财政对于推进国家治理体系和治理能力现代化的基础和支柱作用，构建与我国综合国力和国际影响力相匹配的财政体系和财政能力。中央政治局会议审议通过的《深化财税体制改革总体方案》明确提出，到2020年基本建立现代财政制度。现代财政制度在体系上要构建全面规范、公开透明的预算管理制度，公平统一、调节有力的税收制度，中央和地方事权与支出责任相适应的制度；在功能上要适应科学发展需要，更好地发挥财政稳定经济、提供公共服务、调节分配、保护环境、维护国家安全等方面的职能；在机制上要符合国家治理体系与治理能力现代化的新要求，包括权责对等、有效制衡、运行高效、可问责、可持续等一系列制度安排。

　　深化财税体制改革是一场关系我国国家治理现代化的深刻变革，是完善社会主义市场经济体制、加快转变政府职能的迫切需要，是转变经济发展方式、促进经济社会持续稳定健康发展的必然要求，是建立健全现代国家治理体系、实现国家长治久安的重要保障。财政干部在深化财税体制改革、建立现代财政制度中责任重大，使命光荣。

为满足广大财政干部的学习需求，财政部人事教育司、干部教育中心组织协调中央财经大学、上海财经大学、中南财经政法大学、东北财经大学、江西财经大学、山东财经大学6所部省共建高校和部内有关司局，联合研究编写了我国现代财政制度系列教材。系列教材共分7本：《中国现代财政制度建设之路》《现代预算制度研究》《现代税收制度研究》《现代政府间财政关系研究》《现代财政法治化研究》《现代财政宏观调控研究》《现代财政监督研究》。教材突出前瞻性、实用性、科学性和通俗性，希望能为广大财政干部学习专业知识、提高业务能力提供帮助，进而为加快推进建立我国现代财政制度作出积极贡献。

《现代财政制度系列教材》编写组

2017年9月

目　录

第一章 现代财政制度与宏观调控

本章导读： 国家对经济运行进行宏观调控是社会化大生产的内在要求，世界各国发展经济的成功经验都证明，没有强有力的宏观调控就没有健全的市场经济。财政是国家治理的基础和重要支柱，科学的财税体制是优化资源配置、维护市场统一、促进社会公平、实现国家长治久安的制度保障。在我国经济发展新常态和构建现代财政制度目标背景下，财政宏观调控具有新时期赋予的内涵、意义、地位与特点，其所遵循的原则、内在职能、调控目标、调控方式和手段选择应当有所创新，进而有效促进整个国民经济的协调发展。

党的十八届三中全会将财政提升至"国家治理的基础和重要支柱"的战略高度，并提出建立现代财政制度的明确目标。财政政策作为国家进行宏观调控的基础性工具，在新常态及"构建现代财政制度"要求下，其调控思路与方式应当有所调整与创新，从而达到"稳增长、促改革、调结构、惠民生、防风险"的任务要求。

第一节　现代财政宏观调控的内涵和意义

随着对我国经济社会发展和财税体制运行的认识深化，党的十八届三中全会《中共中央关于全面深化改革若干重大问题的决定》提出建设"现代财政制度"，就是要建立统一完整、法制规范、公开透明、运行高效，有利于优化资源配置、维护市场统一、促进社会公平、实现国家长治久安的科学的可持续的财政制度①。现代财政本质上是公共财政，其核心是公共性，其整体功能是保证效率与公平有效融合。

一、现代财政宏观调控的内涵

现代财政宏观调控，即在现代财政制度中利用财政政策工具实现宏观调控目标的一整套政策体系。财政宏观调控既能够调整总需求，还可以影响总供给；不仅能够促进总供求的总量稳定增长，还可以完善总供求的结构。

财政宏观调控工具主要包括国家预算、国家税收、公债、财政支出和财政投融资等。国家预算调节力度强，具有直接调控性，它的规模和结构直接制约和影响经济规模和调控效果；国家税收手段运用广泛，集经济、法律和行政手段于一身，具有一定的灵活性，能够对个人收入和财产进行调控，以实现特定的收入再分配目标；公债手段与货币政策相协调，通过借助于公债规模、发行对象、偿还期限和公债利率的变动等工具来实现国民收入调节、货币流通以及社会总供求的宏观调控目标；财政支出工具在不同性质的财政支出上表现为不同的财政支出形式，如购买性支出的增减会引起社会总供求的变化，转移性支出则不直接影响社会总供求，而是对社会公平目标的实现

---

① 楼继伟. 在中国财政学会 2015 年年会暨第 20 次全国财政理论研讨会上的讲话. 2015 年 4 月 9 日.

具有重要意义；财政投融资工具是政府作为投融资主体直接介入经济运行之中，着眼于改善宏观社会效益，可壮大国家宏观调控的实力，增强财政调控产业结构的力度。

二、现代财政宏观调控的意义

在我国经济发展步入新常态背景下，实施财政宏观调控是经济适度增长、产业结构升级、区域协调发展、分配结构平衡的客观要求。

（一）经济适度增长需要改善和创新财政宏观调控

我国虽然已成为世界第二大经济体，但仍是一个发展中国家，面临的诸多经济和社会问题需要依靠经济适度增长予以解决。经济发展新常态下适度增长实质上就是经济发展方式摆脱传统粗放型高速增长阶段，进入高效率、低成本、可持续的中高速增长阶段，实现与潜在增长率相一致的增长。经济潜在增长率由劳动投入、资本投入和全要素生产率等因素共同决定，这就要求我国经济发展在新常态下应将经济增长动力向创新驱动方向转移。当前，在科技创新驱动发展战略的指引下，以移动互联网为主要内容的新产业、新技术、新业态、新模式、新产品不断涌现，极大地推动着中国经济向中高端迈进。通过财税政策促进科技创新研发及其在生产中的运用，既是我国经济发展新常态的内在需求，也是推动经济适度增长的重要保障，如图 1-1 所示。

（二）产业结构升级需要改善和创新财政宏观调控

根据国际经验，一国产业结构升级的基本趋势是第一、第二产业的比重逐渐降低，第三产业的比重逐渐提升，并对 GDP 的拉动和贡献也逐步提高。目前，我国产业结构升级趋势明显，第三产业占 GDP 比重连续两年超过第二产业并呈继续提升态势。2015 年，我国第一、第二、第三产业占 GDP 的比重分别为 9.0%、40.5% 和 50.5%。通过数据分析不难发现，我国经济正由工业

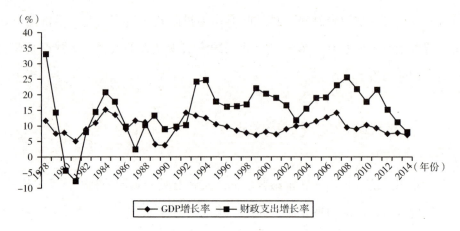

图 1 - 1　1978 ~ 2014 年我国 GDP、财政支出增长率

资料来源：中国统计年鉴 2015。

主导向服务业主导加快转变，2015 年第三产业增加值增长 8.3%，快于第二产业的 6.0%，也快于第一产业的 3.9%①。同时，第二产业内部结构调整也在加快，新产业、新业态、新产品继续保持较快的增长速度，而且整个经济向经济发展新常态要求下的中高端迈进的态势非常明显。通过财税政策助力产业结构升级，既是我国宏观调控的重要手段，也是促进我国经济发展新常态下产业结构升级的保障，如图 1 - 2 所示。

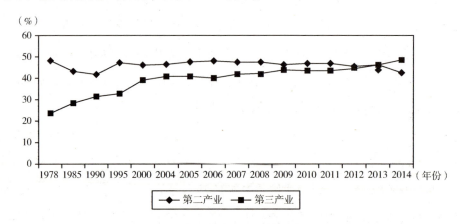

图 1 - 2　1978 ~ 2014 年我国第二、第三产业占 GDP 比重

资料来源：中国统计年鉴 2015。

---

① 国家统计局 . 2015 年国民经济和社会发展统计公报。

(三) 区域协调发展需要改善和创新财政宏观调控

由于种种历史原因,我国形成了区域发展不均衡和城乡发展不平衡的显著特征。这种区域和城乡之间的不平衡发展加大了经济和社会发展成本,降低了经济发展效益,限制了经济发展的潜力。为促进区域间协调发展,"十三五"规划建议指出,以区域发展总体战略为基础,以"一带一路"建设、京津冀协同发展、长江经济带建设为引领,形成沿海沿江沿线经济带为主的纵向横向经济轴带。虽然我国缓解区域和城乡不均衡的战略和举措取得了较为显著的成效,但尚未达到区域协调发展和彻底打破城乡二元结构的要求。通过财税政策促进区域、城乡间经济协调发展,提高经济发展效益,挖掘经济发展潜力,提供经济转型升级和扩大内需的增长点,是促进我国经济发展和适应新常态的内在需求和重要保障。

(四) 分配结构平衡需要改善和创新财政宏观调控

改革开放以来,我国分配结构在政府与民众分享、城市与乡村分享和城乡内部分享三个层面均呈现出严重的不均衡状态。在政府与民众分享和城市与乡村分享层面,我国财政收入增速长期高于城乡居民收入增速与 GDP 增速;城镇居民收入长期增速高于农村居民收入增速。在城乡个体分享层面,2003～2013年,全国居民收入基尼系数平均为 0.481,城乡收入差距由 1978 年的 209.8元扩大到 2015 年的 19773 元。我国收入最高 10% 群体和最低 10% 群体的收入差距,已经从 1988 年的 7.3 倍上升到 2013 年的 23 倍。我国分配结构失衡既影响到实现经济发展新常态所需的以消费需求为主体的需求结构,也影响到实现经济发展新常态所需的社会稳定。因此,要实现我国经济发展新常态必须扭转这种失衡,而财税政策是促进收入分配再平衡的主要手段,如图 1－3所示。

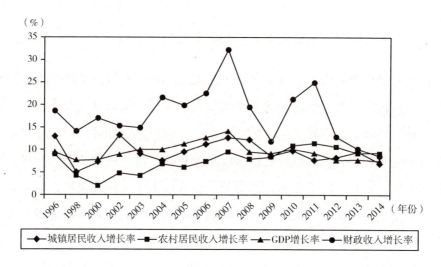

图1－3　1996～2014年我国GDP、财政收入与居民收入增速

资料来源：中国统计年鉴2015。

第二节　财政宏观调控职能及意义

一、财政宏观调控职能

职能是指一个人、一个事物、一个机构应有的、内在的职责、功能和作用。在经济运行过程中，市场机制的作用是有限的，而市场失灵恰恰给财政发挥作用提供了空间。财政职能就是指政府的财政活动在经济和社会生活中所具有的职责和功能，是政府活动对经济社会的各个方面所产生的影响和变化的高度概括。财政职能是财政这一经济范畴本质属性的反映，它表现为财政分配在社会再生产过程以及实现政府职能中的内在功能。

（一）资源配置职能

资源配置是指社会资源（人的知识、智力、劳动力、资本、土地、财产等）在各种用途间的分配和组合。由于资源的有限性，就必须对资源进行合理配置，以获取最大收益，因此资源配置方式就显得尤为重要。资源配置方式有两种：一是内在配置，或叫市场配置。即社会经济运行机制自我配置资源的流向、流量和分布，其作用特征是自发的。另一种是外在配置，或叫财政配置，即国家或政府通过财政对经济运行中的资源进行直接宏观调控。通过这一宏观调控影响资源的流向和流量，以达到合理的配置资源的目的。

党的十八届三中全会《决定》指出，使市场在资源配置中起决定性作用和更好发挥政府作用。因此，市场配置需要财政配置相配合，财政配置则在市场机制发挥作用的基础上进行。在我国社会主义市场经济条件下，财政配置资源的范围界定如下：配置资源于社会公共部门，以提供社会所需要的包括国防、警察、环保、气象等公共产品；配置应由财政承担的部分资源于具有准公共产品性质的教育、医疗、保健等部门；配置资源于具有自然垄断倾向而导致竞争无效的行业和部门，即因存在成本弱增性形成自然垄断，导致市场配置无效或低效的如铁路、邮电、电力、公用煤气、自来水等部门；资源配置于基础产业如农业、原材料、交通运输、能源等部门以及具有风险大而又难有预期收益的新兴产业、技术开发领域等。

政府财政配置资源的方式有直接配置和间接配置两种。直接配置即政府将掌握的资源在由于市场失灵而导致的供给不足领域进行直接投融资，它是再生产内部的配置。间接配置是指政府通过制定财税政策引导、改变资源流向的一种配置，它可以为再生产提供外部条件。如对成本外溢的项目，像对制造环境污染的企业进行罚款或征收污染税，使其增加相应的成本。而对收益外溢的项目，进行财政补助，使其增加相应的收益，来调节资源配置方向。总之，恰当运用直接和间接两种财政配置方式，可以有效地提高整个社会配置资源的效率。

（二）维护市场统一职能

分税制改革以前，财政包干体制在很大程度上导致了地方政府减免税无序竞争，重复建设与区域封锁等问题较为严重。地方政府常常会为了追求自身利益的最大化，动用行政力量和其他手段人为限制生产要素的自由流动。如 20 世纪 80 年代，地方保护主义问题特别严重。各地之间市场封锁，技术先进的工厂找不到原料，技术落后的工厂用高档原料生产质次的产品。当时财政实行包干制，价格体系不合理，成品价格高，原料价格低，各地纷纷自办价高税利多的企业，掀起了"羊毛大战""蚕茧大战""棉花大战"等各种各样旨在争夺原料的大战，以增加地方财政收入。而在新的历史背景下，这种地方保护主义又有了新表现，比如某些地方政府在国际金融危机背景下，树起了"救市"的大旗，纷纷出台了"购买本地货"的规定。

地方政府保护主义，与财税体制的设计不无关系。1994 年分税制改革虽比财政包干制规范，但改革也具有一定的局限性。分税制改革是以"建立与社会主义市场经济体制相配套、合理规范的财政体制"为宗旨，其直接目标是提高"两个比重"，即提高财政收入占国内生产总值的比重，提高中央财政收入占全国财政总收入的比重。在借鉴国际经验与立足本国国情的基础上，分税制改革将实施宏观调控所必需的税种划归为中央税，将同经济发展直接相关的主要税种划为中央与地方共享税，将适合地方征管的税种划归为地方税。这种中央与地方财政收入划分的结果是中央财政状况改善的同时，地方财政收入在全国财政总收入中的地位也随之下降，而且，越是基层政府，可支配财力越少。面对财政支出压力，地方政府不得不寻求财政收入的增长点。地方政府的这种行为，是财力约束之下的必然选择，有其独特的运行逻辑。在这个时候，地方政府的行为就很容易与中央的调控政策发生冲突。而且，各地都这么做，很容易导致地方财政之间的恶性竞争，不仅国有资源收益流失，而且未来经济和社会发展潜力也会被透支。

财政宏观调控及财政管理体制改革就是要规范地方政府间的竞争行为，维护全国市场的统一，促进各种经济要素的自由流动，在整体上实现资源的最优配置。

（三）促进社会公平职能

财政履行收入分配职能主要是由于市场机制框架内缺乏以公平分配为目标

的再分配机制以调节收入分配差距扩大，因此必须依靠市场以外的力量——财政来调节收入再分配，最直接手段包括税收转移、累进所得税、消费税和补贴、民生支出等。

如在民生支出领域，我国财政在公平性上还可大有作为。目前我国基本公共服务体系尚不健全，公共服务资源城乡、地区分布不均衡，提供公共服务的质量和效率较低。以教育和医疗为例，义务教育尽管已经实现基本覆盖，但财力保障总体不足，并且在城乡和地区之间分布非常不均衡。同时，为克服"医保体系覆盖而窄，城乡医保体制和保障水平差别明显"等问题，在2003年与2007年，政府针对农村人口与城镇非就业人口分别实行了新农合与城镇居民医保制度，但两项制度依然存在待遇不公平等问题。因此，推动基本公共服务均等化，落实以人为本，构建和谐社会，要求财政发挥积极作用。必须通过基本公共服务均等化等措施，实现社会公平正义，使低收入阶层获得基本生产、生活保障，公众普遍分享经济发展成果，缩小收入分配差距。

（四）实现国家长治久安职能

财政宏观调控通过总量调控和结构调控来实现国家长治久安的目标。财政总量调控帮助实现经济稳定，通过自动稳定器和相机抉择政策调节社会总供给和总需求，实现供求关系平衡。作为宏观调控政策的一个方面，财政政策的调节作用需注意与货币政策协调发展，提升宏观调控效果。

在结构调整方面，财政宏观调控着力点是：一是增强自主创新能力。财政应以直接投入、资金引导、税收优惠、补贴等方式弥补企业自身研发投入的不足；财政直接投入支持研究有利于经济社会发展的关键技术，支持研究社会公益性技术和对社会发展具有战略意义的技术；财政也可通过建立相关研究基金的方式引导更多社会资本投入到创新性技术研发。二是推动经济发展方式转变和产业结构优化升级。财政从一般竞争性领域的直接投资中退出；以直接投入、资金引导、政府采购等方式支持基础性、战略性产业发展；以调整优化税收体系和财政资金的引导作用为重点，推动经济发展方式转变，协调三次产业结构和推动产业结构优化升级。三是促进经济增长与自然、环境协调发展。财政可采取抑制和鼓励两种方式，通过健全资源环境税收体系、排污许可收费和排污权市场交易等手段，抑制高投入、高能耗和高污染的经济活动；通过税收优惠、财政补贴等方式引导社会资本进入经济增长效率较高和资源消耗较低的产业部门，推动企业进行环保节能技术改造。四是实现城乡协调和区域协调。为全面缩小城乡发展差距，财政应加强对农村基础设施建设的直接投入力度；落实基本公共服务均等化，加大对农村地区的转移支付；加大对推动农业优化调整的技术研发的直接支持力度，发挥对社会资本投入的引导作用。在实现基本公共服务均等化基础上，财政应支持生产要素跨区域合理流动。继续实施财政推动东、中、西部协调发展的总体战略；按照形成主体功能区的要求调整不同类型功能区的财政职能侧重点；发挥引导性作用推动经济圈和经济带形成。

二、财政宏观调控目标和模式选择

（一）财政宏观调控目标选择

宏观经济调控的主要目标有：促进经济增长、增加就业、稳定物价和保持国际收支平衡。这几个目标，特别是前三个目标也是财政宏观调控的主要目标。

在经济增长方面，就当前而言，消费、投资、出口"三驾马车"所代表的总需求的增速有所放缓，短期内难以迅速恢复，未来要从总需求、总供给两方面入手保持经济短期的合理增速并增强经济长期增长的动力，让短期增长符合长期最优增长路径。不同行业的就业弹性不同，因此，经济增长在不同的经济结构下所带来的就业增长情况是不一样的。尤其在中国，庞大的就业人口和广大的中小微企业，需要保持一定的就业容量，可以灵活调整财税政策鼓励创业和就业。在中国这样一个市场尚不完备的国家，由于市场传导机制中的"摩擦"或金融体系结构不完备，货币政策可能难以正常发挥促进增长的作用，财政政策具有定向调控的结构性政策优势，可以充分发挥财税政策调控对投资、储蓄、消费、出口、人力资本、产业结构调整、企业创新等的激励作用，从供求两方面推动结构优化并实现合理的可持续经济增长。

在增加就业方面，财政调控可以通过两种方式来实现，包括直接促进和间接促进。直接促进就业上，财政可以加强城乡公共就业服务体系建设，全面加强职业技能培训，促进就业人员的素质的提高。在间接促进就业上，财政的着力点还是要通过促进经济增长来实现，只有经济增长有保证，全面就业才有可能。

在稳定物价方面，通货膨胀使得各种商品和劳务、各种生产要素并非按照同一比例变动。通货膨胀的非均衡性会给经济生活带来不良的影响。因此，抑制通货膨胀、稳定物价水平成为财政政策的主要目标之一。当然，抑制通货膨胀并不等于将价格总水平的增长控制为零。一般认为，温和的通货膨胀能在一定程度上刺激投资，是加速经济增长的润滑剂。通货紧缩则会抑制投资与生产，降低经济增长率，提高失业率。因此，客观上要求政府利用财政收支与总供求之间的内在联系，既抑制通货膨胀，又防止通货紧缩的发生。

不同时期，财政宏观调控的主要目标可能有所区别。比如在 2003 年下半年以后，我国部分地区和行业出现了投资增长过快、通货膨胀压力加大等问题，经济发展转向供求总量大体平衡、结构问题和体制问题日益突出的新阶段。针对这种情况，我国从 2005 ~ 2008 年上半年实施了稳健财政政策，调控的主要目标就是为了着力调整经济结构和转变经济增长方式，着力提高经济增长的质量和效益，着力解决民生问题。现阶段以经济增速放缓为主要特征的经济背景下，我国实行积极的财政政策，大力推动供给侧结构性改革，适度扩大总需求，着力转方式、补短板、防风险、促开放，提高发展的质量和效益，增强持续增长动力，为实现全面建成小康社会奋斗目标服好务。

（二）财政宏观调控模式选择

财政宏观调控模式大致可以分为三类：扩张性、紧缩性和中性财政政策模式。

扩张性财政调控模式通过财政收支活动来增加和刺激总需求，促使总供求平衡的财政政策，常用于经济需求不足时。通过减税和增加财政支出规模，扩大社会的投资需求和消费需求，可以达到增加和刺激总需求的效果，扩张性财政调控模式经常导致财政赤字。我国历史在 1998～2004 年实施积极财政政策。1997 年亚洲金融危机对我国经济造成严重冲击，加上我国结构不合理等深层次矛盾凸显，内需不振，外贸出口下降，经济增长速度回落。1998 年年中，党中央、国务院及时果断地实施由适度从紧的财政政策向积极财政政策的战略转型，财政政策措施主要包括：增发长期建设公债，加强基础设施建设；调整税收政策，促进经济社会发展；调整收入分配政策，培育和扩大消费需求；完善非税收入政策，减轻企业和社会负担；支持经济结构调整，促进国有企业改革；增加教育、科技、生态环境等重点领域支出。积极财政政策是我国政府根据市场经济规律，结合国际国内新形势，主动采取的一次反周期调节，有力地拉动了经济增长，促进了宏观经济运行环境显著改善，社会需求全面回升，经济增长的质量和效益有所提高，在我国财政调控史上具有重大意义。

紧缩性财政调控模式通过财政收支活动来减少和抑制总需求，促使总供求平衡的财政政策，常用于需求过旺，比如投资盲目增长时。通过增税和减少财政支出规模，减少社会的投资需求和消费需求，可以达到减少和抑制总需求的效果，紧缩性财政调控模式常会导致财政结余。历史上我国曾在 1993～1997 年实施适度从紧的财政政策。1993 年初，针对经济运行出现严重的过热态势和通货膨胀问题，我国政府明确提出要加强和改善宏观调控，同年 6 月出台《关于当前经济情况和加强宏观调控的意见》，提出加强和改善宏观调控的 16 条措施，正式确定了实行适度从紧的财政政策的基调。采取措施主要包括清理税收优惠政策、严格控制财政赤字、抑制消费过快增长和清理压缩基本建设项目等。1993～1997 年适度从紧财政政策的实施，取得了明显的反周期调节效果，既有效遏制了通货膨胀，又促进了经济适度增长，形成了"高增长、低通胀"的良好局面，国民经济运行成功实现"软着陆"。

中性财政调控模式通过财政收支平衡政策，保持总需求和总供给基本平衡。中性财政调控模式基本上对经济的供需双方不进行大的干预，财政收支也基本平衡。2005～2008上半年我国实施稳健财政政策，接近于中性适当偏紧的财政调控模式。经过连续多年实施积极财政政策，我国经济逐步走出了通货紧缩阴影，进入新一轮增长周期的上升阶段。2003年下半年以后，我国部分地区和行业出现了投资增长过快、通货膨胀压力加大等问题，经济发展转向供求总量大体平衡、结构问题和体制问题日益突出的新阶段。针对这种情况，我国从2005年开始实施以"控制赤字、调整结构、推进改革、增收节支"为核心内容的稳健财政政策，主要措施包括：适当调减中央财政赤字和长期建设公债规模；适当调整财政支出结构和公债项目资金投向结构；大力支持经济体制改革；积极深化财政管理制度改革等。在执行稳健财政政策过程中，财政部门注重按照社会主义市场经济体制对公共财政的基本要求，实现经济增长、结构优化、体制改革三者的有机结合，并注重加强与货币政策和其他宏观经济政策的协同配合，使我国经济运行呈现增长速度较快、经济效益较好、群众受惠较多的良好格局。

当前，我国处在全球金融市场动荡加剧，世界经济环境中不确定不稳定因素明显增多的国际背景下，我国宏观经济运行环境将更为复杂。考虑到我国经济正处于"三期叠加"和新常态的过渡阶段，我国要继续实施积极的财政政策，切实加强和改善财政宏观调控，适度增加财政赤字和公债发行规模，扩大和优化政府投资，推进税制改革，调整国民收入分配格局，增加财政补贴规模，优化财政支出结构，积极支持就业再就业，着力保障和改善民生，推进经济结构调整和发展方式转变，实现国民经济稳定增长与推进结构调整的平衡。

三、财政宏观调控下的财政体制选择

财政体制模式大体可以分为单一制和联邦制模式。在单一制财政体制下，财政权力集中在中央政府，地方政府仅具有少量的财政权力，地方政府财政对中央政府具有较强的依赖性。在这种体制下，财政宏观调控政策主体和执行主体都是中央政府，地方政府相对被动。在联邦制财政体制下，地方政府拥有相对独立的财权，财政宏观调控政策由中央政府来制定，地方政府是政策执行主体，具有较大主动性。

我国现行的财政管理体制框架，大致形成于 1994 年分税制改革。分税制财政运行模式的选择，较好地克服了"统收统支"和"包干制"的诸多弊端，实现了国际经验与中国国情的结合，初步构建了现代财政制度，奠定了市场经济体制和国家长治久安的基础。

多年来的实践运行表明，分税制改革取得了巨大成功，从根本上扭转了财政"两个比重"过低的问题，增强了中央财政宏观调控能力。分税制作为规范政府间财政关系的有效实现形式，发端于成熟市场经济国家。但我国的分税制不同于西方模式，1994 年改革时的先天不足或约束条件，加之后续跟进改革的滞后，逐渐使"中国式财政分权"模式特征明显。

1. "统一领导，分级管理"的分税原则，初步实现了集权与分权的结合。"统一领导"的单一制模式与"分级管理"的联邦制模式，如同 20 世纪 90 年代"社会主义市场经济"命题的提出一样，是一项极为重要的制度创新，不但具有中国特色，也具有世界意义。

2. "基数 + 增长"的制度设计，构建了激励约束的运行机制。这一"棘轮效应"确保了新旧体制的顺利转换，实现了财政收入的稳定增长。但随着时间推移，这一改革模式也出现了边际效益递减，致使地方政府逐渐步入了"基数 + 增长"的体制陷阱，基数越垫越高，从而导致地方财政收入日益困难。

3. 预算内狭义范畴分权，中央政府部分让渡预算外（体制外、制度外）财力资源，使得极为"刚性"的体制"弹性"化。以土地为例，地方各级政府作为"理性经济人"，较好运用土地"二元"结构，通过一系列运作，获取了可观的级差地租，弥补了预算内财力的不足，确保地方经济社会较平稳运行。部分矿产资源也是如此。由于受土地、矿产等约束的影响，土地资源依赖型财政变得越来越不可持续，并产生了一系列社会、环境问题。

4. 中央政府与区域性政府财政分权，复杂问题简单化，确保了政令统一，客观上赋予了省以下一定的自治权力，促进了地方政府间的有效竞争，注入了中国经济持续增长的动力。由于缺乏强有力的法制约束，省以下体制五花八门，但大都停留在财政包干阶段总额分成或比例分成的做法，致使基层财政困难问题十分突出。

5. 财权上高度集中与事权上高度分散的非对称模式，降低了财政资源配置效率。事权与财权大致匹配是满足政府间财政关系有效运行的基本要求。1994 年的分税制改革，其主要目标是提高财政的"两个比重"，尤其是改进中央财政拮据状况。1993 年中央财政自给能力仅为 0.73，到 2012 年已演变为 3.34。在这一目标得以实现、中央财政压力缓解后，进一步改革的动力也就丧失了。20 余年间，政府间事权和支出责任的划分始终未取得实质性进展。地方政府以 30% 的财力承担了 70% 的事权，势必在中央和地方间出现了"大马拉小车"和"小马拉大车"的窘境。

6. 逐渐形成的地方对中央高度依赖型体制，强化了中央权威及其控制，避免了因分权可能引致的动荡。在体制内税收返还基础上，从 1995 年起，中央政府建立了过渡期财政转移支付，后经逐步充实完善，形成了具有中国特色的转移支付体系，这为实现基本公共服务均等化、体现中央政府施政意图提供了可能。但与此同时，诸如过多过滥的专项化转移支付导致地方配套压力过大等问题也较为突出。

7. 分税制逐步为共享制所替代，凸显了税制改革的滞后。1994 年税制改革时，设计了中央税、地方税和中央与地方共享税三种模式。其时，共享税只有 3 个，即增值税、资源税和证券交易印花税。随着日后一系列税制改革，共享税的主导地位逐步确立，这一局面的形成背离了改革初衷。"营改增"前，在我国税系的 18 个税种中，共享税达 7 个。共享税具有利益分享性，能够较好兼顾各级政府的财政利益，满足收入增长需要，但这种简单的比例分成方式，无疑是旧体制的简单回归。

8. 政府间财政关系有演变为"委托—代理"关系的迹象。一般而言，促进财政体制有效运行应具备三要素，即政府间事权、财权的合理划分和规范转移支付制度的建立。考察近20余年的财政制度变迁，就事权划分而言，仍沿袭着1994年前"不清晰"的划分，事权过于向地方倾斜的问题较为突出；就财权划分而言，由于层层强调"集权"，政府间纵向财力"失衡"的问题日益突出；就转移支付而言，出现了专项转移支付一般化、一般转移支付专项化的问题。政府间财政关系"三驾马车"几乎同步"失灵"，更与"一级政府、一级事权、一级财权、一级预算、一级产权、一级债权"的设想相去甚远，凸显了该项制度演进的衰退、异化甚至背离。

第三节 现代财政宏观调控地位、特点和原则

在经济发展新常态和构建现代财政制度目标背景下，财政宏观调控具有新时期赋予的地位与特点，在实施过程中，所遵循的相关原则也应当调整和有所创新。

一、现代财政宏观调控地位

财政宏观调控作为宏观调控体系的重要组成部分，能够通过预算、税收、支出等工具安排，影响社会总需求与总供给，促进经济社会稳定发展。在经济新常态与构建现代财政制度目标框架下，财政宏观调控具有特殊的地位，主要表现为以下几个方面：

（一）财政宏观调控是推进国家治理现代化的重要手段

党的十八届三中全会提出，全面深化改革的总目标是推进国家治理体

系和治理能力现代化。推进国家治理现代化，就是要适应国家现代化总进程，提高党科学执政、民主执政、依法执政水平。而财政作为国家治理的基础和重要支柱，财政宏观调控通过采用预算、税收、支出等工具手段，有效解决现行制度中与现代国家治理不相适应的问题，诸如预算透明度、税制结构、转移支付等，从而为推进国家治理现代化提供坚实的物质基础和制度保障。

（二）财政宏观调控是完善社会主义市场经济体制的重要内容

完善社会主义市场经济和社会经济体制改革的重点、核心问题是处理好政府与市场的关系，使市场在资源配置中起决定性作用和更好发挥政府作用。财政作为政府履行基本职能的经济基础，政府治理与宏观调控首要的是运用财政工具，通过运用财政宏观调控手段，是政府在市场监管、社会保障、公共服务等方面承担责任，保证市场和社会主体在公平的平台上竞争发展。当前，我国社会主义市场经济体制已经初步建立，但仍存在不少问题，特别是政府与市场的关系还有待进一步理顺。而科学的财政宏观调控能够理顺政府间职责和财政关系，规范政府行为，从而进一步完善社会主义市场经济体制。

（三）财政宏观调控是促进经济结构调整和转变发展方式重要举措

改革开放以来，我国经济发展取得了骄人的成绩，但也付出了较大的代价，经济结构不合理的矛盾长期积淀，发展不平和、不协调、不可持续性问题日益突出。随着支撑我国发展的要素条件发生深刻变化，以往的粗放型增长方式难以为继。而制约发展方式转变的主要因素之一为体制机制不合理，包括财税体制的不健全、不完善。为此，通过利用"营改增"、消费税改革等财政机制手段，能够有效地缓解制约结构调整和发展方式转变的体制障碍，从而有力促进经济结构调整和发展方式转变。

（四） 财政宏观调控是促进社会公平和改善民生的重要手段

公平正义是中国特色社会主义的内在要求，是社会创造活力的源泉。党的十八届三中全会明确指出，全面深化改革，必须以促进社会公平正义、增进人民福祉为出发点和落脚点，这是中国特色社会主义本质要求所决定的，是党和政府的性质和宗旨所决定的，也是改革成败的关键。促进社会公平是现代财政制度的基本功能之一。通过完善税制、转移支付和社会保障等具体财政宏观调控方式和手段，保障贫困人群和低收入者利益，逐步扩大中等收入阶层，保护高收入者合法权益，使不同社会群体各得其所、各展其能，从而最大限度调动一切积极因素，实现改革的顺利进行。

二、现代财政宏观调控的特点

近年来，我国不断加强和改善财政宏观调控，并强化宏观调控的机制建设，财政政策的工具、目标、实施方式不断完善，财政调控体系日益健全，宏观调控水平不断提高，有力地促进了经济社会又好又快发展。与以往的财政宏观调控相比，经济新常态背景与构建现代财政制度框架下的财政宏观调控具有以下四个方面的特点：

（一） 坚持相机抉择的财政宏观调控机制

在经济运行的不同形态下，财政政策必须随着作用环境与对象的变化而适时适度地进行调整，这是我国成功实施财政宏观调控的一条基本原则和经验。自 1993 年以来，根据宏观经济形势发展变化，我国相机抉择先后实施了适度从紧的财政政策、积极的财政政策、稳健的财政政策以及本轮积极财政政策。2008 年 9 月，鉴于美国次贷危机最终演变为一场全球性的金融危机，世界经济呈衰退态势，我国经济增速出现明显下行趋势，为有效防止经济增速过快下滑和出现大的波动，当年 11 月中央果断决定把稳健的财政政策调整为积极的财政政策，先后出台了促进经济增长的一揽子计划。后来又按照增强宏观调控针对性、科学性、预见性和有效性的要求，适时适度地对政策进行调整完善，保持了经济总体平稳较快发展和社会和谐稳定。

(二) 注重总量调控和结构调整相结合

财政宏观调控始终围绕实现年度经济运行的总量平衡，以促进经济增长、就业增加、物价稳定和国际收支基本平衡为主要目标，同时着力推动经济结构调整和发展方式转变，着重发挥财政政策在稳定增长、改善结构、调节分配、促进和谐等方面的作用。如 2008 年实施积极财政政策以来，为促进经济平稳较快发展，适当扩大财政赤字，增加并优化政府公共投资结构，2008 年第四季度至 2010 年底新增中央政府公共投资 1.26 万亿元，此后继续保持适度公共投资规模。实施结构性减税政策，减轻企业和居民负担。合理调整收入分配关系，提高城乡居民收入，实施家电下乡、汽车摩托车下乡、汽车家电以旧换新政策以及节能产品惠民工程，促进扩大消费需求。同时，支持经济发展方式转变和结构调整，2008～2012 年，中央财政对"三农"投入累计 4.46 万亿元，年均增长 23.3%；全国公共财政用于社会保障和就业、教育、医疗卫生、保障性安居工程、公共文化等方面的支出年均分别增长 18.2%、24.3%、29.3%、107.7% 和 20.2%；全国公共财政科学技术支出年均增长 20%，加快实施国家科技重大专项，支持科技创新；支持实施十大重点产业调整振兴规划，推动战略性新兴产业加快发展，建立健全扶持服务业发展的财税政策体系，扩大中小企业发展专项资金规模及其支持范围；扎实推进节能减排和生态环境保护；中央对地方转移支付年均增长 23.3%，支持区域协调发展和主体功能区建设。

(三) 注重综合运用多种财政调控政策工具

财政宏观调控综合使用多种政策工具，充分发挥政府投资、税收、收入分配、财政贴息、转移支付等多种工具的组合优势，不断创新调控手段和方式。近年来，积极财政政策在扩大公债发行规模、扩大政府公共投资并优化投资结构的同时，还大力实施结构性减税政策，并运用家电下乡、以旧换新、节能惠民产品等补贴，注重采取一揽子政策措施，打政策组合拳，把扩大内需与稳定外需结合起来，把稳投资和扩消费结合起来，把拉动经济增长和保障改善民生结合起来，把克服当前困难和促进长远发展结合起来，加快转变经济发展方式，实现经济持续健康发展。

（四）加强财政政策与其他宏观政策的协调配合

在调控实践中，财政政策注重与货币、产业政策的协调配合，以形成政策合力，避免顾此失彼，增强宏观调控的综合效果。2008 年下半年以来，我国实施了积极的财政政策和适度宽松的货币政策的"双宽松"模式，之后为抑制物价较快上涨，货币政策调整为稳健的货币政策。加强公债在协调两大政策中的作用，以政府公共投资撬动银行信贷资金，通过国库现金管理操作，配合货币政策调节银根。同时，财政政策还注重加强与产业政策、土地政策、贸易政策、环保政策的协调配合。根据国家发展规划和产业政策，确定政府投资和经济建设支出投向，完善税收优惠政策，支持国家鼓励的产业发展，着力推动产业结构优化升级。国家发改委、财政部、人民银行还建立了宏观调控三部门会商制度，定期进行经济形势和政策沟通，已逐步成为宏观调控协调配合的重要机制。

实践证明，财政宏观调控效果显著。在财政政策以及其他宏观调控政策的共同作用下，国民经济保持平稳健康发展，避免了经济大起大落。2008 ~ 2012 年，GDP 年均增长 9.3%，明显高于同期全球和新兴经济体增速，通胀率也远低于其他新兴经济体。经济结构调整和发展方式转变取得积极进展，产业结构稳步升级，高新技术产业增加值较快增长，服务业保持良好发展势头，技术进步步伐加快。农业基础地位进一步巩固，实现"九连增"，并向优质高效方向发展。节能减排和生态建设成效继续显现。保障和改善民生成效显著，需求结构进一步调整优化，经济增长主要依靠内需拉动。区域、城乡经济社会发展协调性增强，中西部地区经济增长加快，城镇化快速发展。

三、现代财政宏观调控原则

现代财政宏观调控着眼于妥善处理政府与市场的关系，更加有利于充分发挥市场在资源配置中起决定性作用和更好发挥政府作用，更加有利于经济的持续健康发展，更加有利于社会的公平正义。围绕这些政策目标，新常态下的财政宏观调控需要把握以下几个基本原则：

（一）稳增长

稳增长原则有两层含义，其一是保持合理的经济增长速度区间。增速过高和过低都不好，当前国内需求的低迷需要适当的积极财政政策，要从需求、供给两方面入手保持经济短期的合理增速并增强经济长期增长的动力，让短期增长符合长期最优增长路径；其二是保持一定的就业增长，经济增长在市场不完备时不见得一定会带来就业增长，就业是社会稳定的基础，我国有庞大的就业人口分布在广大的中小微企业，要保持一定的就业容量就需要一定的就业与社会保障政策支持。稳增长原则能够为其他原则提供必要的物质基础和基本保障，因而是我国财政宏观调控需要把握的首要原则。

（二）促改革

促改革原则指的是财政宏观调控应当在全面深化改革中发挥基础和支撑作用。在推进全面深化改革的过程中，各个领域的相关改革相互制约，每一项改革都会显著影响其他领域的改革进程。作为国家治理的基础和重要支柱的财政领域改革涉及诸多关键领域的改革，牵一发而动全身。在我国改革进入"深水区"的关键时刻，只有深化改革，才能有效破解制约我国经济社会发展的体制性障碍，因此，财政宏观调控应当为全面深化改革奠定基础，通过运用税收与支出等财政工具，有力推动其他领域深层次矛盾的化解，促进其他领域改革深化。

（三）调结构

调结构原则指的是通过适当的结构化财政政策来推动经济结构转型升级。经过 30 余年的高速发展之后，资源、环境要素趋紧，劳动力成本上升，传统的粗放型经济增长模式已经难以为继，转变经济发展方式与调整经济结构势在必行。因此，应当充分发挥财政政策定向调控、作用迅速的政策优势，综合运用预算、税收、采购、政策融资等多种手段向经济中的薄弱环节精准发力，以结构化的财政政策打通结构调整中的梗阻，以优化的财政政策组合推动经济结构转型升级。

（四）惠民生

惠民生原则指的是通过科学合理地运用税收、转移支付、政府购买等财政宏观调控手段，着力解决教育、养老、医疗、住房等民生问题，使改革的红利、发展的成果让人民群众共享。改革要让人民群众受益，让发展成果更多、更公平惠及全体人民，给人民带来公平参与和发展的机会，才能得到广大人民群众的支持。此外，惠民生与调结构相互促进，通过影响需求结构，惠民生能够有力推动经济结构调整。

（五）防风险

防风险原则指的是财政要勇于面对并担当起防范与化解公共风险的责任，将公共风险控制在合理区间内。公共风险可以分为经济、金融、社会、环境、国际等类型，公共风险范围的大小本质上对应着公共性的高低，决定了政府需要介入市场的程度。财政管理中的公共风险管理更多从制度层面进行常态化管理，重点是防范，减少公共风险的累积和爆发概率。财政政策应对公共风险则更多针对突发的内外部冲击，重点是化解，进行前瞻性财政政策调整、改变市场预期、提振市场信心并避免不利局面出现。

第四节 现代财政宏观调控对象、方式和手段

当前，中国经济步入新常态，从财政宏观调控角度而言，不能被动地适应新常态，而应当通过调整和创新调控思路和方式，主动引领新常态。

一、现代财政宏观调控对象

财政宏观调控的对象主要为总需求和总供给。通过调整总需求和总供给，财政宏观调控能够有效维护市场出清、促进经济稳定发展。

（一）总需求

总需求指的是一个国家或地区在一定时期内社会可用于投资和消费的支出所实际形成的对产品和劳务的购买力总量。在经典的凯恩斯理论中，总需求主要包括消费、投资和出口，即所谓的"三驾马车"。从动力的源头追溯，人类社会存在和发展的本原层面的"元动力"，当然是人的需求，有需求才会继之有生产活动来用以提供满足需求的产出，从而产生供给。改革开放以来，总需求一直都是我国财政宏观调控的主要对象，扩大消费、刺激内需一直都是财政宏观调控的一个重要目标。

（二）总供给

总供给是指一个国家或地区在一定时期内（通常为 1 年）由社会生产活动实际可以提供给市场的可供最终使用的产品和劳务总量。在我国经济新常态背景下，供给侧管理成为财政宏观调控的重要内容。在总供给中，投资是一个重要领域。中国投资领域的关键问题不在于总量和增速，而在于结构、质量与综合绩效。走向经济新常态，迫切需要把握好有助于支撑全局的"聪

明投资"，这就要求财政宏观调控的手段和方式有所调整，充分发挥财政宏观调控在促进社会总供给方面的重要作用。

二、现代财政宏观调控方式

新常态与构建现代财政制度框架下，财政宏观调控面临的形势更加复杂，任务更加艰巨，为此，应当遵循经济规律、自然规律和社会规律，创新财政调控思路和方式，具体而言，现代财政宏观调控方式主要包括以下四个方面：

（一）坚持底线思维

底线思维是化解风险，解决问题的思维方式。在实施财政宏观调控时，应当正确看待经济增长速度，保持定力，只要经济在合理区间运行，就业稳定、不发生系统性风险，就不采取短期政策强力刺激经济，而是着力稳定市场预期，充分发挥市场机制的调节作用。

（二）注重供给管理

在实施财政宏观调控时，应当突破过多依靠需求管理的思维惯性，统筹做好供求两方面的调节。通过进一步破除行政性垄断和管制壁垒，促进企业的自由进入和退出。支持补足短板，加强基础设施建设，促进养老健康、信息消费等现代服务业加快发展。支持有效化解过剩产能，淘汰落后产能。推动完善社会保障、土地流转等政策，促进劳动力、资本等生产要素的合理流动，使企业能更有效率地利用各种要素。

（三）坚持精准发力

在实施财政宏观调控时，应当充分发挥财政政策定向调控的优势，把握时机，找准"靶点"，对关键领域和薄弱环节精准发力。如对小微企业减税降费，并落实各项强农惠农富农政策，支持推动创新驱动发展，支持促进产业结构调整和节能减排，发挥财政政策的精准调控优势。

（四） 注重政策协调搭配

为实现稳增长和结构的目标，要综合运用税收、补贴、政府采购等政策工具，实施有效的财政宏观调控。此外，还应当加强财政政策与货币政策等调控手段的协调配合，形成调控合力。

三、现代财政宏观调控手段

财政政策工具是政府所选择的用以达到其政策目标的各种财政手段，它是财政政策的关键因素，对于保证政策目标的实现起着举足轻重的作用。财政政策工具包括财政支出类政策工具、财政收入类政策工具和政府预算工具三个方面：

（一） 财政支出类政策工具

1. 购买性支出

购买性支出又称之为消耗性支出，是政府用于在市场上购买商品和劳务方面的支出，包括政府投资和政府消费。由于政府购买是形成总需求的渠道之一，购买性支出的规模和结构不仅能够直接影响总需求的总量和结构，而且能够间接影响总供给的规模和结构。同时，购买性支出还是政府直接配置资源的活动，对就业水平也会产生较大的影响。政府的消费和投资是平抑经济周期的有效手段。在经济繁荣时期，利用购买性支出的缩减可以为过热的经济"降温"，在萧条和衰退时期，政府扩大购买性支出则可能起到雪里送炭的效果。

政府购买性支出中的政府投资不仅可以扩张总需求，在经济运行低迷时通过乘数效应迅速带动经济增长，例如，中国自 1998 年以来以财政投资填补了民间投资的不足，保证了较高的经济增长速度；而且政府投资还可以起到较强的示范作用，引导社会投资的流向，从而改善产业结构、资源结构、技术结构以及地区结构等，中国西部大开发就是典型的例子。政府消费性支出的增加，例如为公务人员加薪，则能够直接带动个人收入水平的提高，进而通过财政支出乘数效应，有效推动国民收入的增加，促进经济增长。

2. 转移性支出政策工具

转移性支出是政府财政资金单方向的、无偿的流动，包括资金在政府间的纵向流动和资金从政府向居民和企业的横向流动，其中横向转移主要包括财政补贴和社会保障支出。财政补贴的增减有着与增减税收相反的调节效果。对居民个人的补贴可以直接增加其可支配收入，对企业的补贴则可直接增加其投资需求，因此它不但影响社会需求而且调节社会供给，所以是反经济周期和优化资源配置的重要政策工具。社会保障支出则被视为低收入和无收入人群的"保护伞"，在他们遭受年老、失业、疾病、各种不可抗拒的灾害时提供最基本的生活保障，因此，转移性支出对实现收入的公平分配也能起到较好的调节作用。

（二）财政收入类政策工具

1. 税收

税收作为主要的财政工具，通过控制社会资金的流动，对社会供求总量和结构都有直接或间接的影响。增加税收将相应减少企业和个人的收入，从而抑制社会需求；反之，则对社会需求产生相反的影响。

经济稳定增长是以社会总供求大体均衡为基本前提的。在社会需求膨胀、供给相对不足、经济发展速度过快时，增加税收可以提高财政收入占国民收入的比重，相应地降低纳税人收入的增长幅度，起到收缩社会需求、抑制经济过快增长的效应；反之则起到刺激经济增长的效果。

税收是一种对物质利益有广泛调节作用的财政政策工具，它对资源配置有着重要影响。首先，对不同产品、行业实行差别税率或开征调节税种，可以调节不同产品、行业的利益结构，影响其价格水平和竞争条件，从而引导资源流向，改善投资结构，实现资源合理配置；其次，通过对不同产业投资采用不同的税收政策，可以影响建设项目的投资成本和投资者的比较利益，进而使投资流向与国家产业政策的要求相吻合；最后，税收可以为国家筹集资金，为政府直接配置资源创造条件，使基础产业及政府公共部门得到必要的资源投入，促使资源在私人产品与公共产品之间保持适当的配置比例。

在资源优化配置的前提下，如果出现了社会总需求的膨胀，则政府通过增加税收，提高财政收入占国民收入的比重，相应地降低纳税人收入的增长速度，可起到收缩社会总需求的效果；反之，如果出现了社会总需求不足，则政府通过减少税收以降低财政收入占国民收入的比重，可以相对增加纳税人的收入，使必要的投资需求和消费需求得以维持，可起到扩张需求的效果。不管政府收缩需求，还是扩张需求，从而实现经济的稳定增长。

税收是政府凭借政治权力无偿取得财政收入的主要形式，因此，政府征税必然会改变国民收入分配的格局。税收公平包括纵向公平和横向公平两方面的含义。纵向公平以累进征收为主要手段，体现量力负担的原则；横向公平是对相同性质和数额的收入征收同样比例的税收，以体现等量征收的原则，形成纳税人之间公平竞争的税收环境。

加入 WTO（世界贸易组织）后，政府运用税收调节进出口的作用受到了一定限制，但是政府在遵守 WTO 的基本规则、履行应尽义务的同时，也可充分运用 WTO 赋予成员国的权利，比如，通过对出口商品实行退税政策，可以降低出口商品价格，增强出口商品的竞争能力，以增加外汇收入；同时，对进口商品实行适当的关税保护政策，可以有效维护贸易平衡，减少对外部的依赖。合法地保护国内产业的发展。这种由税收增减引起的国际收支对比关系变化，无疑有利于实现国际收支平衡的宏观调控目标。

2. 公债

公债作为凭借国家信用的筹资手段，既可以从分配领域调节社会供求结构，实现供求结构的相互协调，也可以从流通领域调节货币流通量及商品供给量，进而调节社会供求总量，实现供求均衡的总量目标，所以是一种非常灵活有效的政策工具。如果出现经济过热、社会总需求过旺情形时，政府通过发债以有偿的方式将私人经济部门的收入集中起来，但并不安排支出，形成财政盈余，就可紧缩需求。而当经济出现了社会总需求不足情形时，政府通过发债以有偿的方式将私人经济部门的收入集中起来，再通过安排财政支出，就可扩张需求（需求不足不是由于货币供给不足所引起的）。不管是紧缩需求，还是扩张需求，最终目的都是通过公债手段的运用使资源优化配置的状态能够维持，以实现经济的稳定增长。公债还是中央银行进行公开市场操作、灵活调节货币供给量进而调节需求总量的有效手段。

相对社会需求总量的调节，公债对社会需求结构的调节作用更加直接。由于发行公债的结果是改变国民收入的分配结构，使私人部门的购买力向政府部门转移，这种转移本身就是对需求结构的重新调整，意味着资源配置方向的改变，这种改变是按照政府的调节意图进行的，因而在正常情况下是政府实现资源优化配置目标的重要手段。

由于公债是一种政府的信用工具，虽然它形成的是一种平等的债权债务关系，但它对收入差距的这种调节作用是客观存在的。公债调节收入差距的功能要从以下两方面发挥出来：一是由于公债的购买额比较灵活，既可以是亿万之巨，也可以是数元之微，因此，发行公债为中低收入者提供了一种预期收益率稳定的投资渠道，使他们也可以凭借对资金的所有权参与收入的分配，其效应是增加中低收入者的收入、缩小社会成员之间的收入差距。二是发行公债意味着在偿还期内税收将显著增加，由于支付公债利息的财政资金主要来自于税收，那么，在累进性税制模式下，通过税收债息支付过程将高收入者的一部分收入转移给中低收入债权人，从而产生收入再分配效应。

国际收支经常项目出现逆差，除了采用减少外汇储备加以弥补的办法外，通过举借外债使资本项目出现顺差，进而弥补经常项目逆差的方法也经常运用，政府外债的一个重要功能就是平衡短期国际收支逆差，因此，公债在平衡国际收支方面的作用也是其他政策工具难以替代的。

（三）政府预算工具

政府预算是政府的年度财政收支计划，其调节功能主要体现在财政收支差额的类型上。预算政策不外乎三种类型：赤字预算体现的是一种扩张性政策，在有效需求不足时，社会存在资源的闲置（并非由于货币供给不足所引起），则政府增加预算支出可刺激社会总需求，拉动社会总供给，进而促进资源的充分利用。政府通过对国民收入的超额分配扩张总需求，起到刺激经济增长的作用；盈余预算体现的是一种紧缩政策，在需求过旺时可以起到抑制总需求的效果；而平衡预算是一种维持性政策，在社会总量大致平衡时可以维持经济的稳定增长。

此外，政府预算支出还有公平收入分配的平衡国际收支作用。公平收入分配主要体现在两个方面：一是通过转移支付来实施社会保障，为无收入者和低收入者提供必要的、维持其达到一定生活标准的收入来源；二是通过政府预算投资举办公共福利事业，提高低收入者的福利水平。由于中国进出口银行的资本金和信贷担保的资金中一部分来自预算支出，因而政府预算支出的状况直接影响进出口银行的经营状况，进而对出口创汇企业的资金周转和生产规模产生深刻影响，并最终影响一定时期国家的外汇收入及国际收支的平衡状况。

回顾与总结：现代财政本质上是公共财政，其核心是公共性，其整体功能是保证效率与公平有效融合。现代财政宏观调控，即利用财政政策工具实现宏观调控目标的一整套政策体系。财政宏观调控具有资源配置、维护市场统一、促进社会公平、实现国家长治久安等职能，政策目标主要包括促进经济增长、增加就业、稳定物价和保持国际收支平衡等，调控模式大致可以分为扩张性、紧缩性和中性财政政策等模式，工具包括财政支出类政策工具、财政收入类政策工具和政府预算工具等。

财政宏观调控作为宏观调控体系的重要组成部分，具有推进国家治理现代化的重要手段、完善社会主义市场经济体制的重要内容、促进经济结构调整和转变发展方式重要举措、促进社会公平和改善民生的重要手段等特殊的地位，能够通过预算、税收、支出等工具安排，影响社会总需求与总供给。在我国经济发展步入新常态背景下，实施财政宏观调控是经济适度增长、产业结构升级、区域协调发展、分配结构平衡的客观要求。

在经济新常态与构建现代财政制度目标框架下的财政宏观具有坚持相机抉择的财政宏观调控机制、注重总量调控和结构调整相结合、注重综合运用多种财政调控政策工具、加强财政政策与其他宏观政策的协调配合等特点，应遵循稳增长、促改革、调结构、惠民生、防风险等原则，其调控方式主要包括坚持底线思维、注重供给管理、坚持精准发力、注重政策协调搭配等方面。

第二章 现代财政宏观调控理论

本章导读：当代财政宏观调控理论是西方宏观经济理论的重要组成部分，经历了凯恩斯学派、供给学派和货币学派等的发展，形成了利用财政、税收、公债等经济手段对国民经济进行宏观调控的具体做法，对我国有一定的借鉴意义。现代财政宏观调控应立足于我国经济发展实际，着力解决市场在资源配置起决定性作用情况下的市场失灵问题，政府实施需求导向和供给导向的财政宏观调控，通过财政宏观调控工具乘数作用，实现宏观经济均衡。

党的十八届三中全会提出："经济体制改革是全面深化改革的重点，核心问题是处理好政府和市场的关系"。财政作为政府宏观调控的主要手段，在处理政府与市场的关系中扮演着重要角色。厘清现代财政制度框架下的财政理论及其发展脉络、财政宏观调控的作用机理与财政宏观调控的具体模式，不仅能够为建立现代财政制度提供理论基础，而且能够为进行科学财政宏观调控、正确处理政府与市场关系提供必要的理论指导。

第一节　现代财政宏观调控中的政府与市场关系

一、市场失灵与政府干预

所谓市场失灵，是指完全依靠市场机制的作用无法达到社会福利的最佳状态。它主要包括两重含义：一是单靠市场机制不能达到优化社会资源配置的目的；二是对那些以社会目标为主的活动市场无能为力。

既然市场存在失灵状况，经济的运行不能完全依靠市场机制的自发作用，客观上就需要政府的干预和调控，即通过发挥政府在资源配置中的作用来弥补市场缺陷，克服市场失灵，促进社会经济的协调运行。这样，政府的介入和干预就有了其必要性和合理性。当然，发挥政府的作用并非意味着要取代或改变市场在资源配置中的基础性作用或功能，而是为了在弥补市场缺陷的基础上，更好地发挥市场机制的作用，并提高整个经济运行的效率。

（一）市场失灵

在完全竞争条件下，市场经济能够在自发运行过程中，仅仅依靠自身力量的调节，使社会上现有的各种资源得到充分和合理的利用，从而达到社会资源的有效配置状态，市场是一种有效率的运行机制，但市场经济并非是万能的。其本身又有缺陷，即存在不同程度的市场失灵。具体来讲，市场失灵主要表现在以下几个方面。

1. 公共产品

公共产品是指具有共同消费性质的物品，如国防、环境保护等。从公共产品和私人产品两者的消费表现形式上看，对于公共产品的消费无法计算出一个人具体消费的数量，对于公共产品的提供者来说无法获得直接的经济利益，从而出现"免费搭车者"。作为企业和个人都是追求利益的，就使得他们在生产公共产品上缺乏热情和动力，即使有人愿意提供公共产品，也会因为其逐利行为导致公共产品价格上涨，从而使得人们对这类公共产品的需求下降，一些基础设施等公共产品需要巨额资本，也使得个人和一般企业无力承担。因此，如果单纯依靠市场机制的调节，其结果必然会导致社会所需要的各种公共产品在供应量上的不足。

2. 外部效应

外部效应是指某个人或企业的行为活动影响了他人或其他企业，却没有为此承担应有的成本费用或没有获取应得的报酬的情形。人们将造成的积极影响称为正外部效应，更多地体现在公共产品上。如在上游修建水库则下游的人民则会享受到这种利益，或者说某个个体修建了路灯就会使路过的人享受到照明带来的方便。对于给人们造成消极影响的经济活动称为负外部效应，如城市的污染，就是由于一些重工业企业每天排放污染物，使得城市的空气质量变差。对人们的身体健康带来不好的影响。在市场经济中，对于具有正外部效应的物品或服务，由于得不到合理收益而会出现供应短缺；对于具有负外部效应的物品或服务，由于无须支付必要的成本，而难以遏制。可见，通过市场机制难以有效矫正或解决带有外部效应的物品或服务的供给问题，无法使资源配置达到社会最佳状态。

3. 市场垄断

市场垄断是指市场主体处于可以影响价格的主场地位，一种商品只有一家公司供应，这家公司完全能够控制住这种商品的产量，使这种商品的供应量始终比较短缺，这样就能保持价格始终比较高，从而保住自己的丰厚利润。当该主体以此优势地位牟利时，完全竞争条件受到破坏，就产生市场失灵。如假设世界只有一个农民．那么粮食的供应就由这个农民垄断了，这时他就可以生产很少的粮食而卖很高的价格。比方说他可以把粮食的价格控制在100元/斤不动，在这个价格下如果市场缺少粮食了，他就往市场上投进一些。如果还有一些粮食暂时还没卖出去，他就停止向市场供应。什么时候这些粮食卖完了，他再生产一些继续供应。在这个价格下，当然只能有少数人才能买得起。所以粮食就成了只有最富裕的人才能享用的奢侈品，而普通人对这样高居不下的价格却毫无办法。

4. 信息不充分

竞争性市场的生产者和消费者都要求有充分的信息，生产者要了解消费者需要什么以及需要多少，消费者要知道产品的品种、性能、规格和质量，从而做出合理的行为选择。同时生产者之间也需要互相了解，才能正确把握自己在市场中的位置，有机结合产品的生产、消费情况，并制定自己的生产决策。但市场经济条件下，生产、销售和购买都属于个人行为，因此，不可能获取全面的信息。当市场上的供求双方中一方的信息多于另一方时便存在信息不对称，拥有信息较多的一方会通过道德风险和逆向选择两种途径在与另一方的交易中利用自己的信息优势影响到市场的资源配置效率，造成市场失灵。

5. 收入分配不公

社会公平是一般社会价值取向的组成部分，相应的公平观是承认贫富差别的共同富裕。但是由于社会制度、先天条件、后天环境等多种因素的影响，如家庭出身、家庭结构、性别、遗产继承等，社会成员在进入市场时就是不平等的，市场可能会产生令人难以接受的收入水平和消费水平的巨大差别。通常，作为市场的主体，都是相互独立和相互区别的利益主体。市场体现等价交换原则，凭借资本所有权、土地所有权、劳动力所有权对收入进行分配。但是收入分配与个人的智力、财力、体力、机会等禀赋相关，所以市场在个人收入分配方面最多只能保证有一个公平的过程，但不能矫正因初始禀赋不同带来的收入分配不公平。同时，商业欺诈、意外事故也会导致收入分配的不公平。因此，在市场经济竞争机制的优胜劣汰的作用之下，市场交换过程只能在既定的收入分配格局下实现资源的有效配置，却无法改变原有的收入分配格局，竞争性的市场可能会带来很不公平的收入分配结果，造成社会贫富差距过大的状态。这一结果是市场无法单纯依靠自身的能力解决的，需要政府的介入和干预，以实现社会公平。

6. 经济波动

市场的自发运行仍然会出现失业、通货膨胀、经济失衡等弊端。市场机制是通过价格和产量的自发波动达到需求与供给平衡，而过度竞争补课避免地导致求大于供与供大于求的不断反复：求大于供，物价上涨，会导致通货膨胀；供大于求，压缩生产，会导致失业率上升，这是市场机制不可避免的弊端。按照古典经济学家的观点，市场也可以对经济波动进行调节和矫正，但其是一种事后调节，是采用经济危机的方式，对社会经济的破坏太大，代价太高。它们充分验证了自由放任的市场经济在解决宏观经济失衡问题上的无能为力，因此，也需要政府对此进行干预和宏观调控，以保持国民经济的稳定和发展。

(二) 政府干预

1. 政府的干预程度

目前世界各国的市场经济都是混合经济，这就意味着为了保障市场机制的良好运行，政府必须适时地对市场进行一定的干预与纠正。而政府进行干预的程度应怎样掌握，或者说私人部门（个人和多数企业）和公共部门（政府）之间应当保持怎样的比例关系，这既是混合经济的中心问题，也是世界上大多数国家试图解决的现实问题。政府干预的程度和政府规模息息相关，而政府规模一般以财政支出（或财政收入）占 GDP 的比重这一综合性指标来表示。一般而言，随着经济发展和人均收入的提高，政府规模呈逐步上升趋势，达到一定阶段后则保持相对稳定状态。但是由于各国经济制度、政治体制、意识形态、历史传统以及经济发展阶段的不同，市场经济体制自然有所不同，政府规模也存在很大的差别。一般而言，经济发达国家高于发展中国家，集权化倾向的国家高于分权化的国家。有些国家，如北欧高福利国家，政府对公共医疗和其他大量的社会服务承担主要责任，政府集中的 GDP 达 60% 以上。而类似英国那样的大多数欧洲国家的经济中，政府仅支配某些重要的行业，如煤炭、铁路、空运及公用事业，政府集中的 GDP 达 50% 以上。

美国也属于这个范围，但跟其他发达的工业国家相比，它要更依赖私人部门，政府集中的 GDP 大体为 30% 以上。东南亚的新兴国家大都效仿以日本为代表的"东方模式"或"亚洲模式"，一方面主张充分自由竞争；另一方面又通过政府计划、发展战略、产业政策引导和控制市场的运行，政府集中度大约为 20%。

2. 政府干预手段

（1）立法和行政手段

这主要是指政府制定市场法规、规范市场行为，制定发展战略和中长期规划，制定经济政策，实行公共管制、规定垄断产品和公共产品价格等行为。例如，对于企业的垄断行为，政府通过制定反垄断法等法规，防止单个或少数几个企业垄断市场。对于存在外部性的企业活动，如存在环境污染、违反经济合同等问题，政府可以通过法律等途径克服这些有害的外部性问题，使外部化了的企业成本内部化，由企业自己承担造成的外部化成本。

（2）组织公共生产和提供公共产品

公共生产是指由政府出资兴办的所有权归政府所有的工商企业和事业单位，主要是生产由政府提供的公共产品，也可以在垄断部门建立公共生产。并从效率或社会福利角度规定价格。政府组织公共生产，不仅是出于提供公共产品的目的，而且是出于有效调节市场供求和维护经济稳定的目的。按广义的生产概念，公共生产既包括生产有形物品的工商企业，也包括提供无形物品和服务的学校、医院、文艺团体、气象部门以及政府机关和国防部门等。由于公共产品的消费按市场价格分配，管理成本太大，并且免费"搭便车"现象难以避免，导致公共产品的私人供应失灵。因此需要政府介入公共产品的供应过程。将税收作为消费公共产品的代价，可以克服市场难以解决的"搭便车"问题。

（3）经济手段

政府的经济手段主要包括财政政策、货币政策、国际收支政策、产业政策。其中财政政策和货币政策最为重要。财政政策包括公共支出和公共收入政策两方面：通过改变政府公共支出和收入的总量与结构，用预算赤字或结余作为社会总需求的调节器，缓解经济周期波动，调节社会收入分配；在货币政策方面，中央银行通过公开市场业务、调整贴现率和改变法定准备率三大手段，改变商业银行的准备金数量，从而改变货币与信用的供给，进而影响利率，利率的变动调节投资和消费的数量，最后影响收入、价格和就业水平；在国际收支平衡方面，包括汇率、汇率制度的选择、关税政策、进出口政策和利率政策等；在产业政策方面，政府根据经济发展的内在要求调整产业结构和产业组织形式，使供给结构能够有效地适应需求结构要求。

3. 政府失灵

需要指出的是，市场经济需要政府干预，但政府干预并非总是有效的。所谓政府失灵（Government Failure），是指由于存在政府内在的缺陷而导致政府干预的低效或无效，无法实现社会福利最大化和资本的最优配置。政府失灵的原因可能发生在诸多方面。

（1）政府决策失效

大的方面包括发展战略和经济政策失误，小的方面包括一个投资项目的选择或准公共物品提供方式选择不当等，而政府决策失误会造成难以挽回的巨大损失。

（2）政府运行效率问题

在经济生活中，一方面，政府部门提供的公共物品和劳务具有垄断性，不存在竞争的压力，也就不会在提高服务和效率方面给予足够重视，因此对其产出和效果很难进行评价；另一方面，政府活动目标的非市场性无法以市场价格来引导，造成了政府活动缺乏预算约束，容易造成浪费。加之政府部门活动追求的直接目标不是利润，其行为目标是预算最大化，政府机构不断扩张，运行成本不断增加，导致政府部门缺乏降低成本的激励机制。且政府官员都是具有自身利益和偏好的个人，也是"经济人"，也在自己能力所及的范围内最大限度地追求自身利益。由此造成长期低效率运行。

（3）不完全信息

首先信息时效性强，政府机构层次重叠，容易阻碍信息传递的速度，搜集信息成本高，准确信息一旦滞后会转变为不准确信息。其次，众多消费者偏好不同，且处于不断变化中，难以完全掌握。最后，许多行为所产生的后果是不可预料的，即使政府可以获得决策所需要的所有信息，也不一定能够对所有政府行为的结果进行准确的预测。

（4）寻租

在市场经济体制下，几乎不可避免地会产生由于滥用权力而发生的寻租行为。寻租活动是把那些本应当可以用于价值生产活动的资源用于只不过是为了决定分配结果的竞争，是一种非生产性活动。它是政府干预经济过程中派生的一种现象，具有外部效应的特征。寻租一般是通过行政法律手段，来达到维护既得利益或对既得利益进行再分配的目的。寻租者为了获得寻租机会利用各种合法或非法的手段，如公务员特别是领导人员，凭借人民赋予的政治权利，谋取私利，权钱交易，化公为私，受贿索贿，为"小集体"谋福利，纵容亲属从事非法商业活动等，造成社会资源的浪费，社会公平和效率的损失，导致政府失灵。

（三）市场和政府的关系

市场与政府这两种配置资源的机制作用都是有限的，且各有其优缺点。在一个混合经济体制中，两者各有能够充分实现效率的领域，如纯私人品和纯公共品之间。在经济生活中，市场与政府还存在更为紧密的联系，两者相互渗透，相互影响。首先，政府和政府官员也是理性的经济人，都以个人利益最大化为行为准则，只是表现形式与市场主体有差异；其次，政府改革的基本思路之一就是把市场竞争机制引入政府机构，以实现抑制机构膨胀、提高政府运行效率的目标；最后，从规范的角度来看，政府配置资源的作用应该是一种辅助性的作用，而市场的作用才是决定性配置资源的作用，政府应该努力让市场在一些领域恢复作用，政府再进行第二次调节。

市场与政府作为社会基本的资源调节机制，既是相互对立的，又是共生共存的。政府与市场并非在所有领域都是简单的替代关系，现实经济中的许多问题需要市场与政府两者相互配合。市场与政府的关系要根据社会经济的发展和基本的制度环境的变化不断调整，实现两者有效率的组合。

二、政府活动的范围、规模与目标

（一）政府活动的范围

政府活动是指政府为了实现其预期目标，采用各种手段调控社会经济的有意识的活动。其范围应该从两个方面界定：一是市场失灵的地方是政府发挥积极作用的地方；二是政府取代市场机制配置资源的依据是恢复效率和促进公平。

1. 阻止垄断，维护有效竞争

自由垄断行业，例如，水、电、气等行业，提高价格垄断利润，导致市场失灵。政府需要考虑为了保护消费者的利益，保证社会福利不遭受损失，应该对该行业进行一定的管制。为此，由公共部门制定有关禁止垄断行为、限制不公平交易等法规，对垄断者的垄断行为进行必要的政策干预，维护竞争秩序，保证市场资源配置的效率。并对自然垄断、公益性领域进行直接管理等。

2. 提供公共产品

公共产品由于非排他性、非竞争性和效用不可分割性，使得私人经营过程中不可避免地出现免费"搭便车"的现象，对公共产品收费又存在一定的困难，使得消费者们支付的数量不足以弥补公共产品的生产成本，市场上提供的少量公共品也无法满足社会成员的正常消费需求。因此，政府公共部门负责提供市场无法有效提供的公共品，例如，国防安全、基础教育、公共医疗等，通过对公众课征税收，获得公共品的价值补偿。

3. 克服外部性

外部性扭曲了价格机制，破坏了实现资源配置帕累托最优的条件。政府可以通过行使公共权利，把外部性产生的成本与收益内部化，使外部性的生产者要么承担成本、要么享受收益。政府应对从事具有正外部效用的产品生产经营行为予以财政补贴，对于负的外部效应采用公共管制、收费、征税等方式，约束生产者行为。具体途径主要有：（1）通过行政手段或法律手段对外部性生产行为进行严格管制；（2）建立强制性和激励性价格补偿机制；（3）界定和保护产权。

4. 健全市场，克服信息不完全

当生产者和消费者不具备充分的市场信息，或依靠市场获取的信息来源不足时，都不能对产品做出正确的评价，会产生由于信息失灵或信息不足而导致的竞争失效、市场失灵。同时，经济效率的实现要求尽可能降低信息成本，使信息能够自由地被传播，从而对社会资源配置予以正确的引导。因此，在改进信息不完全，提高竞争市场效率方面，政府应当有所作为，它比单纯依靠单个市场主题单独搜寻信息更经济。政府应该向社会提供有关商品供求状况、价格变动趋势以及宏观经济运行和前景预测资料，同时培育市场，定好市场规则，当好市场裁判，加快社会信用体系建设，营造有利于各种所有制企业公平竞争、市场健康发展的法制环境。

5. 调节收入分配

解决由市场制度造成的收入分配悬殊问题，是政府干预的主要内容。效率与公平是摆在任何一个政府面前的现实问题，市场机制能够有效地实现效率目标，但对于公平目标却无能为力。为了适当缩小不同阶层、不同劳动者之间的收入差距，以防止不同所有制企业、不同集团、不同阶层的收入过于悬殊，政府必须通过税收、财政转移支付和社会保障制度等途径调节再分配收入。另外针对医疗、教育等方面的大力发展也是政府维护社会公平的重要方式。

6. 稳定宏观经济

维护宏观经济稳定是市场经济中政府的重要任务。维护宏观经济稳定的主要目标导向是防止和克服通货膨胀，实现充分就业和国际收支平衡，努力促进国民经济持续协调地发展。通货膨胀和高失业是市场失灵的重要表现，严重影响国民经济的健康发展，因此需要政府通过宏观经济管理来予以矫正。政府可以合理运用行政、法律和经济手段，特别是有效运用财政、金融杠杆来调控经济。尽管如此，市场经济中的政府宏观经济管理行为也必须遵循市场规律，顺势而为。

（二）政府活动的规模和目标

在混合经济条件下，政府和市场具有共生性。市场在整个经济活动中发挥基础性配置资源的作用，而市场失灵的存在在很大程度上为政府干预经济提供了理由。在市场经济中，市场运行的主体都是具有自身利益的经济主体。消费者、生产者和要素所有者从各自的经济利益出发，通过市场机制，分别进行经济决策，以实现他们的目的。市场机制的作用正是通过影响人们的经济活动主体的经济利益而实现的。换言之，市场机制是通过影响人们的经济利益来实现资源的有效配置。同时，市场机制在调节收入分配方面也具有重要的作用。一方面，高效地配置劳动力资源和其他生产要素可以提高社会的经济效益，最大限度地增加国民收入分配量；另一方面，由效率造成的利益差距，会进一步激励市场经济主体更加合理、高效地配置资源。但是，市场经济的优越性在于其效率性，而不在于其公平性。遵循等价交换原则的市场必然自发导致社会分配不公平的问题。市场无法解决的公平问题只能经由政府解决，政府在解决现代市场经济中的社会公平问题方面具有重要作用。

政府活动的主要目标在于解决现代市场经济中的社会公平问题。在市场经济下，政府对国民收入、财富以及社会福利进行再分配，以达到社会普遍认可的公平和公正的程度。政府作为公共权力机构，享有其他任何机构和个人都不能享有的立法权、司法权、行政权，有合法的强制力，其制定的规则具有普遍的适用性，因而具有超出任何机构和个人力量的调节个人收入的能力。在市场经济条件下，只有政府的权威和地位，才能制定和执行统一协调的再分配政策，并以此解决社会分配不公平的问题。政府以法律法规的形式实现有利于社会公平的分配政策，依靠财政手段，建立和完善社会保障体系，并通过税收和公共支出来实现收入再分配，调节、缩小收入差距，实现社会相对公平。

政府活动规模问题实际上就是政府什么不该管和应该在什么范围内发挥作用的问题，实现市场效率和社会公平两者相协调。在资源配置方面，应该由市场机制体现效率优先原则，充分发挥市场机制在资源配置中的基础作用，由市场通过生产要素价格的波动来实现资源的合理配置，以提高效率；同时，要发挥政府财政在资源配置中的重要作用，以弥补市场自身无法解决的垄断、外部不经济、信息不充分等市场失灵问题而出现的低效率、无效率状态。在公平分配方面，由市场机制提供一个公平竞争的环境，要充分发挥市场机制在收入分配方面自发调节的基础作用；政府财政需要宏观调控个人收入水平，实现收入分配相对公平，可通过税收制度特别是累进所得税制来避免少数人收入畸高而形成两极分化，并建立社会保障制度，以社会福利、社会救济、社会抚恤等形式实现收入的转移支付，确保低收入人群的最低生活水平。

另外，政府活动是一个动态的过程，必须注意以下几方面。

第一，政府与市场一样也会出现失灵的情况，这是在政府活动过程中必须考虑的。市场解决不了的，政府不一定就能解决好。政府干预市场是有成本的。政府本身不拥有资源，要提供公共物品和劳务所需的资源，只能通过财政从市场或私人部门让渡部分资源的使用而获得，由此使得市场和私人部门对资源的使用相应减少。这意味着政府的活动存在着一种资源使用的机会成本，从而形成一种对市场自身发展能力的削弱。如果政府干预的成本低于市场失灵所造成的效率损失，则政府干预是有效的；如果政府活动使得私人部门让渡资源的规模和程度远远超过了适度弥补市场失灵所需要的，这将导致对市场经济的损害。政府活动对整个社会活动是必要的，但不能取代市场，或过分扩展干预范围。

第二，市场与政府作为社会基本的资源调节机制，既是相互对立的，又是共生共存的。政府与市场并非在所有领域都是一种简单替代的关系，在许多场合两者是相互补充的关系。现实经济中的许多问题，都需要市场与政府相互配合，根据社会经济的发展和基本的制度的变化，不断地调整，实现两者有效率的组合。从横向看，政府活动的规模与社会文化背景相联系；从纵向看，随着技术的进步和管理的改进，原来一些市场失灵的领域内会出现"市场再发现"，即市场能够再次有效地发挥作用的情况。政府这时就可以引入市场机制，降低服务成本，提高政府效率。

第二节　财政宏观调控理论发展

一、需求导向的财政宏观调控理论

在现代市场经济中，市场机制在资源配置中起着基础性作用，政府宏观调控主要在市场失灵的领域发挥作用，并为市场机制有效运行创造一个良好的环境。政府通过运用财政政策等经济手段对国民经济进行干预，使社会总需求与总供给保持基本平衡。从总体上看，财政宏观调控理论的发展大致经历了以下几个发展阶段。

（一）自由放任的发展阶段

在凯恩斯理论出现以前，古典经济学是当时经济思想的主流学派。古典经济学又称为古典政治经济学、资产阶级古典政治经济学，它分析了自由竞争的市场机制，将其看作一只"看不见的手"支配着社会经济活动，并反对国家干预经济生活，提出了自由放任原则。古典经济学的代表人物是亚当·斯密。

亚当·斯密在其著作《国富论》一书中提出了经济自由的主张，认为国家不应该随便干预经济活动，使每个人得以按照自己的意志自由地进行经济活动，如此市场才能有效率。斯密理论代表的是工场手工业向大工业过渡时期产业资本家的利益。在这一时期（主要从 17 世纪末到 18 世纪中叶），封建生产方式基本瓦解，资本主义的生产方式得以确立，资本主义的工农业得到了较大发展，迫切需要扩大对外贸易，打破贸易壁垒，充分允许资本主义在国内外得到发展与推广。斯密认为人类有自私利己的天性，因此追求自利并非不道德之事。倘若放任个人自由竞争，人人在此竞争的环境中，不但会凭着自己理性判断，追求个人最大的利益，同时有一只"看不见的手"（指市场）使社会资源分配达到最佳状态，也就是在资本主义社会里只要有"看不见的手"的指导，就不需要国家干预。这时国家或政府的经济职能仅限于保护自由竞争，保障私有财产，建立某些必要的公共事业和公共设施，起到一个"守夜人"的作用。

虽然古典经济学派反对国家干预经济，极力强调自由竞争的重要性，但现实经济的发展并没有像预期那样，能够在所谓的"看不见的手"的调控下保持社会总供求的均衡，反而周期性地爆发资本主义经济危机，而 1929 年的那场席卷整个资本主义世界的经济危机使人们意识到自由放任并不可行，人们开始重新思考政府与市场的关系。

（二）凯恩斯主义的兴起与发展阶段

1929～1933 年，资本主义世界经济危机使人们对亚当·斯密的自由放任思想产生了怀疑，引发了人们对政府与市场关系的深刻反思。这次经济危机首先从美国开始，之后蔓延到整个资本主义世界。当时资本主义社会工业生产大幅下降，企业大批破产，工人大量失业，世界商品市场急剧萎缩，关税战、贸易战加剧，但由于传统的自由放任政策的影响，整个社会处于无政府状态。与此同时，苏联等社会主义国家利用这段时间积极发展本国经济，促进经济复苏，由此引起了人们对自由放任政策和纯粹凭市场力量来解决市失灵的怀疑。1936 年，当时新上任的美国总统罗斯福，大力推行"新政"，对整个经济进行全面的国家干预。1939 年，英国资产阶级经济学家凯恩斯发表了《就业、利息和货币通论》。《通论》对"新政"和当时要求政府干预经济的资产阶级思潮从理论上作了系统的阐述和概括。

凯恩斯不仅承认资本主义有经济危机和失业，而且指出单凭市场机制的自由调节解决不了经济危机，解决危机的出路在于加强国家对经济的干预。他认为危机的根源是有效需求不足，而有效需求不足的原因在于"三个基本心理因素"，即心理上的消费倾向，心理上的灵活偏好，以及心理上的对资本未来收益之预期。政府不加干预就等于听任有效需求不足继续存在，听任失业与危机继续存在，所以他认为政府须采取财政政策刺激经济而非货币政策，增加公共支出，增加投资，弥补私人市场之有效需求不足。从此以后，尽管各国政府对经济干预的程度不同，但国家干预经济活动在资本主义世界中逐步制度化、法制化。

（三）新古典主义经济学的兴起与发展

在凯恩斯主义的影响下，西方资本主义国家纷纷加强了政府对经济的干预，促进资本主义经济的恢复和发展。但由于资本主义制度的基本矛盾（生产的社会化和生产资料私人占有之间的矛盾）以及资本主义基本矛盾运动的阶段性，经济危机的发生不可避免。再加上 20 世纪 70 年代，西方国家普遍出现了经济增长停滞、失业增加、通货膨胀等"滞涨"现象，凯恩斯主义受到质疑。从 20 世纪 60 年代后期开始，新古典主义在一片批判"传统发展经济学"的浪潮中兴起。

新古典主义经济学兴起于 20 世纪初期的经济主义思潮，它继承了古典经济学的立场，主张支持自由市场经济，个人理性选择，反对政府过度干预，反对凯恩斯主义经济学。新古典主义经济发展理论的政策主张有三个基本观点：一是主张保护个人利益、强调私有化的重要性；二是反对国家干预，主张自由竞争、自由放任；三是主张经济自由化，包括贸易自由化和金融自由化。新古典主义认为，经济的发展是以边际调节来实现的，均衡状态是稳定的，价格机制是一切调节的原动力，从而也是经济发展的重要机制。总之，新古典主义十分强调市场对经济发展的作用，并认为经济发展完全可以通过市场这只"无形之手"，实现均衡发展。新古典主义的具体理论和政策主张在一定程度上抑制了资本主义国家的通货膨胀，另外，其具体政策的负效应表现为加剧了许多资本主义国家的失业和经济萧条，许多国家从"滞涨"危机再次陷入经济增长的缓慢阶段。

（四）新凯恩斯主义思潮的影响

新凯恩斯主义是指 20 世纪 70 年代以后在凯恩斯主义基础上吸取非凯恩斯主义某些观点与方法形成的理论。基于传统凯恩斯主义国家干预的理论，新凯恩斯主义进一步强调政府与经济的干预与调节作用，在继承与发展凯恩斯主义的同时，努力使其走出国家干预主义的死胡同。

与原凯恩斯主义学派相比，新凯恩斯主义经济学派有以下特点：第一，强调工资和价格的黏性而非完全刚性，并试图对这种黏性从微观的角度进行合理的解释，在此基础上说明非自愿失业、普遍生产过剩的可能性以及政府经济政策的作用。第二，强调并从微观角度入手阐明了市场机制的不完善性，他们从垄断竞争的市场结构出发，研究了经济中存在的实际刚性、风险和不确定性、经济信息的不完全性和昂贵性、调整的成本因素等，从而说明了企业的最优定价行为及其宏观经济含义。证明在市场经济中"看不见的手"并不能引导以利益最大化为目标的经济主体最大限度地促进社会利益，达到"帕累托最优"的境界，恰恰相反，"看不见的手"导致了"协调失败"，出现了长期的市场非均衡和社会福利的巨大损失。第三，强调政府干预经济的必要性。他们以需求冲击为假定，着重论证了企业为什么总是拒绝及时随总需求的变动而调整价格和工资，这种微观行为反映到宏观经济层面又如何导致总产出和就业的变动。因此，需要通过政府干预来解决这种市场机制的失效问题，由于货币的非中性，政府的经济政策可以是有效的。

新凯恩斯主义基于凯恩斯主义国家干预理论的基础，在经济全球化的背景下重新界定了政府与市场的关系，因而其理论观点受到西方资本主义国家的重视。但不容置疑的是，现代市场经济的发展再也不可能彻底回归到诸如斯密时代自由放任的发展阶段，现代经济的发展离不开政府的宏观调控，政府为市场经济的健康发展创造一个良好的制度环境，并且做好应对市场失灵的准备。

纵观当今世界，不管是资本主义国家还是社会主义国家，在对经济的发展上无一例外地都进行了宏观调控，所不同的是调控力度的强弱。资本主义经济的发展经验告诉我国，市场经济的发展离不开政府干预，单纯依靠"看不见的手"无法有效地提高经济效率、应对经济危机。但是政府宏观调控必须遵循市场经济规律，要始终坚持市场在资源配置中的基础作用，政府只是从总体上对经济运行的大方向进行调控，不能干涉微观经济主体具体的经济行为。只有理顺政府与市场二者的关系，将两者的作用有机地结合起来，才能使经济健康发展。

二、供给导向的财政宏观调控理论

（一）供给学派及其代表人物

供给学派（Supply-Side Economics）是 20 世纪 70 年代中期在美国出现的一个反凯恩斯主义的新保守主义学派。20 世纪 70 年代，西方资本主义国家普遍陷入"滞涨"困境，凯恩斯主义受到质疑，供给学派就是在这样的背景下应运而生。这个学派的成员在观点上虽很不一致，但都认为他们的理论"是萨伊定律的再现"。他们强调，"萨伊定律"的本质并非是萨伊所简述的"供给创造自身的需求"，而是人类欲望的满足受限制于生产而非消费能力，因此，政府应鼓励的是生产而不是消费，所以，供给学派是一个特别重视供给方面的思想流派。供给学派对"萨伊定律"所做的这一现代意义上的解释，实际上道出了这个学派区别于凯恩斯学派、现代货币学派等其他西方经济学派的最大特点——强调政府应重视和鼓励生产。这个学派的先驱者是加拿大籍、美国哥伦比亚大学教授芒德尔（Mundell R. A.），其主要代表人物有拉弗（Laffer A. B.）、万尼斯理（Wanniski J.）、罗伯茨（Roberts P. C.）、吉尔德（Gilder G.）等，在英国、联邦德国也有一些供给学派的追随者。

（二）主要观点

供给学派的理论观点和政策主张主要有以下几个方面。

1. 否定凯恩斯定律（需求创造供给），肯定萨伊定律（供给创造需求）

供给学派认为，在供给和需求的关系上，供给居于首要的、决定的地位。社会的购买能力取决于社会的生产能力，而社会的生产能力就是社会的供给能力，人们在向社会提供商品的过程中自然会创造出多方面的需求。社会的供给能力越强，需求就越大，在信用货币制度下，不会出现购买力不足而发生商品过剩的问题。他们还认为经济发展的标志是供给的水平和能力，经济学的首要任务应当是研究如何促进生产、增加供给，仅仅在需求和分配上做文章是远远不够的。

2. 提倡经济自由主义，反对政府过多干预

供给学派从萨伊定律出发，认为在自由竞争的市场经济中供求总是均衡的。他们宣扬企业家的创业精神和自由经营活动是促进生产、增加供给的关键因素，而自由竞争的市场经济是企业家施展才能的最佳经济体制，在市场机制的充分作用下，各种经济变量都能自动趋于均衡，保证经济长期的稳定发展。国家干预不仅会破坏市场经济的自动调节机制，而且往往由于干预不当而损害经济中的供给力量。供给学派抓住美国经济陷入滞涨这一事实，激烈批评和反对政府过多干预经济，指出第二次世界大战后，美国政府所制定的名目繁多的法律条令严重束缚了企业手脚，挫伤了企业的生产积极性，加剧了滞涨现象。他们竭力主张撤销或者放宽一系列法律条令，减少政府干预，以便创造一个自由的经济环境，充分调动企业积极性。

3. 主张通过减税刺激投资，增加供给

供给学派认为，在所有的刺激中，税率的变动是最重要、最有效的因素。税率变动影响着劳动力的供应及其结构，影响着储蓄、投资以及各种有形的经济活动。因为人们进行经济活动的最终目的虽然是收益，但他所关心的不是收入总额，而是纳税后可支配的收入净额，因此税率，特别是边际税率是关键的因素。提高税率，人们的净收入额下降；减低税率，人们的净收入增加。经济主体考虑是否增加活动，主要看由此带来的净收入增量是否合算来决定。高税率因减少人们的净收益而挫伤劳动热情，缩减储蓄，致使利率上升投资萎缩，生产增长缓慢，商品供给不足。而减税的作用则与上述相反。供给学派认为减税不仅能将国民收入更多地积累在企业和个人手里，用以扩大储蓄与投资，增加供给，而且也不会影响政府的税收收入。因为决定税收总额的因素不仅是税率的高低，更主要的是课税基数的大小。高税率不一定使税收额增加，却常因压抑了经济主体的活动而缩减了课税基数，反而使税收额减少。

4. 提倡重视智力资本，反对过多的社会福利

供给学派认为，"一国实际收入的增长，取决于其有形资本与智力资本的积累，也取决于其劳动力的质量与努力程度"。尤其是当代智力资本所形成的科技革命，正在迅速改变着物质生产和人们的生活面貌，给人类带来极大的福利。因此资本，特别是智力资本是人类福利的源泉，应当鼓励人们进行智力投资。只有当有形资本和智力资本达到最大化时，人类福利才能达到最大化，若资本不足时，过多的福利只会产生不良作用，削弱了人们储蓄和投资的积极性，特别是压抑了积蓄智力资本的动力，滋长了穷人的依赖心理，使失业成本大大降低，人们不储蓄、不工作、不学习、不提高也能生存，这就不利于增加投资，不利于扩大就业，不利于鼓励进取，不利于刺激供给，不能达到真正的最大福利化社会。同时过多的福利扩大了政府的社会性支出而排挤了私人的生产性支出，不利于生产增长和消除赤字。因此，必须削减过多的社会福利。

5. 主张控制货币，反对通货膨胀

由于供给学派以增加生产、扩大供给为主旨，所以他们的货币金融理论特别强调货币金融对于供给因素的影响；又因他们将减税作为主要武器，因而十分注重货币金融与财政政策的关系和相互作用。他们从提高供给能力的角度出发，力主稳定货币，反对通货膨胀。

（三）我国供给侧结构性改革中的财政政策理论应用

经济新常态下，传统的以刺激总需求为目标的宏观管理政策由于面临结构性矛盾的加剧和发展动力的不足而显得越来越力不从心，为了从根本上解决这一问题，以习近平同志为总书记的党中央适时提出了进行供给侧结构性改革的战略性决定。与20世纪西方经济陷入滞胀危机时期里根总统和撒切尔夫人所进行的改革类似，供给侧改革的实施也必将对中国经济未来的发展产生决定性影响。财政政策作为影响政府收支的主要规范，与货币政策一起构成一国政府进行总量管理的重要工具，然而，与货币学派所倡导的货币政策的稳定性相比，政府对于财政政策的实施更加主动和灵活，而且其不仅可以通过"逆周期"操作来调节总量平衡，还可以通过一系列财税行为来优化经济结构，更可以通过收入再分配来实现公平和正义，因此，财政政策必将在供给侧改革中扮演十分重要的角色。

供给和需求是经济学中相伴而生的一对概念，供需平衡决定了市场微观效率，而总供需平衡则决定了宏观经济稳定。从供给侧来看，总供给则取决于资本、劳动力、土地等要素和技术水平，其是长期经济增长的决定因素。相对而言，"供给侧结构性改革"更侧重于结构调整，旨在通过优化要素配置、优化经济结构，在长期中提高生产率和实现经济增长。2016年的中央经济工作会议将"去产能、降成本、去库存、补短板和去杠杆"作为全年的主要任务，因此供给侧结构性改革下的财政政策需求理论分析可以从短期AD—AS模型分析、长期AD—AS模型分析、产能过剩、库存积压行业、有效供给不足行业等层面进行。

1. 供给侧结构性改革的短期和长期供求分析

供给侧结构性改革的重要任务是提高供给体系质量和效益，在短期将增加有效供给不足行业的产出。在短期，供给侧结构性改革有利于资源重新配置，通过鼓励创新、降低企业经营成本等政策促进劳动力、资本等生产要素从产能过剩行业向有效供给不足行业移动，通过积极财政政策和适度宽松货币政策抵消通缩等不利因素，增加有效供给满足现有需求，提高社会总生产水平，促进经济稳定增长，如图 2 – 1 所示。

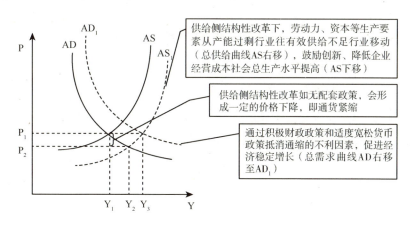

图 2 – 1　供给侧结构性改革的短期 AD—AS 模型分析

2. 供给侧结构性改革的长期供求分析

供给侧结构性改革的重要任务是提高供给体系质量和效益，在长期同样将增加有效供给不足行业的产出。在长期，供给侧结构性改革通过提高全要素生产率，促进技术进步，使得同样资源禀赋下达到更大产出水平以满足社会需求的升级，如图 2 – 2 所示。

3. 产能过剩、库存积压行业的供求分析

供给侧结构性改革的重要任务是去产能、去库存，消除一些无效供给。对产能过剩、库存积压严重行业而言，供给侧结构性改革需要相关政策配合减少产能过剩行业需求或至少保持需求不变，实现去产能、去库存，消除一些无效供给的政策目标。

对存在一定产能过剩、库存积压现象的行业而言，供给侧结构性改革在

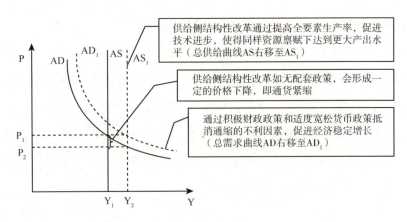

图 2 – 2　供给侧结构性改革的长期 AD—AS 模型分析

实施去产能、去库存的同时通过政策适度扩大需求，调整供需结构，适当提高产品价格水平能够改善这些行业利润大幅下降的局面。值得注意的是，在积极财政政策执行中，应注意区分行业间的产能过剩、库存积压情况差异，实现供给侧结构性改革的精准有效，如图 2 – 3 所示。

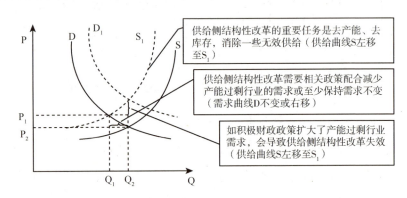

图 2 –3　产能过剩、库存积压行业的 AD—AS 模型分析

4. 有效供给不足行业的供求分析

供给侧结构性改革提高供给体系质量和效率，提高投资有效性，加快培育新的发展动能，改造提升传统比较优势，增强持续增长动力，推动社会生产力水平整体改善. 通过积极财政政策和适度宽松货币政策能进一步扩大有效供给不足行业需求，加速供给侧结构性改革的预期目标实现，如图 2 – 4 所示。

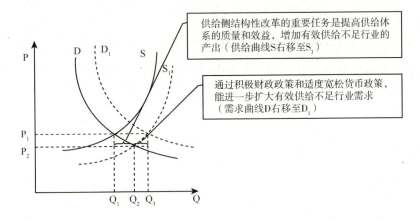

供给侧结构性改革的重要任务是提高供给体系的质量和效益，增加有效供给不足行业的产出（供给曲线S右移至S_1）

通过积极财政政策和适度宽松货币政策，能进一步扩大有效供给不足行业需求（需求曲线D右移至D_1）

图 2 −4　有效供给不足行业的 **AD—AS** 模型分析

第三节　财政宏观调控作用机理

一、财政支出乘数下的经济均衡

(一) 凯恩斯的消费理论

关于收入和消费的关系，凯恩斯认为，存在一条基本心理规律：随着收入的增加，消费也会增加，但是消费的增加不及收入增加多，消费和收入的这种关系称作消费函数或消费倾向，用公式表示为：

$$c = c(y) \tag{2.1}$$

增加的消费与增加的收入之比率称为边际消费倾向（MPC），公式为：

$$MPC = \frac{\Delta c}{\Delta y} \text{或} \beta = \frac{\Delta c}{\Delta y} \tag{2.2}$$

如果消费和收入之间存在线性关系，则边际消费倾向为一常数，这时消费函数可用下列方程表示：

$$c = \alpha + \beta y \qquad (2.3)$$

式中，α 为必不可少的自发消费部分，即收入为 0 时举债或动用过去的储蓄也必须要有的基本生活消费；β 为边际消费倾向；β 和 y 的乘积表示收入引致的消费。因此，$c = \alpha + \beta y$ 的经济含义是：消费等于自发消费与引致消费之和。

（二）两部门经济中收入的决定——使用消费函数决定收入

均衡收入指与计划总支出相等的收入，计划总支出由消费和投资构成，即 $y = c + i$。为使分析简化，在收入决定的简单模型中，假定计划净投资是一个给定的量，不随利率和国民收入水平而变化。根据这一假定，只要把收入恒等式和消费函数结合起来就可求得均衡收入：

$$y = c + i \qquad (2.4)$$

$$c = \alpha + \beta y \qquad (2.5)$$

解联立方程，就得到均衡收入：

$$y = \frac{\alpha + i}{1 - \beta} \qquad (2.6)$$

可见，如果知道了消费函数和投资量，就可得到均衡的国民收入。例如，假定消费函数为 $c = 1000 + 0.8y$，自发的计划投资为 600 亿美元，则均衡收入：

$$y = \frac{1000 + 600}{1 - 0.8} = 8000（亿美元）$$

若投资增加到 700 亿美元，消费函数不变，则均衡收入：

$$y = \frac{1000 + 700}{1 - 0.8} = 8500（亿美元）$$

（三）乘数论

上面本书提到，若自发投资量是 600 亿美元，均衡的国民收入是 8000 亿美元；若投资增加到700亿美元，则国民收入就会增加到8500亿美元。在这里，投资增加100亿美元，收入增加500亿美元，增加的收入是增加的投资的5倍。可见，当总投资增加时，收入的增量将是投资增量的数倍。如果以k代表倍数，这个k称为投资乘数。可见，投资乘数指收入的变化与带来这种变化的投资支出的变化的比率，在上述例子中，投资乘数是5。

为什么投资增加100亿美元时，收入就会增加5倍呢？这是因为，增加100亿美元投资用来购买投资品时，实际上是用来购买制造投资品所需要的生产要素。因此，这100亿美元以工资、利息、利润和租金的形式流入生产要素的所有者手中即居民手中，从而居民收入增加了100亿美元，这100亿美元是投资对国民收入的第一轮增加。

假定该社会的边际消费倾向是0.8，因此，增加的这100亿美元中会有80亿美元用于购买消费品。于是，这80亿美元又以工资、利息、利润和租金的形式流入生产消费品的生产要素所有者手中，从而使该社会居民收入增加80亿美元，这是国民收入的第二轮增加。

同样，这些消费品生产者会把这80亿美元收入中的64亿美元（$100 \times 0.8 \times 0.8 = 64$）用于消费，使社会总需求提高64亿美元，这个过程不断继续下去，最后使国民收入增加500亿美元，其过程是：

$$100 + 100 \times 0.8 + 100 \times 0.8 \times 0.8 + \cdots + 100 \times 0.8^{n-1}$$
$$= 100 \times (1 + 0.8 + 0.8^2 + \cdots + 0.8^{n-1})$$
$$= 1/(1 - 0.8) \times 100$$
$$= 500(亿美元)$$

此式表明，当投资增加100亿美元时，收入最终会增加500亿美元。根据这例子可得：

$$乘数 = \frac{1}{1 - 边际消费倾向} \tag{2.7}$$

或
$$k = \frac{1}{1 - MPC} \tag{2.8}$$

如果用 β 代表 MPC，则上式变为：

$$k = \frac{1}{1-\beta} \qquad\qquad (2.9)$$

可见，乘数大小和边际消费倾向有关，边际消费倾向越大，则乘数就越大。

以上是从投资增加的方面说明乘数效应的。实际上，投资减少也会引起收入若干倍减少，可见，乘数效应的发挥是两方面的。

（四）财政支出乘数

乘数是指某一经济变量增加所引起的国民收入增加的倍数，或者说是国民收入的增量和该经济变量增量之间的比率。财政支出乘数是指由财政支出变动所引起的国民收入变动量与财政支出变动量之间的比例。包括政府购买支出乘数、政府转移支付乘数。

1. 政府购买支出乘数

政府购买支出乘数是指国民收入变动对引起这种变动的政府购买支出变动的比率。以 Δg 表示政府支出变动，Δy 表示国民收入变动，kg 表示政府购买支出乘数，则：

$$kg = \frac{\Delta y}{\Delta g} \qquad\qquad (2.10)$$

假设所分析的经济中只有三个部门，包括居民、企业和政府。政府购买支出乘数的研究必须以三部门经济均衡模型为对象，三部门的国民收入均衡公式及相关方程如下：

$$y = c + i + g \qquad\qquad (2.11)$$

$$c = c_0 + \beta yd \qquad\qquad (2.12)$$

$$yd = y - t \qquad\qquad (2.13)$$

式中，c 代表消费，i 代表投资，g 代表政府购买支出，β 代表边际消费倾向，yd 代表居民可支配收入，t 代表税收。解上列方程可得购买支出乘数：

$$kg = \frac{\Delta y}{\Delta g} = \frac{1}{1-\beta} \qquad (2.14)$$

税收可有两种情况，一种为定量税，即税收量不随收入而变动，用 t 来表示；另一种为比例所得税，即随收入增加而增加的税收量。为简化起见，本节只讨论定量税情况。

可见，kg 为正，表明国民收入与政府购买支出呈正比。举例来说，若边际消费倾向 $\beta = 0.8$，则 $kg = 5$，因此，政府购买支出若增加 200 亿美元，则国民收入可增加 1000 亿美元，政府购买支出减少 200 亿美元，国民收入也要减少 1000 亿美元。

2. 政府转移支付乘数

转移支付乘数是政府支出乘数的一种。随着我国社会保障体系的建立，政府转移支出是财政支出的重要组成部分，分析转移支付乘数对加强财政宏观调控有着重要意义。

政府转移支付乘数是指国民收入变动引起这种变动的政府转移支付变动的比率。政府转移支付属于政府支出，但它对经济运行的作用不像政府购买支出那样直接，它所影响的对象是居民收入。政府转移支付增加，增加了人们的可支配收入，因而消费增加，总支出和国民收入增加，因而政府转移支付乘数为正值。如用 kr 表示转移支付乘数，Δy 表示由转移支付变动而引起的国民收入变动量，Δtr 表示转移支付变动量，则：

$$kr = \frac{\Delta y}{\Delta tr} \qquad (2.15)$$

在上述方程式（2.13）的基础上，加上转移支付 TR 因素，即可得下式：

$$yd = y + tr - t \qquad (2.16)$$

得转移支付乘数公式为：

$$kr = \frac{\Delta y}{\Delta tr} = \frac{\beta}{1-\beta} \qquad (2.17)$$

可见，政府转移支付乘数等于边际消费倾向与边际储蓄倾向之比，且为正数，表明国民收入与转移支付呈同方向变化。如若边际消费倾向 $\beta = 0.8$，则 $kr = 4$。如果政府增加转移支付 200 亿美元，则国民收入增加 800 亿美元，反之亦然。

我国转移支付的功能主要是改善收入分配格局，缩小贫富差距，体现了对弱势群体（包括经济欠发达地区、特定单位及收入低下的个人）的关怀和补偿。但它客观上对经济运行也有一定的影响，特别是在经济处于低谷时，可以通过增加转移支付来刺激经济增长，这种作用有其局限性但仍不能忽视。

（五）财政支出乘数对国民收入的影响

政府从政府购买支出和转移支付两个方面影响国民收入，但是这两个方面作用机理又有所差异。比较式（2.14）和式（2.17）可知 $kr = \beta \cdot kg$，由于 $0 < \beta < 1$，所以 $kr < kg$。这是因为政府购买支出增加 1 美元，一开始就会使总支出即总需求增加 1 美元。但是，转移支付增加 1 美元，只会使可支配收入增加 1 美元，这 1 美元中只有一部分用于消费，另一部分用来储蓄。政府购买支出乘数是通过政府购买行为的改变推动经济运行。当经济发展过快时，政府可以通过减少财政支出直接减少有效需求，抑制经济过热；当经济发展比较缓慢时，政府可以通过增加财政支出直接刺激有效需求增加，拉动经济增长。而转移支付不能直接变成自发性需求，必须通过个人可支配收入变为消费和储蓄两部分才能形成个人需求的增加。转移支付作为启动经济运行的手段，它比与转移支付数额相同的政府购买支出所产生的国民收入增加要少，因此改变政府购买水平对宏观经济活动的效果要大于转移支付的效果。但政府转移支付客观上对经济运行也会产生一定的影响，特别是在经济萧条时期，就业减少，失业救济金、各种福利支出等政府转移支付的增加，抑制了个人消费的减少，这样有利于抑制消费的减少。

二、税收乘数下的经济均衡

（一）税收乘数

税收乘数指收入变动与引起这种变动的税收变动的比率。税收乘数有两种：一种是税率变动对总收入的影响，另一种是税收绝对量变动对总收入的影响，即变量税对总收入的影响。这里仅说明后者。

在三部门经济中，只有税收 t 变动，则税收为 t_0 和 t_1 时的收入分别为：

$$y_0 = [\,c_0 + \beta(y - t_0)\,] + i + g \qquad\qquad (2.18)$$

$$y_1 = [\,c_0 + \beta(y - t_1)\,] + i + g \qquad\qquad (2.19)$$

得税收乘数公式为：

$$kt = \frac{\Delta y}{\Delta t} = \frac{-\beta}{1-\beta} \qquad\qquad (2.20)$$

式中，kt 为税收乘数，税收乘数为负值，表示收入虽税收增加而减少。原因是税收增加，表明人们可支配收入减少，从而消费会相应减少，因而税收变动和总支出变动方向相反。如若 $\beta = 0.8$，则 $kt = -4$，如果政府增税 200 亿美元，则国民收入减少 800 亿美元，反之亦然。

（二）税收乘数对国民收入的作用机理

税收乘数的大小由边际消费倾向 β 决定。从税收乘数公式看，边际消费倾向越大，则税收乘数的绝对值越大，对国民收入的影响倍数也越大。将税收乘数与政府支出乘数以及政府转移支付乘数做比较可得：$|kg| > |kt|$，$|kr| = |kt|$。原因是税收对于增加消费的机理与转移支付相同，减税获得的可支配收入一部分用于消费，另一部分用于储蓄，而政府购买支出则全部用于消费。所以，改变政府购买水平是财政政策中最有效的手段。财政支出乘数是正相关效应，税收乘数是负相关效应，只有把税收乘数和财政支出乘数结合起

来，才能体现政府收支行为对国民收入的综合影响。通过政府的一收一支和国民收入的一减一增，这样就维持了国民收入的总量平衡，确保国民经济的稳定和增长。

同时，也正是由于政府购买乘数大于税收乘数，因此，如果政府购买和税收同样地增加一定数量，也会使国民收入增加。这就是所谓平衡预算乘数的作用。

三、平衡预算乘数下的经济均衡

平衡预算乘数指政府收入和支出同时以相等数量增加或减少时国民收入变动与政府收支变动的比率。用 Δy 代表政府支出和税收各增加同一数量时国民收入的变动量，k_b 为平衡预算乘数，则：

$$\Delta y = kg\Delta g + kt\Delta t = \frac{1}{1-\beta}\Delta g + \frac{-\beta}{1-\beta}\Delta t \qquad (2.21)$$

由于假定 $\Delta g = \Delta t$，因此：

$$k_b = \frac{\Delta y}{\Delta y} = \frac{\Delta y}{\Delta t} = 1 \qquad (2.22)$$

上面的例子表明，政府购买支出增加 200 亿美元时，国民收入增加 1000 亿美元，税收增加 200 亿美元时，国民收入减少 800 亿美元。因此，政府购买和税收同时增加 200 亿美元时，从政府预算看是平衡的，但国民收入增加 200 亿美元，即收入增加了一个与政府支出和税收变动相等的数量。

回顾与总结：市场存在公共产品、外部效应、市场垄断、信息不充分、收入分配不公、经济波动等失灵状况，客观上就需要政府的干预和调控。政府的作用在于通过立法和行政手段、组织公共生产和提供公共产品、经济手段等弥补市场缺陷、恢复市场效率、改善收入分配公平状态。

财政宏观调控理论主要有需求导向的财政宏观调控理论、供给导向的财政宏观调控理论等，我国当前实施的供给侧结构性改革更侧重于结构调整，旨在通过优化要素配置、优化经济结构，在长期中提高生产率和实现经济增长。

财政宏观调控中的财政支出、税收、平衡预算等政策工具带来的财政收支变动能够带来国民收入的倍数增加。财政宏观调控通过这种乘数作用能够起到"四两拨千斤"的作用。

第三章 现代财政宏观调控模式

本章导读：现代财政宏观调控应构建自动稳定、相机抉择财政政策合理组合的模式，既通过累进的所得税制度和转移支付制度来自动发挥调节作用，又通过汲水政策和补偿政策通过"逆经济风向行事"有意识主动发挥经济调控作用的干预政策，进而实现经济增长、充分就业、稳定价格和国际收支平衡的财政宏观调控目标。

财政政策是国家宏观经济政策的重要组成部分，有广义和狭义之分。广义的财政政策是指政府为了达到一定经济和社会目的而制定的指导财政分配活动、处理财政分配关系的基本准则和措施的总称，表现为各级立法机构和政府机关制定的有关财政的各种法律、法规。而狭义的财政政策是指政府为了实现社会总需求与社会总供给的均衡，对财政收支对比关系进行调整的准则和措施的总称。表现为政府依据财政收支与社会总供求的内在联系，通过调整财政收支的对比关系来调节经济总量，以实现社会供求总量平衡和结构协调这一政府宏观调控的目标。概括来说，财政政策是指一国政府为实现一定的活动经济目标，而调整财政收支规模和收支平衡的指导原则及其相应的措施。

第一节　财政宏观调控模式

一、基于财政政策作用机制的模式分类

按照财政政策的作用机制不同，可将财政政策分为自动稳定的财政政策和相机抉择的财政政策。

（一）自动稳定的财政政策

自动稳定的财政政策是指当经济发生波动时，能自动调节社会总供求关系，稳定经济增长，从而熨平经济波动、恢复供求平衡的财政政策。它无须借助政策调整就可对宏观经济直接产生控制效果，所以又被称为"自动稳定器""内在稳定器"或"非选择性财政政策"。自动调节的财政政策在发挥作用时，不需要政府宏观经济管理部门对经济运行的态势作出判断，而是由预先制定好的累进的所得税制度和转移支付制度等来自动发挥调节作用。自动稳定的财政政策的主要表现在两个方面：

1. 税收的自动稳定作用。税收体系，尤其是累进征收的企业所得税和个人所得税，对经济活动水平的变化反应相当敏感。其调节机理是将纳税人的收入与适用税率累进挂钩，即纳税人收入越多，累进所得税的边际税率越高，所得税税额相应增加，社会需求相应降低，税收对社会需求就有了一种自动抑制的功能；反之，当经济萧条、纳税人的收入水平下降、社会需求萎缩时，累进所得税的边际税率自动下降，税收收入随之自动下降；如果预算支出保持不变，就会产生预算赤字，这种赤字会"自动"产生一种力量，对社会需求产生维持或相对扩大的作用，以抑制国民收入的继续下降。

2. 政府对个人（家庭）转移支付的自动稳定作用。政府对个人（家庭）转移支付水平一般是与社会成员的收入呈反向关联，经济发展速度越快，就

业岗位越多，社会成员的收入水平越高，进入社会保障范围的人数越少，社会保障支付的数额自动减少，以转移支付形式形成的社会需求相应减少；反之，则相应增加。这样，政府对个人（家庭）转移支付机制随着经济发展的兴衰自动增减社会保障支出和财政补贴数额，也可以产生自动调节社会需求，抑制经济周期性波动的作用。

自动稳定器是保证经济正常运转的第一条防线，自动稳定器的作用是部分地减少宏观经济周期的波动，不能完全扫除这种扰动的影响。是否应减少某种扰动之影响的剩余部分，以及如何使之减少，仍然是政府有权决定使用的财政及货币政策的任务。

（二）相机抉择的财政政策

相机抉择的财政政策是指政府要根据社会总供求矛盾的具体表现，来灵活调整财政收支总量和财政收支结构以有效调节社会总供求关系，进而实现调节目标的财政政策。按照财政政策的早期理论，相机抉择的财政政策包括汲水政策和补偿政策。

1. 汲水政策。所谓的"汲水政策"，就是模仿水泵抽水的原理，如果水泵里缺水就不能将地下水吸到地面上来，需要注入少许引水，以恢复其抽取地下水的能力。按照汉森（Alvin Hansen）的财政理论，汲水政策是对付经济波动的财政政策，是在经济萧条时靠付出一定数额的公共投资使经济自动恢复其活力的政策。汲水政策具有四个特点：第一，汲水政策是一种诱导景气复苏的政策。第二，汲水政策的载体是公共投资。第三，财政支出规模是有限的，不进行超额的支出，只要使民间投资恢复活力即可。第四，汲水政策是一种短期财政政策，随着经济萧条的消失而不复存在。

2. 补偿政策。政府有意识地从当时经济状态的反方向调节景气变动幅度的财政政策，以达到稳定经济波动的目的。在经济繁荣时期，为了减少通货膨胀因素，政府可以通过增收减支等政策减少社会总需求；在经济萧条时期，为了促进经济稳定增长，政府可以通过增支减收等政策来刺激需求的增加。

由以上可以看出，补偿政策和汲水政策都是政府针对经济形势的变化情况，有意识主动发挥经济调控作用的干预政策。补偿政策和汲水政策的反经济周期性波动操作，即在经济高涨时期对之进行抑制，使经济不会过度高涨而引发通货膨胀，在经济衰退时对之进行刺激，使经济不会出现严重萧条而引起失业，以使经济实现既无失业又无通货膨胀的稳定增长。相机抉择的财政政策又被称为"逆经济风向行事"的政策。

二、基于财政收支总量对比的模式分类

按照财政收支总量对比的态势，政策财政可分为扩张性、紧缩性和中性的财政政策三种类型。

（一）扩张性财政政策模式分析

扩张性的财政政策又称赤字性财政政策或"松"的财政政策。它是指政府在安排财政收支时有意识地使财政支出大于财政收入，通过财政赤字扩张需求，以实现社会总需求与总供给之间的均衡，促进经济稳定增长的财政政策。扩张性财政政策实施的基本前提是社会总需求不足，社会总供给过剩，社会生产能力闲置，通货紧缩。政府推行扩张性财政政策一般会使当年预算支出大于预算收入，形成财政赤字，这种财政赤字一般认为是主动赤字，是政府推行扩张性财政政策的结果。事实上，政府正是通过财政赤字这种超额分配的办法来弥补因社会需求不足而导致的供求缺口，进而达到启动闲置资源、刺激经济增长的目的。

1. 扩张性的财政政策的主要内容

增支。政府支出包括政府购买和政府转移支付，增加政府支出的运作可以从两个角度来看待。一方面从需求管理的角度来看，可以直接增加投资或消费需求，拉动经济扩张，加之支出的乘数效应，整个经济的扩张效应可能是支出扩张本身效应的数倍；另一方面，虽然供给学派主张平衡预算，反对

扩张支出，但从供给管理，尤其是内生增长理论的角度来看，政府对基础设施、科技研发和人力资本的投资，在中长期会增强经济的内生增长能力，改善供给质量。以美国克林顿政府（1993～2001 年）为例，其上台伊始计划提出缓解失业的短期扩张政策，就是从需求管理的角度来考虑的，之后对基础设施、科教的投入则意在改善供给能力，是供给管理的思路。

减税。减税政策的运作也可以以两种思路来分析，一方面按照需求管理的思路，减税可以刺激需求，尤其是消费需求，拉动经济增长；另一方面按照供给管理的思路，减税可以提高资本和劳动的税后收益，从而增加资本和劳动的供给，提高产出水平。由于减税政策是几乎所有经济学派都支持的措施，所以在美国 20 世纪 70 年代以后的几乎历届政府都进行过减税。虽然，究竟哪种思路更真实地描述了减税的效应在学术上还有争议，但美国经济 20 余年来的平稳增长可以说明其效果确实是显著的。

发债。作为财政政策一部分的债务工具，其实是从属于支出和税收政策的（作为货币政策的债务工具则可通过公债市场影响货币供应量，独立发挥作用）。在扩张性财政政策中，发债本身并不能扩张经济，甚至还会带来货币供给的减少，收缩流动性，拉升利率。但是，出于扩张性财政政策一般都会带来政府支出的增加或者税收的减少，抑或两者兼而有之，因此，政府在权衡发债利弊的基础上会通过发行公债来筹措支出的来源，弥补赤字。例如，日本战后的历次扩张性财政政策，都伴有大量的赤字公债发行；中国 1998 年下半年至今的积极财政政策，也伴有每年数千亿的特别公债发行。

实行赤字预算。增加流通中不代表物资的货币量，使这部分货币支出形成社会总需求的新增变量，通过通货膨胀吸收原来过剩的社会供给。实施扩张性财政政策时应把握好扩张的力度，将由财政扩张引起的赤字控制在经济发展和财政所能承受的范围内，避免扩张过度引起的财政危机，给经济运行带来负面影响。

2. 扩张性财政政策的运作特点

（1）以经济紧缩或萧条为背景，以扩张经济为目标

财政政策是政府力量与市场力量的对抗，扩张性财政政策是有意识的反

经济周期行为，相机抉择地在经济紧缩或萧条之时（甚至在这种趋势初现之时）就利用政府的力量去扩张经济，力图熨平经济波动。然而，市场终究是主导的力量，在经济景气恢复之后，扩张性财政政策迅速退出，因此也具有期限不长的特点。

（2）以赤字为主要特征，政策实施受赤字重大影响

由于扩张性财政政策运作中多使用增支和减税措施，赤字的出现也就无法避免，并且也需要财政赤字去扩张社会需求，以克服社会有效需求不足，才可能促进经济的景气回升。然而，财政赤字毕竟会为政府带来风险，财政赤字规模应当控制在一定的范围内。因此，扩张性财政政策所形成的财政赤字实际上缩小了之后的政策选择余地，之后的财政政策实施时刻受其掣肘，尤其是长时期的大幅度的赤字，就更是如此。如 20 世纪 80 年代，里根政府的供给管理政策造成了美国政府的高赤字、高负债，尽管美国政府努力压缩，但到 1992 年时仍有 2900 亿美元之巨，使得继任的克林顿政府在进行政策选择时，就不得不加税和压缩财政支出。又如小布什政府 2001 年为应对美国经济下滑趋势，奉行供应主义政策，实行了"10 年减税"计划等税收政策刺激了美国经济复苏，但美国财政状况也发生了迅速的恶化，从预算盈余骤变为赤字。受制于财政赤字和债务上限等问题，奥巴马在第二任期内（2012 ~ 2017 年）的财政政策相对较为紧缩，财政支出规模持稳（但占 GDP 比重下降）、财政收入上升（占 GDP 比重亦上升）使得财政赤字相应改善。

（3）挤出效应

"挤出效应"指的是政府支出的增加所引起的私人投资或消费降低的作用，重点在于政府支出增加引起借贷市场利率上升，从而挤占了私人投资，它是扩张性财政政策的最主要副作用。不过，对挤出效应应当具体分析。在一个充分就业的经济中，政府支出的增加带来的是完全的挤出，这显然是无益的，但在一个非充分就业的经济中，即使挤出效应存在，政策的扩张作用还是有效的，在这种情况下如何取舍，取决于决策者在经济扩张与公共投资的低效率之间的权衡。

（4）政治因素影响

首先，财政存在的根本理由是为履行政府职能提供资金，与财政相关的运作首先要服务于政府职能的履行，而不是财政政策的宏观经济目标。其次，财政的收支活动直接涉及利益在各个群体之间的再分配，各方为利益进行博弈是肯定的。因此，即使制定了单纯的宏观经济目标，财政政策运作过程也时刻受到政治因素的影响。

（5）财政支出结构变化

受内生增长理论①的启示，政府在实施扩张性财政政策时，都更加注重调整支出结构，加大了有利于产业升级、改善经济结构的教育、科技等领域的投资。

（二）紧缩性财政政策模式分析

紧缩性财政政策又称盈余性财政政策或"紧"的财政政策，是指政府在安排财政收支时有意识地使财政收入大于财政支出，通过财政盈余来紧缩需求，以实现社会总供求的均衡、促进经济稳定增长的财政政策。紧缩性财政政策的出发点是抑制社会需求，缓解供求矛盾，使经济发展保持稳定的节奏。它适宜于在社会总需求膨胀、社会供给相对不足，经济增长趋于过热，通货膨胀严重的条件下实施。紧缩性财政政策实施表现为财政收入大于财政支出，形成财政盈余；政策实施结果是政府将财政盈余所代表的社会需求从社会总需求中扣留下来，以缓解社会需求膨胀的压力，实现社会总供求平衡。

紧缩性财政政策主要内容包括：压缩财政支出和投资规模，直接减少社会总需求；增加税收，减少企业和居民可支配的收入，以抑制投资需求和消费需求；发行公债，把原来社会安排支出的资金转化为储蓄存款，以压缩社会总需求；增加财政结余，冻结一部分购买力，以减少社会需求。在实施紧

---

① 内生增长理论（The Theory of Endogenous Growth）是产生于20世纪80年代中期的一个西方宏观经济理论分支，其核心思想是认为经济能够不依赖外力推动实现持续增长，内生的技术进步是保证经济持续增长的决定因素，强调不完全竞争和收益递增。

缩性财政政策时，也应把握好政策紧缩的力度，避免过度紧缩引起供给急剧下降，使经济增长受到过分抑制而出现经济失速问题。

（三）中性财政政策模式分析

中性财政政策又称平衡性的财政政策或均衡财政政策。它是指政府在安排财政收支时有意识地使财政收支大体相等，以保持社会总供求同步增长，维持社会总供求基本平衡的财政政策。政府推行均衡性的财政政策不需要增收减支，也不需要减收增支，只需要保持财政收支平衡，使政府支配的国民收入大体等于政府占有的国民收入即可。显然，均衡性财政政策既不扩张需求，也不紧缩需求，具有维持社会总供求原对比关系的功能。因而其适宜于在现实社会总供求矛盾不突出或社会总供求处于基本平衡状态的经济条件下采用。政府推行均衡性财政政策表现为规定财政收支规模及其增长速度，使其在数量上基本一致，既不会带来盈余，也不会产生赤字。政府正是通过财政收支保持平衡，使收入过程减少的流通中的货币量等于支出过程增加的流通中的货币量，进而保持社会总供求平衡关系的。

1. 财政政策的时机选择

中性财政政策类型的抉择，理应根据一定时期的宏观经济状况来确定。一般来说，一项用来实现短期总量平衡的宏观调控政策，持续时间不能太长，通常3～4年比较合适。美国学者保罗·萨缪尔森和威廉·诺德豪斯的研究表明：反映经济周期一定阶段平衡要求的财政政策的作用，会在财政政策实施3年或4年以后全部被挤出。因此，财政政策在扩张、中性以及紧缩之间的转换，是客观而必然的选择。

在经济衰退时期，企业分工不足，部分资源得不到充分利用，经济正常运行和发展受需求不足的限制。这时，政府应采取扩张性财政政策，增加公共支出、降低税率、缩小税基、减少征税范围，同时带动工资、利润的增加，刺激私人消费和投资，增加社会需求，促使经济走出衰退，转入回升和繁荣。在经济高涨时期，社会经济资源已被充分利用，甚至出现短缺，经济正常运行和发展受到资源供给不足的限制。这时，政府应采取紧缩性财政政策，减少财政支出、提高税率、增加税收，以抑制总需求，最终使私人消费和投资水平下降，控制通货膨胀，防止经济过热。在总需求基本均衡，政府一般应采取倾向于中性的稳健财政政策。

以中性为特征的财政政策一般出现在两个过渡时期。一是从扩张到紧缩的过渡；二是从紧缩到扩张的过渡。在当代，当总供给与总需求失衡，经济不稳定时，如果任凭让市场经济自动去取得均衡、达到无通货膨胀的充分就业，必然是一个漫长而曲折的过程，也有悖于当代世界各国的经济发展战略。在这种条件下，政府有选择地实施中性的财政政策，有利于以最快的速度稳定经济运行，有利于为市场机制发挥作用创造良好环境。

2. 中性财政政策基本要点

中性财政政策如何实施，既是一个现实问题，又是一个理论问题。具体来看，主要表现在调控目标、调控手段、调控力度以及实施路径等方面。

从调控目标角度看，中性财政政策既要防止经济过热，又力图避免经济过冷，既不走过度扩张的道路，又不至于陷入过度衰退的境地，不能走极端，不能因为强调一方而忽视另一方。因此，它的调控目标是双重的。在现代市场经济条件下，具体表现在：一是控制通货膨胀，保证市场稳定；二是控制失业，保证经济持续增长。

从调控手段角度看，中性财政政策既重视总量方面的需求管理，又重视结构方面的供给管理，努力实现总量平衡和结构平衡的有机融合。在具体方法上，一般倾向于尽量采用经济办法，运用市场参数，少用或避免行政调控；在必要的领域或时期，更多地采用结构管理，尤其是在出现产业景气的交叉变动时，要让热产业的资金向冷产业分流，避免"一刀切"。

从调控力度角度看，实施中性的财政政策，应把握好政府干预经济的力度，既不能过度扩张，也不能过度紧缩，走中间道路比较稳妥，比较适合持续稳定增长的目标。因此，从操作上，中性财政政策特别强调微调，强调宏观调控应以小步渐进的双向微调方式，取代一次性大调整，避免强震荡。无论是向上调整还是向下调整，力度都不要过大，时间不宜过长。一般而言，紧缩时间一般在6~9个月比较合适，过热程度高时，紧缩时间可考虑三个季度，过热程度不高时，紧缩时间为两个季度亦可。

从政策实施路径角度看，所谓中性财政政策，是一种有松有紧、松紧适度的政策。由"从松"转向"中性"，就是要求适度收紧；由"从紧"转向"中性"，就是要求适度放松。政策在转型过程中，既不能不刹车，也不能急刹车；既不能不转向，也不能急转向。综合当时的社会经济形势，采取区别对待的政策措施，对于有些消费热点和投资重点，该支持的还要继续支持；对过度的低水平重复投资，则要毫不犹豫地"削峰"加强控制。在经济发展战略取向上，则始终把握中性原则导向，逐步实现经济社会协调发展、政府与市场之间和谐相处的良好局面。

第二节　自动稳定的财政宏观调控

一、财政自动稳定器

财政的"自动稳定器"作用是指财政政策由于本身特点所具有的一种自发地根据经济形势调节的机制。它自行发挥调节作用，不需政府采取任何干预行动，这种可以自发地调节经济的机制称为"自动稳定器"。人们一般可能会认为，财政政策需要政府每时每刻地加以控制和调节。其实不然，现代财政制度具有内在自动稳定作用。所谓自动稳定器是指：当有关的财政税收和支出政策以法律形式确立生效后到下一次变动为止，政策手段执行期间它会自动地在一定程度上稳定和调节经济，抑制经济衰退或膨胀所带来的危害，实现财政政策的目标。财政政策的自动稳定器作用机制主要包括以下几类：累进征收的个人所得税和公司所得税等税种、失业保险、社会福利及其他转移支付。

在政府财政收支中，其本身对经济周期就有减弱作用，体现在财政收入方面，一般是累进的所得税制，在财政支出方面则是财政补贴等转移性支出。比如，当消费过热、需求膨胀时，非政府部门的企业和个人往往收入增加，故适用的税率相应提高，税收的增长幅度会超过国民经济的增长幅度，从而可以抑制经济过热，而财政补贴支出在人们收入增加的情况下，数量可以减少，从而政府支出数量就相应减少；当经济萧条时，企业和个人的收入下降，适用税率降低，税收的降低幅度超过国民经济的降低幅度，从而有利于刺激经济复苏，而财政补贴在人们收入降低情况下，需要支付较多的数量，亦可对经济复苏产生刺激作用，因此，税收和转移支付都具有稳定器功能。判断财政政策是否扩张的标准，不是实际存在赤字，而是扣除自动稳定功能影响之后的财政政策。

财政政策的自动稳定器作用机制，能够随时纠正经济波动可能产生的不良影响，但其本身在一定程度上减弱经济波动周期，但不能百分之百地消除这种波动。这一任务只能靠相机抉择的财政政策与货币政策来完成。

二、基于自动稳定的财政支出政策

在分析自动稳定效应时，暂不考虑政府人为地改变政府支出以调节总支出的情况，即假定政府支出是稳定的，从而可以把它看作为常数。这一假定比较接近现实情况，政府购买的绝大部分是由法律和契约关系所制约的，而不是官员可以随意改变的。在周期性波动过程中，最活跃的推波助澜的因素是投资支出，其次是消费。在需求约束型经济中，意愿支出的波动无疑是国民收入波动的直接原因。但是，随着政府购买在意愿支出中的比重增大，它对后者的影响也在增强。由于它是稳定的，在一定程度上可以减缓投资和消费波动的影响，使意愿支出和国民收入波动幅度减弱。

在政府对个人（家庭）转移支付中，有相当一部分和政府购买一样，接近于一个常数，如医疗补贴，教育拨款等，它发挥自动稳定器作用的原理和后者相同。但是，有一部分政府对个人（家庭）转移支付不是常数，它自动地与国民收入呈反方向变化，从而对国民收入波动有更加积极的抵消作用。以政府对个人（家庭）转移支付的重要项目——失业保险为例：当失业者增加时，失业救济金总额会自动上升，它可以缓解消费减少和国民收入下降、失业增加之间的恶性循环；反之，当国民收入增加时，失业人数减少，失业救济金总额会自动减少，从而减缓全社会个人收入总量增长的势头。又如低收入家庭补贴也具有同样的作用，当国民收入下降时，低收入家庭首当其冲地受到影响。根据有关的财政制度，当家庭收入降到一定水平时，便可以领取财政补贴，这部分补贴在经济萧条时自动增加，可以缓解生产的下降幅度。

三、基于自动稳定的税收政策

在现代财政制度框架下，财政收入的主要来自于税收收入。在我国现行税制中，采取比例税率、累进税率等形式的税种都具有自动稳定经济的作用。就采取比例税率形式的流转税种而言，由于税率不变，当计税依据（销售收入、营业额等）增加时税收总额自动增加，计税依据下降时税收总额自动下降，后者有助于缓解纳税人可支配收入的下降，前者可抑制纳税人收入上升势头。这样，可支配收入波动幅度的波动有助于收入的稳定。就采取比例税率形式的所得税种而言，能够降低一些自发性变量（如投资、消费等）的乘数，从而能够有效地缓解经济波动，当然自动稳定作用的大小主要取决于税率的高低。

就采取累进税率形式的税种而言，其自动稳定经济的作用更为明显。首先，由于税率随着计税依据（所得额、增值额等）增加而递增，在收入增长过程中，采取累进税率形式的税种税收的增长幅度大于计税依据的增长幅度，它抑制计税依据增长势头的作用更为明显。反之，当收入下降时，采取累进税率形式的税种税收的下降幅度大于计税依据的下降幅度，从而累进所得税更有效地抑制住计税依据下降势头。其次，采取累进税率形式的税种对边际支出倾向的作用也更加明显。边际支出倾向是指意愿支出增量与国民收入增量的比值。如果不存在税收或者只存在自发性税收，它与边际消费倾向相等，因为在前面分析中，引致性消费是支出中唯一的内生变量。如果将投资也作为内生变量，则边际支出倾向是边际消费倾向与边际投资倾向之和。后者是指收入增量所引起的比值。当采取累进税率形式的税种引起家庭和企业可支配收入以累进的速度下降时，收入增加引起边际支出倾向不断下降，从而各种乘数加速度递减。反之，当收入下降时，边际支出倾向不断上升，各种乘数加速度递增。这样，采取累进税率形式税种的稳定功能高于采取比例税率形式的税种。采取累进税率形式税种的稳定功能主要取决于起征点（免征额）和累进程度，起征点（免征额）越低，它的稳定功能越强；累进程度越高，它的稳定功能越强。

第三节　相机抉择的财政宏观调控

相机抉择的财政政策是政府根据当时的经济形势，主动采取不同的财政措施以消除通货膨胀缺口或通货紧缩缺口，是政府利用国家财力和政策工具有意识干预经济运行的行为。相机抉择的财政政策继承了传统凯恩斯主义的财政政策理论，也是建立在国家可以干预和调节经济运行基础之上的。该理论认为，经济发展中将不可避免地出现供求失衡。在经济萧条时期，投资需求和消费需求不足导致有效需求不足，出现产出过剩和大量失业。消费需求不足主要是出消费倾向降低引起的，投资需求不足主要是由资本边际效率递减和较高的流动性偏好所造成的。在有效需求不足的情况下，单纯依靠市场机制的自动调节，难以促使社会资源配置达到充分就业水平。相反地，在经济繁荣时期，政府则实施紧缩性财政政策，平抑经济过度增长。相机抉择的财政政策一般包括扩张性财政政策和紧缩性财政政策。

扩张性财政政策，又称膨胀性财政政策，是国家通过财政分配活动刺激和增加社会总需求的一种政策行为，主要是通过减税、增加支出进而扩大财政赤字，增加和刺激社会总需求的一种财政分配方式。最典型的方式是通过财政赤字扩大政府支出的规模。当经济生活中出现需求不足时，运用扩张性财政政策可以使社会总需求与总供给的差额缩小以至达到平衡；如果社会总供求原来是平衡的，这一政策会使社会总需求超过总供给；如果社会总需求已经超过总供给，这一政策将使两者的差额进一步扩大。扩张性财政政策往往会导到财政赤字。但是，财政赤字的存在并不一定意味着政府采取的是扩张政策，财政盈余的存在也不一定意味政府实行的是紧缩性政策。因此，在某些情况下，出现财政赤字仍要采取扩张性财政政策，出现盈余也仍要贯彻紧缩政策。

紧缩性财政政策是指国家在一定时期内通过紧缩财政分配活动来减少和抑制社会总需求的政策。主要通过增加税收、减少财政支出等手段来缩小社会总需求与社会总供给之间的差距。紧缩性财政政策实施的基本前提是社会总需求过大，社会总供给不足，经济运行过热，通货膨胀严重。其载体主要是增加税收和减少财政支出。增加税收可以减少民间的可支配收入，降低其消费需求，降低投资收益和投资需求；减少财政支出可以降低政府支出规模和对经济的影响。紧缩性财政政策的基本功能在于减少货币流通量，抑制社会总需求，增加社会供给，抑制通货膨胀，如图 3 - 1 所示。

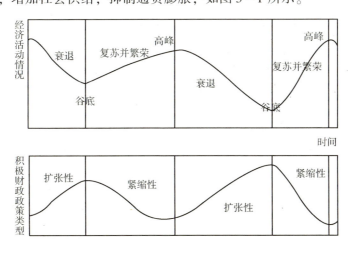

图 3 - 1　财政政策与经济周期

就具体实施目标而言，相机抉择的财政宏观调控可以分为促进经济稳定增长的财政政策、促进产业结构调整的财政政策、促进公平收入分配的财政政策。

一、促进经济稳定增长的财政政策

经济稳定增长表现在适度的充分就业、物价相对稳定、经济增长率和国际收支平衡上，通过市场来考察，它又集中反映在社会总供给和社会总需求的协调平衡上。

（一）充分就业

在现代市场经济中，当人力资源充分就业时，其他一切非人力资源也同时得到最有效率的利用，整个国民经济的实际产出接近或等于潜在产出，经济产出状态处在生产可能性曲线的最大边缘，经济发展和经济增长处在经济周期的繁荣阶段。充分就业问题之所以在世界各国受到特别的重视，是因为失业对经济社会制度的运行构成了巨大的威胁：在失业严重的情况下，生产能力不能充分发挥，人们应该且能够生产出来的商品（或劳务）却没有生产出来，这是其经济方面的重大损失。同时，由于失业，造成收入分配不平等，甚至可能导致社会动荡，这是其政治方面的重大损失。由于充分就业状态以及由此表征的整体经济运行状态处在人们期望的最优状态，实现充分就业就成为社会发展的重大关键问题，政府就有责任有义务在充分就业领域大有作为，充分就业就成为政府职能结构中最重要的构成要件，也是任何国家政府宏观调控的首选目标。所谓充分就业，并非指所有有工作能力而又要求工作的人都能得到一个有一定工资报酬的工作机会，而是指扣除了季节性失业、摩擦性失业和结构性失业的充分就业。也就是说，充分就业并不是100%的就业率，而要在此基础上打一定的折扣，如许多国家把4%～6%的失业率视作充分就业。

（二）物价相对稳定

物价稳定就是要控制通货膨胀：所谓通货膨胀，是指货币供给量（流通中的货币量）超过了商品流通过程的实际需要量而引起的一般物价水平的持续上涨。也就是说，通货膨胀与物价上涨紧密相连。物价全面的持续上涨是通货膨胀的标志。按照一些经济学家的说法，严重的通货膨胀是货币体系乃至整个国民经济发生故障的征兆，它不仅会减少人民的实际收入，危害货币币值的稳定，而且长时期的通货膨胀会造成生产萎缩，失业增加，以致引起社会动乱。在经济学家看来，所谓物价稳定，并不是指物价稳定不变，而是要求将价格的上涨幅度控制在一定水平上。在许多国家，财政政策的物价稳定目标，就是要把物价水平控制在不超过5%的上涨率以内，也有些国家把目标定得较高些或较低些。在目标幅度之内的价格上涨被认为是合理的波动。

世界各国通常以消费价格指数的变动率来衡量通货膨胀和物价上涨的幅度。消费价格指数，又称零售价格指数，是衡量家庭和个人消费的商品和劳务价格水平的指标，是许多种消费品和劳务价格的加权平均数（每种消费品或劳务的权数就是该种消费品或劳务支出占全部消费支出的比重）。消费价格指数选择的商品和劳务主要包括：食品、衣着、日用品和必需的服务项目如理发以及文化娱乐、高档消费、医疗保健、住房、交通等。

（三）经济增长

经济增长就是要求经济的发展保持一定的速度，不要停滞或下降。财政政策的这一目标通常包含两个层面的要求，即产品和劳务的总量要有实际增加以及产品和劳务的人均量要有增加。促进经济增长并不是指经济增长速度越快越好，而是要求经济增长速度维持在合理区间，即谋求最佳的经济增长。经济增长过快或经济停滞甚至下降，都被认为是经济波动的表现，要竭力加以避免。至于经济增长速度究竟多少为合适，世界各国由于国情迥异，其目标也不同，即使同一国家在各个时期的目标也不尽相同。近十几年有不少国家将4%的年经济增长率作为理想的目标。应当指出，充分就业、物价稳定和经济增长虽然都是财政政策所要追求的目标，但是它们之间在某些情况下是可能相互冲突的，目标与目标之间是会产生矛盾的。例如，要保持充分就业，物价就可能随之上涨；要降低物价上涨率，就可能带来失业率上升。经济学家以"菲利普斯曲线"来解释充分就业和物价稳定这两个财政目标之间的矛盾性。两个财政政策目标之间的矛盾性，认为政府只能在二者之间做出一定的抉择。

在图3-2中，纵轴表示通货膨胀率或物价上涨率，横轴表示失业率，曲线L就是菲利普斯曲线。菲利普斯曲线表示通货膨胀率与失业率存在一种此消彼长的关系，即失业率较低时，通货膨胀率就会较高（如图中的A点）；反之，通货膨胀率较低时，失业率就会较高（如图中的C点）。

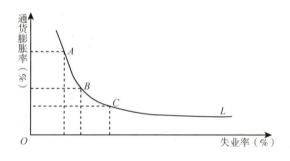

图3-2 菲利普斯曲线

通过财政收支活动，可以对国民经济活动的总量即总供给和总需求进行有效的调节。财政支出总量和财政收入总量的变动，都会以不同的方式和程度影响社会总供给和总需求的变化。从财政支出方面来说，无论是投资性支出还是消费性支出，在短期内很快就会变为社会的购买活动，直接形成社会总需求的一部分，因而财政支出总量的扩张会增加社会总需求，财政支出总量的收缩会减少社会总需求。从长期看，由于财政支出形成的总需求会通过刺激消费来影响社会总供给，并且财政支出的一部分用于投资，直接促使产量的增加，因而财政支出总量的变动对社会总供给也产生积极的影响。从财政收入方面来看，收入总量的调整，即国家增加或减少税收，提高或降低企业利润分配的比例，从短期层面，可以影响企业利润和个人可支配的收入，因而影响总需求，但同时也会在一定程度上影响总供给。正因为如此，国家能够通过财政收入与支出的总量和结构来调节社会总需求和总供给，促使社会总供给和总需求的平衡，以维持宏观经济的稳定。公共财政政策对经济增长的影响具体体现在以下三个方面。

1. 政府的公共财政政策在投资形成方面可以直接发挥作用

政府可以运用税收政策影响储蓄水平，从而对投资量的高低产生影响。例如为了鼓励居民增加储蓄，可以对储蓄收益实行轻税政策。如果国内的储蓄率因为其他制度原因而降低因而可能会对投资产生制约时，公共财政政策可以通过多种政策手段的实施以吸引国外的资金，同样可以弥补投资资金的不足。公共财政政策直接影响投资的资源配置。税收和政府的补贴（如财政贴息）对投资方向具有明显的引导效应；政府的规章制度以及投资领域的管制政策同样直接影响投资主体对投资方向选择。公共财政政策除了运用多种政策手段对微观投资主体的行为进行引导、以达到增加投资实现经济增长的目的外，还可以直接增加支出，将政府资金用于外部性较强的基础设施建设项目上，如加大对道路、交通领域的投资。这样，既可以直接扩大投资规模，同时又为社会资本投资规模的扩大提供良好的社会和经济环境。

2. 政府的公共财政政策在劳动力质量提高方面可以直接发挥作用

公共财政可以通过加大教育和培训投入的方式来提高劳动者的劳动技能。从本质上看，教育作为一种公共产品（专业教育也可以看成是混合产品）本身具有很强的外部性特征，本来就需要政府投资来提供教育设施，从公平收入分配的角度看、政府为教育投资可以为初始劳动力提供一个公平的起点；为了提高社会整体的劳动力质量，从而提高劳动生产率以及实现经济增长也同样需要公共财政加大对专业教育以及劳动技能培训支出的力度。公共财政需要建立一个覆盖全民的、相对完善的社会保障制度，为失业者以及退休者提供基本的生活保障。从制度上为劳动力年龄结构优化提供必要保障。

3. 公共财政政策在提高资源配置效率方面可以发挥很好的作用

调节社会资源在不同地区之间的配置。一个国家、地区之间经济发展不平衡是客观现实。其原因不仅在于历史的、地理的和自然条件方面的差异，而且在于生产要素在市场机制作用下使得资源从落后地区向经济发达地区流动，从而使落后地区与发达地区的经济差距进一步扩大，经济差距的扩大又导致地区之间财政能力和公共服务水平的悬殊差距。从整体上看，这种状况不利于社会经济长期均衡稳定发展和公共需要的适当满足。因此，调节地区间的资源配置成为财政的一项重要职能。财政资源配置职能的一个重要内容，就是通过财政分配，即政府间转移支付、财政补贴、财政投资、税收以及财政政策等合理调节各地区之间的资金数量和流向，实现资源的合理配置。我国就是一个经济发展相当不平衡的国家，东、中、西部地区的基础设施、人力资源和投资环境存在较大的差距。为了缩小这种差距，尽快实现各地区经济实力的普遍提高，政府推出了一系列财政政策支持中、西部地区的发展，如西部大开发、振兴东北老工业基地、中部崛起等。这些政策体现了财政在调节地区间的资源配置方面的功能和作用。

调节社会资源在各行业、各部门之间的配置，形成合理的产业结构。社会资源在各行业各部门之间的配置状况如何，直接关系到产业结构是否合理及其合理化程度。一国的产业结构是反映其宏观经济运行质量高低的重要指标之一，而财政又是政府进行宏观调控的主要手段。合理的产业结构不仅提高宏观经济效益，而且有利于提高微观经济效益以及整体社会效益，促进国民经济健康发展。调整产业结构有两条途径：一是改变现有企业的生产方向，调整资产的存量结构，进行资产重组，促使一些企业转变，来调整产业结构。财政可以调节国家公共支出中的直接投资，如增加能源、交通和原材料的基础产业和基础设施方面的投资，减少加工部门的投资。并利用税收、财政补贴、投资政策引导企业的投资方向。一些税种的设置和规范化的税收减免、税率区别对待政策，可以发挥扶持或抑制某些产品、产业发展的作用。如通过对长、短线生产部门规定不同的税率，确定不同的折旧率，可以起到对不同部门投资的奖励作用，从而引导投资方向。二是调整投资结构，增加对国家需要优先发展的产业的投资。财政可以通过依靠税收政策和补贴政策来引导社会资金按照国家的意图合理地投放到不同的产业和部门之中，从而实现优化产业结构的目标。如我国"十五"规划中，实施西部大开发的战略，就是政府利用财政政策来调整总体结构。另外，有正外部性的项目，企业受益小而社会受益大，政府可以通过财政支出来兴办具有正外部性的项目或给予提供正外部性的市场主体提供财政补贴；负外部性的项目，企业利润高而社会利益却遭损，政府可通过税收加以限制。如对造成污染的企业课以重税，以弥补其对环境破坏所形成的成本。

调节社会资源在政府部门和非政府部门之间的配置。社会资源在政府部门与非政府部门之间的配置比例应保持适当均衡。资源在政府部门和非政府部门之间的分配，主要依据于社会公共需要在整个社会需要中所占的比例。这一比例随着经济的发展、国家职能和活动范围的变化而变化，主要体现在财政收支占国民生产总值或国内生产总值比重的高低上。提高这一比重，则是社会资源中归政府部门支配使用的部分增大，非政府部门支配使用的部分减小；降低这一比重，则是社会资源中归政府部门支配使用的部分减少，非政府部门支配使用的部分增大。财政配置的资源数量过大，则会对市场配置产生排挤效应，造成市场配置不足，公共产品过剩，降低社会资源的总体效率；财政配置的资源数量不足，则难以有效地弥补市场资源配置的缺陷，无法提供足够的公共产品，同样会降低社会资源配置的总体效率。因此，社会资源在政府部门和非政府部门之间的最佳配置，既要满足社会对公共产品和劳务的需要，又不妨碍市场在资源配置中的决定性作用。另外，一国公共产品供给规模和公共服务水平也会随经济制度、经济发展阶段和政治、文化条件的变化而变化，所以，政府所支配资金的规模也应该做出相应的变化。因此，调整资源在政府部门和非政府部门之间的配置要符合优化资源配置的要求，便是财政资源配置的一项重要内容。

二、促进产业结构调整的财政政策

产业（Industry）是一些具有某些相同特征的经济活动的集合或系统，有狭义和广义之分：广义的产业是指基于一般分工而形成的，包括农业、工业、服务业等三大产业；狭义的产业是基于特殊分工而形成的。特殊分工使农业内部分为种植业、畜牧业、林业和渔业；工业内部分为冶金、造船、机械、电子、食品、纺织、造纸、建材等产业部门；而服务业则分化为商业、金融、通信、旅游、教育、信息、生活服务等一系列部门。产业结构是指国民经济中各产业部门的相互联系和联系方式。它是一国社会经济发展质量的一个重要表现。产业结构中各产业部门的相互关系和联系方式既表现为这些产业部门之间的比例构成，又包括表现为各产业部门在经济总量中所占比重。

产业结构的变动是指产业结构系统中的各产业部门的相互联系和联系方式的变化。产业结构的变动有其自身的规律。在费希尔（A. G. D. Fisher）提出的三次产业分类法的基础上，统计学家克拉克（Colin Clark）收集和整理了若干国家按年代推移、劳动力在三次产业之间移动的统计资料，经过分析得出著名的"配第—克拉克定理"，随着经济发展，随着人均国民收入水平的提高，劳动力首先由第一产业向第二产业移动，当人均国民收入水平进一步提高时，劳动力便向第三产业移动；劳动力在产业间的分布状况为第一产业将减少，第二、第三产业将增加。到了20世纪五六十年代，美国经济学家库兹涅茨（Simon Smith Kuznets）继承克拉克的研究成果，进一步收集和整理了20多个国家的数据，从国民收入和劳动力在产业间的分布两个方面，对伴随经济发展的产业结构变化做了更深入的研究，得出了三个结论：农业部门（即第一产业）实现的国民收入。随着经济发展，在整个国民收入中的比重同农业劳动力在全部劳动力中的比重一样均处于不断下降之中；工业部门（即第二产业）的国民收入相对比重，总体来看是上升的，然而，工业部门劳动力的相对比重，将各国的情况综合起来看是大体不变或略有上升的；服务部门

（第三产业）的劳动力相对比重，差不多在所有的国家里都是上升的，但国民收入的相对比重却未必和劳动力的相对比重同水上升。

促进产业结构的升级客观上离不开财政政策的调控。首先，财政政策为微观主体创造良好的外部环境。在存在正外部性的产业，通过财政投资、财政补贴或税收优惠等措施来鼓励私人部门和公共部门的投资；而对于存在负外部性的产业，政府则可以通过税收杠杆抑制私人部门的投资或引导私人投资进行结构调整。尤其对于具有很高正外部性的基础科学研究和重大技术攻关、新产品、新材料的研究开发，政府应加大投入、组织资助和协助微观主体进行技术创新。

其次，通过适当的财政政策鼓励创新，促进企业根据市场条件，开发新产品、采用新材料、引入新工艺、发展新的组织管理方法、开拓市场新领域、探索新的制度形式。制定财政支出政策，引导和鼓励企业创新；通过财政补贴和税收优惠等政策，促进企业不断创新。

最后，财政政策可增强市场优势产业的效率。在市场机制不太完善、资源配置不太有效的情况下，政府不可能完全退出生产领域。传统产业技术改造、高新技术产业的培育，乃至部分公共事业如自来水、公交、环保等基础设施等，政府目前仍需承担直接投资责任。按传统观念，基础设施属于公共产品，应当由政府投资；同时，经验证明多数的基础设施并非真正的公共产品，完全可以按照市场机制，或在政府给予一定财政扶持政策后按照市场规则运行。目前许多国家在基础设施的建设和运营中引入了市场机制，并取得了良好的效果。财政对民间投资的引导更主要借助于打破垄断、引入竞争、提供一定补贴和税收优惠的办法，通过提高市场配置资源的功能来促进产业结构的优化。

针对我国的产业结构调整升级的要求，当前我国实施的财政宏观调控主要应该做到：

（一）财政政策在重视经济增长速度的同时应当重点支持产业结构的调整。长期以来，我国财政政策的重点主要放在了保持经济总量的短期增长上，而这种增长往往需要大量的财政投入才能完成。事实证明,财政政策对经济总量的短期行动效应也是十分有效的。但是也要认识到我国目前结构性矛盾也日益突出,其对财政政策支持的要求也日益迫切。因此,目前应该把财政政策的作用重点放在支持产业结构调整与升级上,用财政政策引导产业结构向着适应国内外市场发展要求的方向调整,不仅能为长期的经济适度、平稳增长奠定合理的产业结构基础,也能够从合理的产品结构供给主导方面顺应需求,促进内需的稳定增长。

(二)财政政策应从规模扩大转向质量提升。可以选择的具体措施有:第一,财政政策促进国有资产管理改革。我国国有资产总量很大,国有资产几乎涉及所有产业和行业,经过多年改革,规模、利润水平、竞争能力得到较大提升,但仍存在某些国有资产布局结构有待进一步优化、国有资本配置效率有待进一步提升,因此通过财政政策实施促进国有资产适应市场化、现代化、国际化新形势和经济发展新常态,对增强我国国有经济活力、控制力、影响力和抗风险能力具有重要意义。第二,财政政策从直接投资企业转向间接支持有发展前途的高新技术企业和中小企业。高新技术企业和中小企业在我国供给侧结构性改革中将会发挥重要作用。高新技术企业是我国产业升级优化的方向,这类企业因资本有机构成高,劳动生产率高,为支持高新技术发展,财政应当通过税收支出、产业引导基金等政策工具扶植这类高新技术企业发展。中小企业能够大量吸纳劳动力,在提高居民收入水平的同时提高劳动者的技术素质,有利于产业结构的升级优化,因此通过应当通过税式支出、产业引导基金等政策工具加以扶植,促进中小企业的技术进步,改善目前中小企业技术落后、管理落后等方面的问题。第三,采取区别对待的财政调控政策,加大对产业升级中优势企业的支持力度。如加大减税让利幅度,采取适当的税收支出形式,视情况予以一定的财政补贴等加快产业升级中优势企业的技术升级、产品升级。第四,财政政策应配合产业技术政策,促进产业先进技术扩散。由于现代科学技术出现了科学与技术的混合现象,产业技术开发向技术前端甚至基础科学部分延伸,财政政策应将推动技术进步与产业共享机制的形成，促进技术扩散，提升产业技术水平。

三、促进公平收入分配的财政政策

财政政策对收入分配的影响可以分为财政收入政策和财政支出政策两个方面，财政收入政策主要包括税收等政策，财政支出政策主要包括转移支付、社会保障与福利等政策。

税收是政府缩小收入差距的重要工具之一，它通过税种、税基和税率调节个人收入水平以及产生收入的要素条件，从而决定政府调节收入差距的力度的大小，决定市场要素所有者税后实际收入水平。它对收入差距的调节作用主要体现在累进的税率和对横、纵向公平的设计上，对个人净所得征税并据所得多少不同而使用高低不等的税率，从根本上体现了对高收入者多课税、对低收入者少课或不课税，因而能有效地缩小收入差距。如瑞典采用的个人所得税使年薪最高的前10位的企业家与工人的收入差距由税前37：1下降到税后的14：1左右。又如英国1%的最低收入者与1%的最高收入者税前收入差距倍数从18.5倍缩小到13.2倍①。

转移支付主要包括政府间转移支付和政府对个人（家庭）转移支付等形式。政府间转移支付可以解决政府间纵向（中央与地方、地方各级政府之间）各级政府事权与财权划分不严密、不科学和不统一的缺陷，充分发挥各级政府的职能作用，矫正公共产品分配行为扭曲、缩小地区间贫富悬殊、实现共同富裕和均衡发展等有着极为重要的作用。政府对个人（家庭）转移支付直接增加个人（家庭）的收入水平，及时解决低收入群众的生活困难，优化居民收入分配格局，改善和理顺社会中的分配关系，逐步提高人民生活水平，保持社会的稳定，为国民经济的稳定发展创造良好的社会环境和基础。

社会保障与福利具有调节投融资、平衡需求和国民收入再分配等经济功

---

① 项怀诚等. 个人所得税调节谁［M］. 北京：经济科学出版社，1998年，第159页.

能。在调节投融资功能方面，社会保障的资金是直接来自于保险费、财政预算及资金运用增值的收入，具有较高的稳定性，在财政投融资上发挥了重要的作用。在平衡需求功能方面，当经济衰退而失业增大时，失业补助和社会救济给失业和生活困难的人们以购买力，客观上扩张了社会有效需求。在国民收入再分配功能方面，社会保障与福利把一部分高收入的社会成员的收入转移到另一部分生活陷入困境的社会成员手中，也可以达到促进社会公平的目标。

回顾与总结：财政政策在狭义上指一国政府为实现一定的活动经济目标，而调整财政收支规模和收支平衡的指导原则及其相应的措施。按照作用机制不同，可将财政政策分为自动稳定的财政政策和相机抉择的财政政策；按照财政收支总量对比的态势，政策财政可分为扩张性、紧缩性和中性的财政政策三种类型。

自动稳定的财政宏观调控通过税收的自动稳定作用、政府对个人（家庭）转移支付的自动稳定作用，自动调节社会总供求关系，稳定经济增长，从而熨平经济波动、恢复供求平衡。

相机抉择的财政宏观调控一般包括扩张性财政政策和紧缩性财政政策，就具体实施目标而言，可以分为促进经济稳定增长的财政政策、促进产业结构调整的财政政策、促进公平收入分配的财政政策。

第四章 财政宏观调控实践 国际比较和借鉴

本章导读：为促进宏观经济稳定发展和社会政策目标的实现，发达国家和发展中国家实施了各具特色的财政宏观调控。就发达国家而言，其财政宏观调控具有：公平和效率并重，形成政府调控与市场竞争良性互动；根据经济社会形势的变化，采取相应财政宏观调控制度；财政宏观调控政策重视与其他政策协调配合，注重发挥政策协同效应；财政宏观调控政策要充分考虑经济社会发展阶段，考虑财政可承受能力，保证财政状况稳健等特点。就发展中国家而言，其财政宏观调控具有：建立应对全球化冲击的财政宏观调控机制与措施；重视财政政策在促进经济增长中的作用；国有资本的布局调整与建立完善公共财政体制；通过税制改革促进经济发展；推进预算体制改革，提高财政收支的透明度和合理性等特点。

　　财政宏观调控作为最能直接体现政府意图的手段，在目前已经成为许多国家促进经济稳定协调发展的重要基础性措施。从实践来看，虽然受到各国社会经济发展和政治制度影响表现出一定的差异性，但恰恰为中国的改革实践提供了更多的参考和重要借鉴。

第一节　主要发达国家财政宏观调控
运行变迁和效应分析

追溯当代西方宏观经济理论的源流，可发现它有两大流派。一是国家干预主义的宏观经济思想，二是经济自由主义的宏观经济思想。两个流派的思想都发挥着重要的作用和影响。我国在考察西方宏观财政宏观调控理论时，不仅要探讨国家干预主义的宏观财政调控理论，而且还要研究经济自由主义宏观财政调控理论的产生与发展。

纵观西方各个历史时期占主导地位的宏观经济思想发展史，大体可以划分为三个历史时期：原始国家干预主义宏观经济学占主导地位的时期，即重商主义时期；经济自由主义宏观经济理论占主导地位的时期，这一时期上起重农主义和亚当·斯密经济理论，下迄马歇尔经济学说，其中包括古典经济思想；当代国家干预主义占主导地位的时期，即凯恩斯主义经济理论。从上述各个时期占主导地位的宏观经济发展的交替变迁来看，西方宏观经济理论经历了一个否定之否定的发展过程。这就是，古典自由主义宏观经济学说是对原始国家干预主义宏观经济思想的否定；当代国家干预主义的宏观经济理论又是对古典自由主义宏观经济学说的否定。

一、主要发达国家财政宏观调控运行变迁

事实证明，在国家垄断资本主义深入发展的今天，无论哪一国或哪一届政府都需要对国内经济生活进行干预和调节，只不过是国家干预的程度和方法不同而已。

（一）美国的财政宏观调控

美国具有高度发达的现代市场经济和较为完善的国民经济宏观调控体系。一方面，它是一个政府干预经济活动最少的国家之一，其劳动生产率、国内生产总值和对外贸易额均居世界首位；另一方面，它又是政府一直在社会经济活动中发挥重要作用的国家，具有较强的政府调控能力和侧重对市场运行过程干预调节的体制。它强调国家的任务就是对市场运行过程进行干预调节，通过财政、货币收入等经济政策的运用改变市场运行过程中的宏观经济变量。

以 20 世纪 30 年代为分水岭来分析，美国财政宏观调控政策的发展大致可分为五个大的阶段。

1. 第二次世界大战前凯恩斯的反萧条简单膨胀性财政政策

20 世纪 30 年代的经济大危机迫使各国政府走上了国家干预经济活动的道路。凯恩斯 1938 年发表了《就业、利息与货币通论》，为国家干预经济活动提供了理论依据。与此同时，凯恩斯针对 20 世纪 30 年代西方经济大萧条提出了简单的膨胀性的财政宏观调控政策。当时凯恩斯对于这一新型财政政策仅仅勾画了一个简单轮廓，或者说确定了政策的基本原则，而没有涉及实施细节，但各国根据这一政策构想进行了探索和实践。1929～1933 年，美国陷入严重经济危机，为摆脱大危机，美国实施罗斯福"新政"，积极使用扩张性财政政策，取得了成功。主要做法是：扩大政府支出，加强公共设施建设，如治理田纳西河流域、以工代贩，修筑、改善公路和教学楼；增加工资和军事开支，包括建造航空母舰；降低低收入者的税率。在其他政策的配合下，美国经济从 1929～1933 年的萧条之中走了出来，出现了 1935～1936 年的相对繁荣。新政的改革为美国市场经济留下了这一遗产：政府在市场导向的经济中承担维持宏观经济稳定和收入保险的责任。

2. 20 世纪 40 年代中期至 60 年代初反经济周期的补偿性财政政策

第二次世界大战爆发带来的军火生产和军事动员为帝国主义国带来一派虚假的繁荣和充分的就业。但是随着大战的结束，战争动员对经济的一时刺激作用便逐渐消失。西方国家开始面临物价上涨，通货膨胀纳新困难。作为反萧条的简单的膨胀性的财政政策，在通货膨胀中，起了推波助澜的作用，新的危机和失业又迫在眉睫。在这种情况下，简单的赤字政策已不适用了，于是美国凯恩斯主义者汉森于 20 世纪 40 年代初提出了所谓"补偿性财政政策"，企图根据经济周期的变化，有意识地扩大或紧缩财政支出以稳定经济。其实补偿性财政政策不过是赤字财政政策的一个变种。这一政策的核心内容，就是根据经济的一盛一衰，交替实行紧缩或膨胀的财政政策措施。汉森认为，在经济萧条失业存在的情况下，国家应该增加财政支出，制造财政赤字，以便扩大有效需求，从而增加就业量，而当经济高涨出现通货膨胀时，政府就应该减少财政支出，取得预算平衡或预算结余，以便降低有效需求，控制通货膨胀。这种根据资本主义经济发展不稳定的特点，交替实行膨胀和紧缩财政措施的补偿性财政政策，不追求每一财政年度都要收支平衡．而是力求在经济周期的整个期间做到财政收支平衡。

1944 年英国政府发表了《就业政策白皮书》，两年后 1946 年美国政府通过了《就业法》，这两项法规有一个共同特点，就是把实现充分就业，促进经济繁荣作为政府的基本职责。这就是说国家要有法可依地、全面而系统地干预经济活动，因此宏观财政调控政策的发展在这一时期进入了一个新的发展阶段。

3. 20 世纪 70 至 80 年代自由化和多样化的财政宏观调控政策

20 世纪 30 年代以来西方国家实行了积极的宏观经济政策调控，经济发展出现了良好的态势，但是 20 世纪 70 年代初，西方国家出现了高通货膨胀率与高失业率并存的"滞胀"局面。这就迫使它们对国家干预经济活动的宏观经济政策不得不进行反思。凯恩斯主义终因无法解释和医治通货膨胀与失业并发症而衰落了。值得注意的是，凯恩斯主义的衰落并没有造成理论上的真空，反对国家干预、信奉经济自由主义信条的供应学派和货币主义趁机抬头，并成为 20 世纪 80 年代里根政府制定经济政策的重要理论根据。在这一时期，最重要的特征之一是自由放任思潮的复兴。自由放任思潮主张减少国家干预经济活动的程度，而加强市场机制的调节力度。因此，这一阶段的宏观经济政策的发展呈现出自由化和多样化的趋势。其中供应学派的财政政策主张包括：（1）减少高额税收。供应学派认为，如果政府向企业和个人课征高额税收，将会严重地挫伤企业发展生产的积极性。因此，他们主张大幅度地减少税收，以刺激个人储蓄和企业增加生产性投资，培植税源。他们寄希望于国家预算收入的减少由强大的经济反馈收回。此外，减少企业税收的一个间接办法是加速折旧。他们认为加速折旧实际上是一种税收优惠，其目的在于刺激企业加快更新厂房设备，提高劳动生产率和增强其产品在国内外市场的竞争能力。（2）削减政府开支，平衡财政预算。供应学派认为，政府开支过大是压抑私人投资，加剧财政赤字和通货膨胀的重要原因。因此，他们主张控制和压缩公共经济开支，特别削减社会福利开支，以便减少和消灭财政赤字和控制通货膨胀。（3）放宽政府对企业投资的限制。供应学派认为，目前政府约束企业的规章条例太多，阻碍了企业投资和经济增长。他们主张废除烦琐的条例，促使企业向新的厂房和设备进行更多的投资。

4. 20 世纪 90 年代以来可持续发展的财政宏观调控政策

由于受经济周期和 20 世纪 80 年代金融过度膨胀的影响，美国经济 1990 年 7 月陷入衰退。1991 年 4 月，美国在西方国家中率先走出衰退，但复苏较为疲软乏力。虽然得益于冷战后的和平、知识经济的优势、股市繁荣带来的"财富效应"等各种内外因素，以及长期以来美国政府一直推行强势美元政策，20 世纪 90 年代，美国经济得以保持长期增长，但自 2000 年下半年开始，一些因素开始发生改变，抑制美国经济增长的因素明显增加。

1993 年美国提出可持续发展目标，之后宏观经济调控政策体系为其可持续发展目标实现提供了保证。美国的联邦政府财政政策主要由财政部起草，总统府的管理与预算办公室也参与制定预算、税收和财政等政策；同时美国严格依法管理财政预算，美国的联邦财政预算由总统府的管理与预算办公室负责编制，报经国会批准。财政预算经国会批准后，财政部可根据经济情况进行微调，但是财政预算支出结构的任何调整都由国会决定，无权变更。美国运用财政政策进行宏观经济调控的实践经验说明，它在经济可持续发展中起到了重大作用。

（1）利用扩张性财政政策克服总需求不足，促进经济增长，扩大就业

扩张性财政政策的主要做法是扩大财政支出，降低税率，减少税种以增加总需求。这类政策适用于总需求不足，经济不景气、失业增加的经济运行状态。为加速经济复苏，美国政府一方面扩大政府支出。在1990年、1995年和2000年这三个年份中央政府支出分别为13045.4亿美元、15938.1亿美元和18807.4亿美元，呈现递增趋势；另一方面，运用税收手段进行调节。每当经济萧条时，为了刺激经济发展，美国政府就实施减税政策，减税的手段包括降低税率和缩小税基（如提高起征点、增加免税额等）。2001年3月8日，美国国会通过了布什政府提出的十年内减免个人所得税9580亿美元的计划。"9·11"事件后，美国经济复苏难度加大，布什政府提出了新的经济刺激计划，并于2002年3月8日由国会通过，这项新的经济刺激计划2003年向美国经济注入510亿美元，2004年及2005两年分别为430亿和290亿美元。

（2）利用紧缩性财政政策，抑制过度需求，稳定经济、稳定物价

紧缩的财政政策，即减少财政支出，提高税率，以控制总需求。这种政策适用于总需求过剩，通货膨胀较为严重时的经济运行状态。1993年后，美国在较高的经济增长率条件下，实行了适度从紧的财政政策，加之失业率下降，失业救济支出也加速减少（内在稳定器作用），政府财政赤字也大大下降，美国出现了较长时期的高增长、低通胀的良好局面。每当经济增长过快出现过热苗头时，为了抑制经济过热或减少财政赤字，政府就实施增税政策，增税的手段包括提高税率或扩大税基（如降低税收起征点、减少或取消免税额）。克林顿执政时期，为减少政府财政赤字，保证美国经济长期稳定增长，曾将应纳税收入在14万美元以上的夫妻联合申报家庭（单身纳税人应税收入在11.5万美元以上）的边际税率从31%提高到36%，同时规定应税收入超过25万美元以上的部分适用39.6%的最高边际税率。此外，为了支持某个产业发展，美国也会制定相应的税收优惠政策。但是美国政府通常不用税收优

惠来招商引资。

（3）政政策实施作用大、速度快和预测性强，但决策时间比较长，必须经过立法和国会审批等程序，有时候其决策的时滞会使政策实施赶不上经济形势的变化；而货币政策决策快、独立性强，受政治干扰小

财政政策作用的主要对象是消费支出，特别是税收政策主要影响消费；而货币政策作用的主要对象则是资本支出，影响主要体现在投资方面。所以，只有财政政策与货币政策互相搭配、协调配合，才能取长补短，实现预期的宏观调控目标。美国为实现可持续发展目标较好地实现了财政政策和货币政策配合，二者既有分工又有合作。财政政策主要解决经济长期增长问题，货币政策主要调节短期经济波动。解决经济萧条问题，通常以财政减税政策为主；解决通货膨胀问题，通常以紧缩的货币政策为主。美国财政部、美联储和总统经济顾问委员会之间建立有协调机制，财政部长和美联储主席经常会面共商经济大计，财长提出货币政策建议很慎重，以使中央银行保持独立性；美联储尽管独立性很强，在决策时也要考虑对财政政策的影响。

美国财政政策与货币政策协调配合的方式有两种。一种是同向搭配，包括"双松"搭配和"双紧"搭配。另一种是逆向搭配，包括"松紧"搭配（即扩张性财政政策与紧缩性货币政策的配合）和"紧松"搭配（即紧缩性财政政策与扩张性货币政策的搭配）。在美国宏观经济调控中，"松紧"搭配的政策是经常被采用的。

在经历了20世纪90年代长达108个月的高增长、低通胀局面后，美国经济于2001年初陷入了衰退状态，为此美联储主席格林斯潘在一年之内11次采取降息行动，联邦基金利率从年初的6.5%降至年末的1.75%。在货币政策的调节下，加之财政政策的配合，2002年初美国经济出现了复苏势头，经济增长加快。2007年美次贷危机爆发以来，美国经济面临重大挑战，金融市场动荡，房市低迷。财政部与美联储联合出击实行"双松"政策，运用各自政策手段，各有侧重地解决经济中存在的问题。如美联储主要应对流动性问题，连续降息增加市场流动性，缓解次货损失造成的流动性短缺局面；而财

政部则通过减税刺激经济，促进消费、投资增长，确保经济稳定，避免经济由于金融危机影响造成大的滑坡。与此同时，两者协同中还注重了短期、中长期政策举措相互配合。鉴于当前美国经济不仅面临短期金融震荡的风险，也面临金融创新过度扩张、经济失衡等长期结构性问题。美联储出台的货币政策主要旨在短期内平抑市场波动、增强市场信心；而财政部的相关举措则主要针对经济基本面或者经济长期结构性问题以及引发次货危机的深层次原因，包括金融创新的过度扩张与风险管理缺失金融监管缺位等因素，从加强金融市场监管到通过减税刺激消费、投资，试图从中长期角度推进经济结构调整。

5. 2008 年以来的财政调控政策

2007 年美次贷危机爆发以来，美国经济面临重大挑战，金融市场动荡，房市低迷。之后，美国管理当局采取了迅速、果断的宏观经济反周期政策措施，并实现了财政、货币政策的有效配合①。

（1）财政刺激方案。2008 年初，布什政府出台了刺激经济的一揽子方案，并于 4 月 28 日提前实施。核心是减税 1680 亿美元以刺激个人消费和企业投资。根据法案，美国个人最多可得到 600 美元的一次性退税，一对夫妻最多可得到 1200 美元的退税。法案还鼓励企业购买新设备，一些企业将获得税收优惠。

（2）加大对住房市场的干预力度。2007 年 12 月 6 日，美国政府推出次货利率冻结计划；2007 年 12 月 18 日，美联诸提出了对美国高利率抵钾贷款人的新保护条例；2008 年以来，进一步改革监管措施以恢复住房金融业，如进一步放松对美国联邦国民抵押贷款协会和美国联邦住房贷款抵押公司的管制，改革并扩大联邦住房管理局。3 月 20 日，美国联邦住房企业监管办公室宣布将对美国两大政府赞助房贷机构的超额资本准备金要求从 30% 降至 20%。

（3）货币政策。2007 年 8 月以来，美国联邦储备委员会（以下简称"美

---

① 王彦荣. 美国近期宏观调控政策对我国的启示［J］. 中国财政，2008 年第 16 期.

联储")连续 7 次和 9 次分别将联邦基金利率和贴现率从 5.25% 和 6.25% 下调至 2% 和 2.25%，降息频率之快、幅度之大为美国近 50 年历史上所少有。2008 年 3 月，美联储三度采取"非常规"方式救市，如宣布通过每周定期招标融资方式向市场注资 2000 亿美元；加大与欧洲央行及瑞士央行的货币互换规模；再度宣布了一项罕见的三方融资计划，为贝尔斯登商业银行提供紧急融资，这是近年来美联储首次向非存款类金融机构提供直接融资。

（4）宣布金融市场改革计划。2008 年 3 月，美国财政部公布金融监管体系现代化蓝图，要求按照"风险监管""审慎监管"等不同监管目标对美国现行监管体制加以改造，其主要内容是加强金融监管，将美联储变成金融市场监管的核心，并给予其更大的监管权力。提案计划将现有的监管机构重新整合，建立三个新的金融监管机构，负责对整个金融体系，包括银行业、证券业、保险业进行全方位监督，将经纪公司、对冲基金和私人股本基金等均纳入监管范围。

（二）日本的财政宏观调控

日本是仅次于美国的世界第二大经济强国，国民生产总值占全世界国民生产总值的 14%，占亚洲的 60%。明治时代（1868～1912 年）是日本历史上综合国力发展的最重要年代。在短短 34 年间，日本不仅从封建、落后的农业国迅速地实现了近代化、建立了现代社会、政治、经济、军事制度，而且通过日俄战争、日清战争和第一次世界大战侵占朝鲜和中国台湾省、俄国的库页岛和千岛群岛，扩大了帝国疆土，掠夺殖民地资源和财富，跻身为帝国主义列强，为第二次世界大战及战后经济发展奠定了精神和物质基础。进入 20 世纪 70 年代，由于两次石油危机的冲击，布雷顿森林体系崩溃，日美贸易摩擦加剧，日本经济增长率急剧下降，一度陷入战后最严重的经济危机。尽管不是西方国家中经济最糟的，并于 20 世纪 80 年代恢复到 4%～5% 的增长水平，但双位数增长的日本神话已经一去不复返。对于日本这样国土狭小，资源缺乏的国家，其经济活动能力的发展和实现必须通过对外经济活动能力。

在"贸易立国"的产业政策指导下，1985 年日本的对外贸易终于出现顺差，通过国际贸易不但解决了资源和市场，而且得到了增强国力的效益。20 世纪 90 年代以来，日本财政状况不断恶化，桥本内阁时期曾专门制定了"财政结构改革法"，试图扭转这种状况，但半途夭折。日本财政对公债的依赖程度、政府债务余额占 GDP 的比重等指标，均名列主要发达国家的第一位。

1. 日本财政宏观调控政策的历史演变

第二次世界大战后，日本财政调控政策随着世界和本国经济社会发展形式不断演变，总体而言，可以分为以下几个阶段[①]：

（1）均衡预算财政政策阶段：第二次世界大战后至 20 世纪 60 年代中期

这一时期日本遵循均衡预算原则，在此原则约束下，财政支出确定主要按照财政收入变化。战后初期，日本经济濒临崩溃，政府为修复战争创伤采用各种财政手段支持产业政策实施，导致财政支出大量增加，财政赤字扩大，通货膨胀居高不下。1949 年，为帮助日本解决经济发展问题，美国派遣底特律银行家约瑟夫·道奇作为驻日公使，指导日本经济和财政改革。道奇上任后提出"道奇路线"，以稳定而健全的财政和货币政策作为稳定日本经济的主要对策，把作为财政政策基本手段的国家预算同经济整体政策结合起来，缩减财政投资、补贴以及其他经费项目以减少财政支出，缩减赤字，抑制通货膨胀。通过实施"道奇路线"，日本在 1949 年实现了战后首次无赤字预算，通货膨胀得到抑制，经济也逐渐恢复。20 世纪 50 年代，日本进入高速增长时期，这一时期，虽然日本在基本建设等公共投资方面的财政支出大量增加，但经济增长产生的内生财政收入也大量增加，日本财政在这一时期仍然秉持均衡预算原则，坚持财政收支平衡。

（2）赤字财政政策阶段，20 世纪 60 年代中期至 70 年代

随着大规模经济建设的推进，日本逐步突破均衡预算原则，开始结合经济发展状况运用积极财政政策抵御经济衰退、促进经济稳定增长。20 世纪 60

---

① 财政部. 日本财政宏观调控制度研修报告 2015.

年代，日本由于坚持外贸和外汇的管制受到欧美等国指责，迫于国际压力开始逐步推行外贸和外汇自由化改革，外需对日本经济的拉动作用逐步削弱，日本经济开始出现萧条。为应对经济波动，日本决定实行紧急对策，1965年12月，通过补充预算，开始发行公债，通过赤字财政政策调控经济发展。20世纪70年代，世界范围内出现石油危机，日本开始调整宏观政策，采取相应的财政政策确保经济稳定增长、充分就业和物价稳定。1974~1975年，面对严重的通货膨胀问题，日本政府采取了紧缩性的财政政策，控制年度预算增长幅度、压缩政府的公共工程投资。这段时期的紧缩性财政政策虽然控制住了通货膨胀但也加剧了经济衰退。1976年，日本实行以刺激经济增长为首要目标的扩张性财政政策，增加财政预算、扩大财政赤字，加大公债发行规模，1976~1978年，日本财政预算连续三年大幅度增长，特别是公共事业支出的年增长幅度达到20%~30%。这一时期扩张性财政政策刺激了经济的发展，但也使得日本财政对公债的依存度大幅度升高，1979年，日本的公债依存度达到34.7%。

（3）民生财政政策阶段：20世纪80年代

这一时期，随着公债数额的增加和财政状况恶化，日本开始大幅调整财政政策，财政宏观调控目标从保证经济增长逐步转向提高社会福利和民生方面，采取减少赤字、压缩公债，促进国民经济健康发展，同时优化财政收支结构，更加符合民生需要等。1980年，日本政府在财政预算编制上开始采取下达预算指标、控制投资支出规模的做法，1983年，日本财政预算支出的控制指标开始出现负增长，同时削减投资预算开支的项目范围也逐步扩大，甚至通过出售部分固定资产的方式减轻政府负担，但民生投资范围却不断扩大。通过这一阶段财政政策的实施，日本民生状况得到较大改善，社会福利水平显著提升。

（4）相机抉择财政政策：20世纪90年代至21世纪初

这一时期，日本财政宏观调控的目标在寻求预算均衡和刺激经济增长之间摇摆，财政政策也在紧缩和扩张之间交替。20世纪90年代初期，泡沫经济破灭，经济增长缓慢，日本重新采取积极财政政策刺激经济增长，表现为增加公共投资、增发公债以及大幅度减税。扩张性货币政策与财政政策促使得经济短暂复苏，但扩张性财政政策也造成政府债务增加及财政状况恶化。为应对政府债务问题、抑制财政状况恶化，日本开始进行财政改革和财政重建，1997 年，日本国会通过《有关推行财政结构改革的特别措施法》，采取控制赤字、压缩财政支出、提高消费税率等措施，降低财政对公债的依存度、避免财政状况恶化，但由于紧缩性财政政策抑制了经济复苏，导致了经济的二次严重衰退，日本政府于 1998 年又采取积极财政政策刺激经济增长。进入 21世纪，面对复杂多变的国内外经济形势，日本财政宏观调控政策取向在"经济重建"和"财政重建"之间摇摆。例如，金融危机期间，日本制定实施"生活防卫紧急对策"和"经济危机对策"，实施扩张性财政政策，采取一系列经济刺激方案，抵御金融危机的冲击，支持实体经济继续发展。但面对巨额公债负担，日本也在不断采取"财政重建"的各项措施，通过强化财政纪律和实施规则性财政政策等方式着手缩减政府债务规模，完善和健全财政。

2. 日本当前的财政应对策略及财政调控政策

（1）财政运营战略下的财政政策

2010 年 6 月 22 日，日本内阁决议通过了财政运营战略，分析了日本经济财政的现状和面临的问题，结合 2010 年 6 月 18 日内阁决议通过的新成长战略，提出了完善和健全财政的目标、财政运营的基本原则和中期财政框架。

完善和健全财政的目标。将国家和地方财政赤字在 2015 年之前缩减到2010 年度赤字占 GDP 比例的一半，并计划在 2020 年之前实现盈余。2021 年以后，逐步减少国家和地区的政府债务余额占 GDP 的比例，继续致力于完善和健全财政。

财政运营的基本原则。一是确保财源原则（量入为出原则）。随着支出增加、收入减少，在制定新的政策时，通过削减长期支出、出台收入措施来保证稳定的财源。二是缩减财政赤字原则。为实现财政收支目标，原则上每年都要切实改善财政状况，达到预定目标。三是确保刚性支出财源的原则。确保结构性增加带来的经费需求，如确保养老金、医疗以及护理费用的支付等所需的社会保障费用的稳定财源。四是支出审查基本原则。削减包括特别会计在内的任何不必要支出，彻底排除支出领域的浪费，坚决重构财政预算体系。五是稳定运营地方财政原则。完善和健全财政需要国家和地方政府共同携手，中央政府和地方政府为实施财政整顿，必须相互协作，采取相应措施。中央要避免将负担转嫁给地方政府，亦不妨碍地方政府自治。

（2）国际公约下的日本财政政策

在制定财政宏观调控政策中，日本还应当遵守其参与的国际公约，履行国际公约中规定的有关完善和健全财政的相关义务。

多伦多峰会宣言。2010年6月，G20多伦多峰会宣言要求，发达国家到2013年，至少实现财政赤字减半，到2016年减少政府债务在GDP中所占比例或实现该比例稳定。

多维尔峰会宣言。2011年5月，G8多维尔峰会宣言提出，为促进经济增长，在进行机构改革的同时实现严格的财政重组，要求日本在提供震后复兴所需资金的同时，也致力于国家财政的可持续发展问题。

戛纳峰会宣言。2011年3月，G20戛纳峰会宣言要求，发达国家要充分考虑各国的不同国情，确立国家信用，采用促进经济增长的政策，采取明确、可信、具体举措来实现财政的健全发展。日本在确保中期财政健全化的同时，承诺迅速采取财政举措，拨款至少19万亿日元（约占GDP的4%）用于震后复兴和重建。

（3）社会保障、税制一体改革中的财政政策

2012年1月6日，日本政府、执政党社会保障改革总部通过"社会保障、税制一体改革草案"，提出构筑安心、充满希望和自豪感的社会，拟通过改革实现社会保障和经济增长的良性循环，确保社会保障稳定财源和财政健全化同步完成。具体而言，日本通过进行税制改革，把消费税作为社会保障的稳定财源，按阶段逐步上调税率，2015年前将消费税率提高至10%。继续推进公平、精简的税制举措，通过改革摆脱通货紧缩、促进经济快速发展。

（4）日本规则性财政政策

日本财政宏观调控政策经历了由均衡预算到积极运用再到规则财政的变迁。对于积极财政的运用，经过多年实践，日本认为基于财政政策的乘数效应，在运用财政手段刺激经济发展效果趋弱且导致财政状况恶化之后，财政赤字所发挥作用会十分有限，因此，财政政策应该从以往的重视需求转向重视供给、从短期视野转向长期视野、从相机抉择性财政政策转到规则性财政政策。

日本政府认为，要抑制财政赤字的扩大，加强财政纪律，从战略角度重新研究预算编制过程是不可或缺的。预算管理改革应通过设置明确的赤字和债务规则、支出规则以及编制中期财政框架等方式增强预算的约束力。

一是赤字和债务规则。国际上，对赤字和债务控制存在流量控制和存量控制两种方式。如欧盟通过《马斯特里赫特条约》设置赤字上限实现赤字和债务的流量控制；日本通过设置支出上限、澳大利亚通过设置收入上限，实现赤字、债务的流量控制；美国通过《自由债券法》设置债务上限实现赤字和债务的存量控制；欧盟通过规定总债务在 GDP 中所占比例的上限，英国、澳大利亚通过规定净债务在 GDP 中所占比例的上限实现赤字和债务的规则控制。日本《财政法》第 4 条设定了均衡预算原则，也确立了保持特定公债规模的目标，但政治约束力较弱，缺乏保证承诺实施相应规则的机制。

二是支出规则。实践中，各国通过法案、政府决定、国际公约等方式规定相关义务，设置财政支出规则，以约束财政支出扩张，维持财政纪律。日本通过在每项支出领域内设置上限的办法来实现预算约束，但日本的预算上限只适用于一般会计、偏重于当初预算、侧重于单年度控制，政府可以通过财政操作，如特别会计、补正预算等突破支出规则的限制，这就使得日本的支出规则约束力弱，难以得到有效执行，导致支出规模不断扩大，赤字和债务增加，财政状况恶化。

三是中期财政框架。通过年度预算，在一定程度上可以限制支出规模，约束赤字和债务的增长。但是由于短期性的财政困难以有效保证长期财政状况的良好，因此日本财政运营战略中，设定了中期财政框架。支出方面，中期财政框架要求对于基本财政收支，要从实质上保证不超过上一年度当初预算的规模；债务方面，要求 2012 年度新公债发行额，要尽量努力使其不要超过 2011 年度当初预算的水准。

近些年，日本虽实施了规则性财政政策，但日本财政制度缺乏使政府提高遵守规则的措施，也缺乏对预测和结果进行监视、验证的措施。因此，日本财政纪律懈怠，对财政宏观调控的约束较弱，具体表现为：其一，赤字规则方面。欠缺能够应对经济变动、保证财政平稳运行的机制。其二，支出规则方面。由于预算上限额是以一般会计、当初预算为对象的，因此会导致偏重当初预算、偏重一般会计、偏重单年度等问题。其三，中期财政框架方面。仅仅是一份预测，无法约束支出。其四，决策体系方面。首相、财务大臣无法控制政府内外存在的拥有否决权的参与者。因此，日本规则性财政政策作用不但没有达到预期的效果，反而对推动日本政府解决财政状况恶化问题起到了一定的作用。

（5）开放经济条件下安倍政府经济政策

"安倍经济学"（Abenomics）是日本首相安倍晋三于 2012 年底上任后颁布的一套刺激日本经济的改革措施。在日本经历了长达 20 年之久的经济低迷之际，安倍内阁希望通过"三支箭"即激进的货币政策（以日元贬值为中心）、灵活的财政政策（扩大公共支出为主轴）和经济成长战略（以结构性改革为目标）这三方面的措施让日本经济走出"失去的 20 年"。

安倍经济学的具体政策指向可以总结为：一是将通胀目标设置为 2%；二是促使日元贬值；三是政策利率降为负值；四是无限制实施量化宽松货币政策；五是大规模的公共投资（国土强韧化）；六是日本银行通过公开市场操作购入建设性公债；七是修改日本银行法加大政府对央行的发言权等。在具体的目标实施中，各项政策各有侧重。

其一，激进的货币政策。安倍上台以后，便亲自出马以三大政策中的货币政策主攻方向，首先迫使日本央行力争达到 2% 的通胀率目标，并扩大"量化宽松"。他强势要求日本央行配合发钞，不惜公然介入央行决策，并撤换现任央行行长。日本是最早实现量化宽松货币政策的国家，与美国的"信贷宽松"不同，日本实行的是"定量宽松"的货币政策。"定量宽松"货币政策的实施可以追溯至 1999 年 2 月。当时，日本中央银行开始实行"零利率政策"，将政策利率降低至接近于零的水平；同年 4 月，首次公开宣称"维持零利率政策直至通货紧缩担忧消失为止"，这标志着日本正式进入"零利率政策"时代。为了有效解决日本经济长期不景气和通货紧缩问题，2001 年 3 月至 2006 年 3 月，日本中央银行实施了"定量宽松"的货币政策。主要表现为：在实行"零利率政策"的同时，将金融机构在中央银行的准备金作为主要货币政策工具，以此调节市场流动性。

其二，灵活的财政政策。安倍在 2013 年 1 月 11 日通过了 1170 亿美元（总数 2267.6 亿美元）的政府投资。在日本政府负债余额已超过 GDP 百分之两百，高于全世界任何一个发达国家的情况下，这样大规模的政府举债支出，当然也具有高风险。

其三，经济成长战略。以结构性改革为手段的经济成长战略是安倍经济学"三支箭"的重要倚重。2013 年 6 月 5 日，安倍公布了结构性改革方案，创立经济特区以吸引外国技术、人力资源和资金，同时增加公共基础设施公—私融资规模和基础设施出口规模。安倍政府希望通过结构性改革，逐渐建立以新兴产业为核心的高端制造业发展新模式。其中，以新能源汽车为代表的汽车产业、以机器人技术为核心的高端装备制造业以及符合日本老龄化社会基本国情的医疗产业等，成为这一新模式的三大支柱。应该说，这一改革的总体方向是正确的，但具体的政策效果仍有待观察。

安倍内阁的这一套经济措施凭借其规模大、力度强、决心深和范围广的特点引起了学术界的强烈关注，并成功刺激日本经济在 2013 年出现总体回升的势头。在日元贬值这一催化剂的作用下，日本国内各项经济指标持续好转，安倍政府也在 2014 年提前进行大选，为自己后续经济措施的实施争取时间。

总体来看，"安倍经济学"的"三支箭"覆盖范围较为全面，其针对日本经济的现实弊端所开出的"药方"也较为准确,但囿于日本政治经济结构的僵化体系以及传统利益集团的秩序固化,导致"安倍经济学"并没有取得理想效果。与此同时,内容"全面"是"安倍经济学"的一大亮点,但也正是因为"全面",导致这一庞大的宏观经济政策难以聚焦,而且个别领域更难以有所踏实推进,最终导致政策整体的失效。

(三)德国的财政宏观调控

德国是高度发达的工业国,经济总量居欧洲首位,世界第四。德国财政宏观调控政策在40多年的社会市场经济运行中,与政府的宏观经济思想紧密地联系在一起,始终体现着政府对经济的干预和宏观经济政策的基本主张,成为联邦政府保证国民经济稳定发展、实现政府宏观经济目标的主要工具之一。

1. 财政宏观调控政策的职能作用

德国的财政宏观调控的职能主要体现在三个方面①。

首先,促进经济稳定增长。通过财政政策的实施,有效地调节经济运行,当经济运行"过热"时,采取限制消费、压缩投资、减少需求等紧缩措施,抑制需求扩张及由此而引发的通货膨胀;当经济发展陷入低谷时,采取刺激消费、扩大投资、增加需求等扩张措施,以扭转经济停滞和需求不振的萧条局势。

其次,调整经济结构,进行产业导向。财政宏观调控政策在产业导向方面所起的作用主要是减少产业转换中的摩擦。如在扶植有前途的产业的同时对衰落产业进行维持以减轻由此带来的结构性问题(如失业率过高等);在促进发达地区经济增长的同时对落后地区的投资给予援助。在调控手段上主要有以直接财政援助和税收优惠形式提供补助金以及实物调节。实物调节途径有两种,一是通过国家财政对需求和生产施加影响,例如出于结构政策考虑,

---

① 邵勋. 德国财政宏观调控政策与财政平衡体制 [J]. 经济导刊, 1996 年第 6 期.

改变国家消费的部分内容，进行基础设施投资等。二是平缓市场波动，为此，国家建立了农产品的收购和储存机构，对进出口实行调节等。

最后，保证社会经济健康运行。财政宏观调控政策主要在两个方面为社会经济健康运行提供保障：一是通过收入再分配政策调节社会收入差距，以期实现社会公平。收入再分配政策主要由所得税征收、财政补贴以及社会保险等构成，德国基本法和税法规定，个人年收入在扣除各类法律允许项目费用之后，应以累进的方式交纳个人所得税，从而缩小高收入家庭与低收入家庭的收入差距。二是支持基础设施建设。以教育和科技为例，德国国家教育经费总额 1965 年为 156.76 亿马克，1984 年增至 836.34 亿马克，占国民生产总值的比重从 3.4% 增加到近 5%；国家对主要研究项目和特殊领域研究项目的支出 1970 年为 37 亿马克，1983 年增至 106 亿马克，将近增长了两倍。

2. 财政宏观调控政策的运行阶段

德国财政宏观调控政策一方面调节着经济的运行，另一方面，又根据不同时期经济运行特点和执政党的经济政策主张而加以调整，具有明显的阶段性。

（1）20 世纪 60 年代中期以前为第一阶段

这是德国社会市场经济初步形成和初显成效的阶段，其特征是自由主义思潮在秩序政策中占主导地位。1945 年德国战败后，经济、交通瘫痪，生活必需品极端匮乏，通货膨胀非常严重，当时担任美英联合占领区经济管理委员会主席的路德维希·艾哈德努力说服盟国军管当局，大力推行社会市场经济，取消管制、配给制和物价冻结，以此充分调动个体的积极性，发挥市场机制的作用。这种经济上实行的"社会市场经济"，被认为是根据西德战后初期的特殊经济社会条件而设计出来的"秩序政策框架"，是一种力图在无限制的自由放任主义和极端的国家统制经济之间走一条中间道路。相比以前的统制经济，这一阶段的"社会市场经济"国家干预的成分要少得多。

这个时期财政政策的特点是没有像其他大多数西方国家一样接受当时时兴的凯恩斯主义，而独自采用了新自由主义财政政策。政府抓住当时的主要问题——通货膨胀，实施相对稳定、谨慎的财政政策并配合相对灵活的货币政策，取得了既保证预算平衡、稳定币值，又使经济迅速增长的不凡成就。这个时期被称为德国的"经济奇迹"。

（2）第二阶段从 20 世纪 60 年代中期到 80 年代初

这一时期财政政策的特点是走上了同凯恩斯主义相结合的道路，实行以需求调节为主要特征的财政政策。由于这一时期是基督教民主联盟、基督教社会联盟和社会民主党共同执政的大联合政府时期和赫尔穆特·施密特任联邦总理的社会民主党单独执政时期。因此，这两时期的财政政策又被称为社会民主主义扩张的财政政策。20 世纪 60 年代中期以后，由于西方工业国家经过五六十年代的"黄金发展时期"以后普遍进入低速增长时期。在这一时期，"经济奇迹"消逝，发生了战后联邦德国的第一次经济衰退。在这种情况下，后凯恩斯主义经济学关于政府干预经济的政策主张在西方国家普遍推行，在财政政策领域，则强调把政府的财政预算作为调节经济增长的工具，在宏观上对经济周期进行景气控制。联邦德国也改变了财政政策，企图通过这种需求调节的财政政策完成总体调节和反经济危机的使命，通过人为的"紧缩"和"扩张"对付经济周期波动，实行经济干预。随着《促进经济稳定增长法》的颁布，标志着德国社会市场经济的重点从强调竞争转到强调国家对经济进行宏观调控。然而，这种反危机的"有效预算政策"执行效果并不理想。1971 年财政赤字总额高达 156.1 亿马克，接近 1970 年的两倍；1975～1979 年赤字总额均保持在 200 亿马克以上；1980 年财政赤字已达 561 亿马克，1981 年又猛增至 748 亿马克。通货膨胀、大量失业和社会福利支出膨胀等一系列问题又纷至沓来。1973～1975 年以及 1981 年物价上涨率超过 6%（当时认为超过 4%即是严重的通货膨胀）；1975 年登记的失业人口升至 1074 万；社会福利总支出费用从 1970 年的 2970 亿马克增至 1980 年的 7747 亿马克，增加 4777 亿马克，占国民生产总值的比重也由 26.7%上升到 32.1%。与此同时，资本市场利率上升。企业固定资产投资不断下降，财政政策面临着又一次调整。

（3）第三阶段从 1982 年社会民主党下台和科尔的基民盟重新执政开始

面对 20 世纪 80 年代初严重的财政经济危机，德国又开始推行"多一点市场、少一点国家"的经济政策，并由此进入由政府全面干预转向减少干预和放松管制的新阶段。联盟党在德国重新上台执政后，猛烈抨击 20 世纪 70 年代的"干预主义"政策，重新调整国家预算，减少政府干预，实行新保守主义财政政策。新政府开始按照"供应学派"的理论制定经济政策，即从反周期的需求调节的财政政策转向以促进经济长期稳定发展为目的供给调节的财政政策。具体调整措施是：一是以减税为中心进行税收改革，重点减轻企业和个人的税收负担，包括降低所得税税率和提高所得税的起征点。按照联邦财政部的税收改革方案，分别在 1986 年、1988 年、1990 年进行 3 次减税。同时，从 1987 年起适当增加消费税，调整直接税和间接税的比重；二是确定财政支出增长幅度必须低于国民生产总值增长水平的原则，控制财政支出的增长，每年联邦预算支出的增长率不超过 3%，同时减少国家财政对企业亏损的补贴，调整和改善支出结构；三是削减财政赤字和国家债务。每年政府债务的最高额不能超过政府安排的投资额，以降低财政赤字在国民生产总值中的比重，将政府债务控制在一个适当的限度内。

但经济自由主义政策在德国并未收到预期成效。1998 年施罗德领导的社会民主党以"第三条道路"作为竞选纲领，赢得了同绿党联合执政的机会。为了摆脱经济困境，施罗德政府于 2003 年初提出"2010 改革计划"，对现行的社会福利保障体制进行一系列改革及相关的配套改革，从而使社会福利保障制度与市场经济的自由竞争原则相协调。2009 年"黑黄"政府上台。受国际金融危机持续发酵影响，德国经济回落至 2005 年的水平，全年负增长 4.9%，为战后最严重衰退。为此政府出台振兴经济"五点计划"，继续落实 2008 年底出台的救市计划和经济计划，并再次推出总额为 500 亿欧元的经济提振措施，以进一步拉动内需，增加投资。同时通过《加强经济增长法》，决定自 2010 年起逐步提高子女补贴、改革企业税、遗产税和增值税等，为公民和企业减负额高达 220 亿欧元。在刺激消费、扩大投资的同时，重视教育与科研投入，推进相关产业升级，努力创造新的增长点。

（4）从欧债危机以来为第四阶段

2009 年底希腊主权债务危机爆发，随后席卷整个欧洲。欧债危机的蔓延不仅影响到了危机国自身的政治稳定以及经济增长，而且影响到了欧元区以及欧元的稳定，甚至也给世界经济的增长以及国际金融也造成很大的影响。而作为同处欧元区的德国，却以其雄厚的经济基础和强有力的国家宏观调控手段，从一开始便采取了财政紧缩的政策，从而没有使德国受到较为严重的影响，德国几乎是危机下仅存的经济尚在健康运行的国家。

一是对内凝聚政府力量维护金融市场稳定和社会稳定。德国受上一轮金融危机的影响，在欧债危机爆发初期就迅速拟订了经济刺激以及金融救市的方案，德国各界都积极主动地参加到救助中，为德国经济迅速恢复提供了良好的环境。在欧债危机爆发以后，德国政府迅速救助德国银行业，避免由于金融市场流通导致的金融业务枯竭以及银行间的业务往来终端，从而使德国的金融市场保持了稳定的状态。除了德国政府的积极表现以外，作为州立银行的持股者各州政府更加积极地参与到银行救助过程中，而行业协会也对德国经济救助也起到了积极作用。另外，德国对自身的实体经济进行救助。为了防止欧债危机对德国的实体经济造成影响，德国政府相继出台了两个对实体经济刺激的计划，从而促使了实体经济的增长，保障了就业的稳定的同时维护了德国社会的稳定。而德国在经济逐步复苏时，又开始实施退出政策，加大实行紧缩财政政策，从而是德国的财政得到了巩固，取得了收支平衡，使财政赤字以及主权债务逐渐减少。当欧元区大多国家都陷入主权债务危机时德国却经过两年的恢复期就到达了财政运行良好的状态。同时德国为了使国家赤字以及总的主权债务得到降低，在 2009 年联邦邦参议院通过了《新债务法》并把该法融入到了联邦基本法中，新的法律法规的出现不仅削减了德国的公债以及赤字，让世界看到了德国整顿财政纪律与整肃市场决心与信心，这也给德国实行财政紧缩政策以及抵御债务危机提供了法律支持。

二是对外利用货币联盟中的优势稳定出口促进经济增长。德国在欧债危机期间充分利用外部因素缓解危机带来的压力。德国经济发展主要支柱之一是来自于对外贸易，德国是继中国与美国之后的第三大出口大国，虽然欧债危机给对外贸易经济国家带来很大冲击，但是德国利用在货币联盟中的优势地位来振兴德国本身的出口。德国限制工业工资，让德国的出口比欧元区其他国家更具竞争力，虽然在欧债危机爆发以后，德国的出口业务发展速度不是很快，但是稳定的出口也给德国在欧债危机中促使经济良好的发展的支柱力量。另外，由于欧债危机导致的金融市场低迷，德国的投资者失去了对股票以及债务的兴趣，从而把目光转向了房地产产业，进而推动了德国房地产产业的发展，成为德国在爆发欧元危机之后新的经济增长点。

3. 财政宏观政策的主要特点

纵观德国财政宏观调控政策的发展，可以看出：从自由主义思潮占主导地位，到凯恩斯主义的制度化和普遍化，再到新自由主义的回潮乃至第三条道路的确立，其经济社会政策进行了不断地调整和革新。但不论如何发展，其基本框架和基本特征则基本不变。

（1）长期来实行以保守主义为主的财政政策

四十多年来，德国财政宏观调控政策经历了"保守—社会民主主义扩张—新保守"的变化过程。相对于其他大多数西方国家来讲，其政策的主要特征是凯恩斯主义因素较少，强调"平衡"和"公平"原则的实现。即使 20 世纪 60 年代中期起强调财政政策的"总体调节"作用，但也不是完全的凯恩斯主义，因为其主要目的是平抑经济周期以确保经济稳定增长，并避免可能的通货膨胀。实际上，20 世纪 70 年代上半期"经济咨询委员会"曾建议政府放弃扩张性政策，改用货币主义。20 世纪 80 年代，新联合政府更是旗帜鲜明地反对"干预主义"财政政策。可以说，德国长期来实行以保守主义为主的财政政策是其 40 多年来经济波动相对不大、平稳增长的重要原因之一。

（2）政策目标和任务非常明确

它包括：保证国家职能的实现、减少社会分配不公、稳定通货、反周期波动、调整经济结构等。不同时期可能侧重点不同，但稳定币值、反通货膨胀一直是其财政政策的首要任务。德国历史上曾经有过两次恶性通货膨胀，战后其"社会市场经济"体制形成过程中一直把稳定通货作为首要的社会经济目标。在这方面，他们的重要经验是注重财政政策与货币政策的配合。这首先要求：国家财政保持平衡、联邦银行控制货币供应量、拒绝通过向中央银行借款（透支）弥补预算赤字、国家不能通过借债增加支出等。从财政政策方面讲，在保持"中性的"收支平衡情况下不难对付通货膨胀问题，如五六十年代。但实施中要保持财政收支平衡困难较大，特别是在政府强调利用财政干预经济周期、预算规模不断扩大的情况下。这时，更需要财政与银行部门的精诚配合。例如联邦德国制定了严格的公债政策，防止公债上升对币值稳定的影响。规定政府向中央银行借款：一是借款人只限于联邦和州两级政府；二是前者限额60亿马克，后者（各州之和）不得超过20亿马克；三是联邦银行购买国库券算入借款限额；四是贷款只能用于临时之需，不得用于弥补赤字；五是借款按再贴现率计付利息；六是地方政府只能向私营银行借款。规定政府预算赤字只能通过发行公债券弥补，其中短期债券发行前须经联邦银行同意，以防止过量发行引起通货膨胀（因3个月短期债券可随时贴现兑成现金）；中长期债券中一部分必须由交易所向私人发售，以免全部由商业银行承担而借以扩大贷款，造成信用膨胀。这种严格规定、密切配合是财政政策效果显著的重要条件。

（3）具有良好的体制基础和独特的保证工具

长期以来法律形式固定的"三级分立"（联邦、州和地方）预算体制，以及特有的"纵向财政平衡体系"（联邦与州政府间收入调节制度）和"横向财政平衡体系"（各州之间收入调节制度），是贯彻统一财政政策的基础。两个专门的协调机构保证各级政府预算和财政政策避免大的矛盾，一个是由联邦财长、各州财长、联邦银行代表等组成的"财政计划委员会"；另一个是联邦参议院（二院）。自20世纪60年代中期起实行的中期财政计划制度，规定联邦年度预算应建立在逐年向前流动的五年财政计划基础上，也是确保德国财政政策合理性和有效性的有力工具。五年财政计划根据国家经济社会发展情况对五年内联邦财政收支变化进行预测，为政府财政管理和财政政策的制定、实施提供参考。州和地方也有相应的中期财政计划，联邦财政部专设计划委员会负责协调三级政府的中期财政计划工作。

（4）利用雄厚的经济基础和优势效应内外兼顾发挥欧元区域的引导作用

一方面，德国依靠雄厚经济基础，在欧元危机出现以后及时采取的改革措施，并为改革提供了立法保障，再加上德国充分利用欧债危机的优势效应，不仅使德国经济没有在欧债危机的波及中受到很严重的影响，而是逆流直上逐步摆脱了危机困扰，取得了经济的增长。同时也正是由于德国经济的持续性增长，促使德国在面对欧元危机中有了更多的空间以及灵活性。

另一方面，将欧元去留与德国态度紧紧绑在了一起，德国逐步促使多数欧盟国家几乎彻底接受了它在债务问题上的立场。2012 年 1 月 30 日，欧盟特别峰会上，除英国和捷克之外的欧盟其他 25 个成员国一致通过"财政契约"草案。草案明确要求加强财政纪律，对财政赤字占国内生产总值（GDP）比例超过 3% 的国家施以自动处罚措施。各签约国将向欧盟转移部分财政主权，这契合了默克尔借由政治一体化来解决债务危机的设想。由此可见，德国主推的严格财政纪律和紧缩路线得到贯彻，欧元区扶危济困大计在德国引导下前行。一个看似更"德国"的欧洲正在浮现，无论是财政政策、发展模式似乎更多地以德国为圭臬。

二、主要发达国家财政宏观调控效应分析

（一）美国财政宏观调控效应及分析

在美国的经济发展史和经济思想史上，系统的宏观经济理论和宏观经济政策的形成，是从 20 世纪 30 年代开始的。半个多世纪以来，美国政府在进行财政宏观调控中所形成的一套理论与政策虽不能医治资本主义的痼疾，但在一定时期的经济形势下，对于平衡社会总需求与总供给，对于减缓失业、

通货膨胀和稳定经济确实起到了相当重要的作用。因此，研究美国实行宏观调控的社会经济背景，剖析其财政宏观调控的理论依据及其在不同时期运用之成败优劣不无借鉴意义。

1. 罗斯福"新政"和凯恩斯主义指导的时期美国财政宏观调控的实践与效用分析

美国是一个后起的资本主义国家，从美国建国至第二次世界大战结束，它的发展经历了自由资本主义时期、由自由资本主义向帝国主义过渡时期及步入帝国主义头号强国时期。第一次世界大战期间，美国利用欧洲两大军事集团的火并，打着"中立"的旗号，作壁上观，发战争财，使它的经济急剧增长。战前，美国欠外债60亿美元，战后变成了100多亿美元的债权国，并集中了世界黄金储备的40%，资本输出和商品输出均跃居世界首位。第一次世界大战后，美国经济在经历了10年的相对稳定发展之后，于1929年10月进入特大危机之中。1929~1993年，美国的工业生产下降了46%，股票价值下跌了79%，全国约6000家银行、13万个公司和100多万农民破产，失业人数为1700万人，占工人总数的32%，失业率达25%。这次空前严重的大危机席卷整个资本主义世界，彻底暴露了资本主义自由市场经济的内在缺陷，使某些资产阶级经济学家及政治首脑人物认识到资本主义经济再不能单单依靠市场机制自发调节来维持正常运行了。1933年，在美国经济处于十分严重的困境中上任的富兰克林·罗斯福总统果断地把联邦政府置于反危机的第一线，实行了国家全面干预经济的"新政"。其主要手段是运用国家预算拨款、税收、政府债券和银行信贷等财政、金融杠杆对国民经济进行宏观调控，使之摆脱困境。实施"新政"迫切需要有一种既比传统的经济理论高明，又不触动资本主义制度根基的理论做指导。这时，凯恩斯于1936年以叛离剑桥学派的姿态，发表了《就业、利息和货币通论》。他抛弃了传统庸俗经济学关于资本主义经济能借助市场供求自动达到充分就业的观点，提出了需求调节理论，从而奠定了当代西方宏观经济的理论基础。

凯恩斯认为，资本主义社会之所以出现经济的危机和严重失业，原因就在于有效需求不足。他认为有效需求的大小决定于三个"基本心理因素"，即边际消费倾向递减、资本边际效率递减和人们对货币的灵活偏好。按照凯恩斯的理论观点，有效需求包括消费需求和投资需求，消费需求不足是消费倾向偏低所造成的，而投资需求不足是由资本边际效率下降和利息率升高所造成的，利息率又由于人们愿把货币放在手头的这种灵活偏好而不断升高导致了投资障碍。为了推动生产，增加就业，首先要设法刺激个人消费和资本投资，以提高有效需求。凯恩斯根据有效需求理论提出了一些较为笼统的政策主张，经其追随者加以具体化，成为第二次世界大战结束前后许多资产阶级政府制定经济政策的指导思想。有些政策，如凯恩斯的财政宏观调控政策，成为罗斯福"新政"的关键，罗斯福政府像启动水泵那样，用一定数量的财政开支启动经济，使其摆脱危机的困扰。为了救济失业和实施各种公共工程计划，政府的财政支出由 1929 年的 31 亿美元上升到 1936 年的 84 亿美元。罗斯福政府通过运用财政杠杆使当时的美国经济逐渐复苏，但它只不过是在保存资本主义的生产方式的前提下做了些改良，而没有也不可能解决资本主义的基本矛盾。后来，反而导致了生产停滞和通货膨胀并发的局面，凯恩斯主义因而破产。

战后初期，美国的凯恩斯主义者汉森、萨缪尔森等人继承、修改和补充了凯恩斯的财政理论。他们认为，凯恩斯忽视了收入的变化会引起消费的变化，从而反过来引起投资的更大变动。由此，便提出了"加速原理"作为对凯恩斯的"乘数原理"的补充。同时，他们还在凯恩斯膨胀性财政政策的基础上又提出了"补偿性财政政策"，即针对经济的兴衰变化，交替实行紧缩性或膨胀性的财政政策。

20 世纪 60 年代以后，一大批受过凯恩斯经济理论系统教育的学者相继走上了决策的岗位或进入白宫的智囊团。他们根据凯恩斯主义财政理论提出了一系列促进经济增长的财政措施。如在肯尼迪执政任期的 1964 年通过的减税法案在当时就曾被认为是实行宏观财政政策的范例，它的特点是预算已经出现赤字的情况下，还实行大幅度地减税，也就是用增加财政赤字来进一步刺激有效需求，以推动经济增长和充分就业。这在美国历史上还是第一次在没有衰退的情况下用财政赤字刺激经济。可见，在肯尼迪时期的凯恩斯主义财政理论在实践中似乎已经超越了单纯防止经济危机的目的，而被当作"挖掘经济增长的潜力"的手段。因为人们看到的事实，是战后美国经济经历了长达二三十年的高速增长。按1972年不变价格计算，1947～1979年，国民生产总值增长了200.6%，从4680亿美元增加到14316亿美元，平均年增长率为3.6%，工业生产增长2.9倍，平均年增长率达到4.3%。这是美国历史上前所未有的"黄金时期"。之所以如此，除了客观物质条件以外，无疑与政府通过宏观经济政策，特别是财政政策对经济进行的强有力的干预有关。

然而，正当美国政府运用凯恩斯主义的财政理论和政策对经济进行宏观调控颇见成效的时候，20世纪70年代发生了生产停滞和通货膨胀并发症，加之世界性粮食短缺和两次石油危机动摇了凯恩斯主义雄踞30余年的理论宝座。而以供应学派和货币学派为代表的新保守主义乘机兴起，他们献计献策，力图为执政者开一副医治"滞胀"的经济药方。

2. 里根及布什执政期间财政宏观调控的实践与效用分析

供应学派针对凯恩斯主义只重视需求而忽视供应（生产），便依据税基弹性理论，在财政政策上主张采用大幅度削减税收、降低税率的办法，以鼓励企业和个人投资发展生产，并且主张控制和压缩财政开支，消灭赤字。以弗里德曼为代表的货币学派，也反对国家干预经济，提倡恢复"自由放任"，主张控制货币供应量的增长率，抑制通货膨胀，稳定经济。这些理论主张随着1981年共和党的里根总统上台执政而融入了"里根经济学"之中。里根就职时提出的经济复兴计划有4条纲领，即减税；放松管制、减少规章制度；紧缩通货；削减政府开支。以上4条纲领既反映了供应学派的主张，也反映了货币学派的主张。里根当政的头两年就发生了经济危机。这次危机发生于1981年7月，拖延达17个月之久，失业率最高达到10.8%，国民生产总值下降了2.5%。引起这次危机的原因除周期因素之外，也是由于联邦储备实行前所未有的紧缩通货膨胀政策使贴现率提高到创纪录的14%，优惠利率上升到

18.87%所造成的。经济危机虽然是坏事，但是通货膨胀却由1981年的9.6%下降到1982年的6%，尔后又降到1984年的3.8%。在危机期间大批工人失业，工资控制在最低水平，因而抑制了物价上涨。

1983年经济开始复苏。值得指出的是这次经济复苏比历次经济复苏更为强劲有力。从1982年第二季度以后的两年里，国民生产总值增长幅度平均为6%。这是与里根政府所采取的加速折旧政策和原有的投资课税扣除等优惠的税收政策有着直接的关系。然而好景不长，美国经济复苏和繁荣持续一年半左右，于1985年下半年就进入了缓慢增长阶段，国内生产总值增长率由1984年的6.6%降为1986年的2.7%。这主要是由于里根政府在宏观经济调控方面存在紧缩的金融政策和失控的财政赤字之间的矛盾所引起的。尽管里根信奉供应学派和货币学派理论想要平衡财政收支，而他在实践中却自觉不自觉地以巨额财政赤字换取经济的复苏和高涨。据统计，1986年美国的财政赤字高达2207亿美元，比1981年的789亿美元增加了2倍。造成如此庞大的赤字的主要原因是减税和增加军费同时并举。里根为了加强美国军事实力，试图恢复对苏战略优势，逐年增加国防开支，1986年美国军费高达2734亿美元，比1981年的1340亿美元增加了一倍多。1987年国防开支占财政总支出的27.8%。这样连年的巨额财政赤字无形之中又为美国经济运行创造了一种新机制，这就是由高财政赤字引出的高利率、高汇率和高贸易逆差。1986年美国外贸赤字1443.4亿美元，比1981年的外贸赤字增加4倍多，使美国自1919年以来第一次变成净债务国。

继里根之后于1989年接任美国总统的布什，在宏观经济政策方面基本上是"萧规曹随"，承继了"里根经济学"的主要内容。

从"里根经济学"的12年实践，我国可以看到，虽然在财政赤字、外贸赤字以及债务问题上败北，但是，通过财政进行宏观经济调控还是基本上解决了美国经济中存在的"滞胀"问题。我国也应当看到，"里根经济学"的实施，使美国经济陷入了一种"赤字"或债务的泥潭，难以自拔。从1990年7月开始，美国经济发生了最近的这次持续时间相当长的衰退，至今仍未完全复苏，从而暴露了里根和布什两任共和党总统推行了 12 年的保守主义经济政策的失误和不足。因此，布什争取连任失败，被民主党的克林顿取而代之。

3. 克林顿政府财政宏观调控的实践与效应分析

1993 年克林顿政府上台后，立即着手削减财政赤字，措施主要包括增收和节支两个方面。

（1）"增收"的财政政策。"增收"的财政政策主要体现在《综合预算调整方案（1993）》（简称 OBRA93）中。其中若干税种的增收和减收是该法案的重要内容，主要包括：一是提高高收入阶层的所得税率。应税收入在 14 万～25 万美元的个人所得税从 31% 提高到 36%，超过 25 万美元以上的税率从 31% 提高到 39.6%。但 14 万美元以下纳税人的边际税率没有变。二是提高公司所得税率。新法案规定，年应税收入超过 1000 万美元的公司，其所得税最高税率从 34% 提高到 36%。三是对 13% 高收入者所享受的社会保障收入部分征税。四是对中低收入家庭和小企业减税。减税内容主要包括扩大了低收入者所得税抵免的范围，这对是否有孩子的贫困家庭或贫困者都适用。

（2）"节支"的财政政策。削减联邦政府财政赤字的另一个重要措施是节省开支。克林顿政府的"节支"计划主要体现在 1994 年的预算中。由于美国预算编制是滚动式的，1994 年财政年度预算实际上又是延续到 1998 年为止的五年财政计划。在预算案中，政府提出 5 年内削减财政赤字 5050 亿美元的计划，其中增加收入 2500 亿美元，减少支出 2550 亿美元，计划削减的项目多达 150 项。归纳起来，联邦政府大幅度削减财政支出主要包括以下几方面的内容：一是规定性支出的削减。预算案中提出对规定性支出削减近 1000 亿美元。二是主动性支出的削减。根据规定，将削减约 300 个具体的非防务项目，其削减数额达 1080 亿美元。三是精简政府机构，压缩行政费用。克林顿责令各机构和各部门削减预算中的行政经费，宣布白宫裁员 25%，并从 1994 年开始的 4 年里，联邦机构人员通过自然压缩裁减 10 万个职位。四是削减国防预算。五是削减医疗保健费用。

需要指出的是，上述节支措施并不等于削减一切支出。相反，克林顿政

115

府也主张在某些领域或部门增加政府开支，如为了减少失业，增加就业机会；为了加强以交通、通信为主的基础建设，特别是加快高技术产业的发展，设立全国信息网络；为普通教育、加强人才培养和职工培训，以及全民保健计划等。也就是说，为了刺激美国经济稳定、持续地发展，增强企业的竞争力，克林顿政府将支出的重点从消费转向为经济长期增长奠定基础的投资上，把财政支出引向更有生产性的用途上。

克林顿政府的财政政策的实施使联邦政府在削减巨额财政赤字上取得了成功，20世纪90年代克林顿政府财政赤字出现大幅度下降，1993年美国联邦财政赤字减少到2550亿美元，比上年压缩354亿美元，减幅达12.2%。1994年，财政赤字额再次下降，比上年减少519亿美元，减幅为20.4%。1996年财政赤字进一步减少到1702亿美元，比上年减少567亿美元，减幅为34.6%。1998年，财政赤字不仅消失，而且实现了728亿美元盈余，这表明克林顿政府的财政政策在削减财政赤字上取得了巨大成功。这就为美国经济的长期、稳定、健康发展提供了可靠保证。联邦政府财政赤字的减少对利率的下降产生积极影响。而税制改革使中产阶级税负过重得到改善，有利于实现"公平税负"的税收原则，对刺激美国经济增长起了积极作用。

4. 美国"新经济"中财政宏观调控的实践与效应分析

美国经济自20世纪90年代以来呈现出一种"一高三低"的良好运行态势，被一些经济学家称为"新经济"时代。

（1）美国"新经济"中的货币政策

坚决抑制通货膨胀和促进经济适度增长成为联储货币政策最终目标。20世纪90年代联储货币政策最终目标的制定，充分汲取了战后美国政府货币政策实践中控制通货膨胀同经济衰退、失业率升高之间顾此失彼的经验教训，努力追求经济增长、充分就业和物价稳定之间的均衡关系。把货币政策最终目标从稳定货币上升为"在抑制通货膨胀的同时，促进经济适度增长"，即"保持持续的、无通货膨胀的经济增长。"

货币政策中介目标调整为以利率为中心，多项经济和金融变量组成的指标体系。20世纪90年代，联储在变化了的宏观经济和政策背景下，对货币政策中介目标的结构进行了相应的调整。放弃了20世纪70年代以来货币主义政策操作中以货币供应量增长率为中介目标的做法，重新采取利率指标作为货币政策传导机制，建立了以利率为中心，包括货币供应和汇率等多项金融变量组成的中介指标体系。联储对货币政策中介目标进行调整的最主要原因是20世纪90年代美国货币供应量与经济增长的相关关系已大为削弱。

采取"中性"货币政策，并对利率实行"微调"。1993年7月，美国联邦储备银行总裁格林斯潘在美国国会听证会发言时说，从1994年开始，联储将采取"中性"货币政策。所谓"中性"货币政策，是指通过利率水平的调控，使利率保持"中性"，对经济既不起刺激作用，也不起抑制作用，从而使经济运行以其自身的潜在增长率，在低通货膨胀条件下实现持续增长。根据美联储的分析，美国经济潜在的"自然的"年均经济增长率为2.5%左右。如果实际经济增长率超过这一比率，就有导致通货膨胀的危险。联储货币政策的任务，就是通过调整利率这一中介目标，使得年均实际经济增长率基本稳定在2.5%左右。

（2）货币政策的效果分析

联储坚持以反通货膨胀作为货币政策目标的基调，为20世纪90年代美国经济实现适度和稳定的增长创造了极为有利的经济和金融环境。自1992年以来美国通货膨胀率一直保持在3%以下，其中1998年达到1%，为31年来的最低点。较低的、稳定的通货膨胀率归功于联储"中性"货币政策的运用。美联储一直密切监测美国经济运行中的各项经济和金融指标，如经济增长率，通货膨胀率，失业率等。尤其以实际年经济增长率为尺度作为调整实际利率的依据，适时提高贴现率和联邦基金利率，用收缩银根来打压任何通胀苗头，剔除可能的通胀隐患。而联储的利率微调策略既营造了20世纪90年代相对稳定的低利率环境，又使通货膨胀有效地控制在较低水平上，促使私人实际可支配收入增长，消费信贷稳步扩大，同时避免了经济增长和物价水平的大起大落，减少了金融市场动荡带来的风险，为20世纪90年代美国经济实现低通胀率下的持续经济增长创造了有利条件。

5. 美国"次贷危机"以来和当前财政宏观调控政策效应分析

次贷危机以来美国所采取的宏观经济调控措施，体现了美国宏观经济调控的一贯特点并取得了显著的成效。

（1）确定主要政策目标。很显然，由微观金融创新风险估控失当引起的宏观经济周期下行风险对美国经济的影响将是致命的，因此，面对巨大的经济和政治压力，美国宏观调控当局将主要政策目标锁定为"确保经济与金融稳定"，尽管针对这一目标的扩张性经济政策有可能恶化美国国内通胀情况，并加速美元贬值的趋势。

（2）财政、货币政策各有侧重但相互协调。次货危机以来美联储和美国财政部联合出击实行"双松"政策，运用各自政策手段，各有侧重地解决经济中存在的问题，如美联储主要应对流动性问题，连续降息增加市场流动性，缓解次货损失造成的流动性短缺局面；而财政部则通过减税刺激经济，促进消费、投资增长，确保经济稳定，避免经济由于金融危机影响造成大的滑坡。财政、货币政策虽各有侧重，具有相对独立性，却又相互协调。美国财政部长、美联储主席和总统经济顾问之间建有协调机制，财政部长和联储主席经常会面共商大计，财政部长慎重提出货币政策建议，美联储在决策时也要考虑对财政政策的影响，财政、货币互相支持，互伸援手。事实上，次贷危机后，美国财政部会支持并直接促成了美联储注资贝尔斯登银行。

（3）短期、中长期政策举措相互配合。当前美国经济不仅面临短期金融震荡的风险，也面临金融创新过度扩张、经济失衡等长期结构性问题。美联储出台的货币政策主要旨在短期内平抑市场波动、增强市场信心；而财政部的相关举措则主要针对经济基本面或者经济长期结构性问题以及引发次货危机的深层次原因，包括金融创新的过度扩张与风险管理缺失金融监管缺位等因素，从加强金融市场监管到通过减税刺激消费、投资，改革经济结构，试图从中长期角度推进经济结构调整。

正是得益于这样的宏观调控政策的实施，目前美国市场信心在短期内已得到恢复，经济增长虽有所放缓但并未出现致命危机。

（二）日本财政宏观调控效应及分析

日本经济发展从明治维新到现在，得益于不同发展时期财政宏观调控战略的有效实施和效用的充分发挥。

1. 明治维新至第二次世界大战时期日本财政宏观调控效应概述

明治时代（1868～1912 年）是日本历史上综合国力发展的最重要年代。在短短 34 年间，日本不仅从封建、落后的农业国迅速地实现了近代化、建立了现代社会、政治、经济、军事制度，而且通过日俄战争、日清战争和第一次世界大战侵占朝鲜和中国台湾省、俄国的库页岛和千岛群岛，扩大了帝国疆土，掠夺殖民地资源和财富，跻身为帝国主义列强，为第二次世界大战及战后经济发展奠定了精神和物质基础。

2. 战后至 20 世纪 90 代日本财政宏观调控效应分析

第二次世界大战之后，日本在"贸易立国"的口号下，"外需主导型"的经济增长战略获得了巨大的成功，国力明显增强。1955～1972 年，日本的实际 GDP 年均增长率为 9.91%，到 1968 年日本一跃成为资本主义世界仅次于美国的第二经济大国。

第一次石油危机之后，日本经济从高速增长转入低速增长，继而又进入中速增长。在整个 20 世纪 70 年代，日本的实际 GDP 年均增长率达到 5.23%，依旧明显高于同期美国的 3.2% 以及其他一些欧洲发达国家。

随着日本经济实力的上升，20 世纪 70 年代后期出现了"疾风骤雨"式的扩大对外出口，20 世纪 80 年代初期，日本对美贸易顺差迅速扩大，日本的贸易顺差在 1984 年达到 400 亿美元，经常收支的顺差达到 300 亿美元，对外的纯资产总额居于世界第二位达到 700 亿美元。特别是汽车大量出口美国，对美国市场造成强烈的冲击，日美之间开始爆发剧烈的贸易摩擦。美国政府的高官曾公开表示"即使美国在经济上还能容忍对日本的庞大的贸易赤字，在政治上则已经忍无可忍了"。

1985 年 9 月 22 日，G5 的财政部长和中央银行总裁汇集到美国纽约中央公园对面的广场饭店，并签署了"广场协议"，其主要内容为：让美元贬值日元升值，同时，日本实施金融缓和的政策以及实施减税来扩大内需。针对美国围绕贸易摩擦进行的批评和要求作出的回答，日本于 1986 年 4 月出台了决定经济方向的《前川报告》，具体可以分为以下五个方面：一是扩大内需；二是转换产业结构；三是扩大进口并改善市场准入环境；四是加快金融自由化与国际化；五是采取积极的财政金融政策。

随后日本政府为扩大内需制定了高达数兆日元的"综合经济对策"，包括了社会公共设施建设的追加投资，减税方案，下调利率，以及各个官厅所提出的扩大内需和增加进口的措施。同时日本政府开始实施扩张性的财政，大幅度地缓和金融。在政策的调整和激励下，日本的 GDP 有所增长，但更为显著的是日本股市和房地产市场出现了非理性繁荣，也即泡沫经济，在短短四五年内，股价和房地产价格高得离谱。

1989 年，在媒体和社会舆论的压力下，开始实施紧缩的金融政策和抑制地价的政策，日本股市和房地产市场于是先后应声而跌。经济泡沫的破裂随即加速了实体经济收缩，金融机构被不良债权所困扰甚至导致破产，企业的生产设备投资意欲低迷，生产需求的减少引起大规模裁员，进而又导致了家庭与个人消费的低迷，减少了需求。总之，在一系列恶性循环的作用下，日本经济开始陷入了长期停滞与低迷的沼泽。

"广场协议"之后，日本政府实施了一系列宽松的金融政策和扩张性财政政策。在美国要求降低利率和扩大内需的压力下，同时也是为了防止日元升值可能带来的通货紧缩，日本中央银行从 1986 年 1 月 30 日起，开始降低央行贴现率，到 1987 年 2 月，央行贴现率已经降到 2.5% 这一战后最低的水准，日本商业银行的贷款利率也随之开始下降。同时日本央行加大货币的发行，1985～1990 年短短的五年内货币存量（M2）增幅达到 64%。在日元一路升值的情况下，日本当局这么做的意图很明显：旨在刺激国内需求，希望能拉动国内企业的投资，继而增加进口需求然后带来贸易顺差的减少。

日元升值打击了日本的出口，因为日本国内投资在很大的程度上由日本的出口状况决定，所以国内投资也随着出口的变坏而变坏；而日本的进口又受制于国内投资，升值后日元的购买力虽然得以增加，但若没有国内投资需求之源，便没有进口需求之水。

日本之所以出现泡沫经济，除了有上文论述的经济结构因素以外，还有一个关键因素就是资金流向。在宽松的货币环境和政策环境下，巨量资金凭借银行业的协助冲击了股票市场和房地产市场，造成了资产价格脱离实体经济的狂涨。我国从日本的宏观经济背景出发，对资金流向背后的原因进行分析。

第一，受总供求态势的约束。20世纪80年代，日本国内需求基本饱和，即使积极财政和货币政策也无法较大幅度地提振内需，同时外需受挫，企业缺乏生产的动力，资金只得另寻出路。

第二，受利率市场化改革的影响。日本从20世纪70年代末到80年代初，开始了金融自由化与国际化的进程。1977年，日本央行放松对银行持有公债的管制，公债的大量发行和交易刺激了债券市场的发展。1978年，实现了短期拆借市场利率、票据利率的自由化。之后，1984年6月，又废除了日元转换限制。金融自由化一方面为欧美以及日本企业从事金融投机创造了时机和条件，日本制造业的大企业将筹措到的资金一部分用于生产设备的投资，更多的是用于投资股市。另一方面催使日本的商业银行进行了更多的高风险高回报的融资。日本实行利率市场化之后，银行间竞争导致存款利率上升、贷款利率下降，存贷利差收缩使得银行常规的企业投资信贷收益空间变得十分狭小。为了提高收益，商业银行开始将贷款转向风险较高的中小企业和房地产公司，银行及非银行金融机构向"泡沫三产业（建设业、不动产业、金融中介业）"发放的贷款额大幅度增加。再加上日本央行连续5次下调基准利率，金融环境大为宽松，银行房贷的手笔更是愈发加大。日本银行业本来就有传统的土地担保融资机制，现在这一机制更要大显身手了。人们以持有的土地作为抵押获得贷款，伺机购买地产和股票，再抵押、再贷款，形成了无限连锁。银行和金融资产、房地产抱成一团，自弹自唱，几乎没有人担心地产和股票会下跌，日本人的经济自信心如此高涨是历史上从来没有过的，就这样，20 世纪 80 年代后期，在疯狂的自我陶醉中，日本的经济泡沫膨胀到了极限。

3. 泡沫经济破灭后财政宏观调控效应分析

（1）财政政策无效的原因分析

在经济泡沫破裂之初，日本政府轻视了泡沫破裂对实体经济造成影响，直到 1992 年方意识到经济真的开始萎缩了，于是，一系列救治日本经济的财政政策和金融政策陆续出台。为摆脱经济的长期萧条，20 世纪 90 年代以来，日本投入大量财政资金用于刺激景气，主要表现在三个方面：扩大公共投资、减税、发行公债。日本政府从 1992～2000 年实施了 11 次经济景气对策，共动用了 130 兆日元的财力来刺激经济增长，平均每年近 19 兆日元，高达 GDP 的 3.7%。其中用于公共事业投资的预算高达 70 兆日元。

随着财政支出规模不断扩大，日本政府负债累累。到 2005 年度末，日本中央政府和地方政府的长期债务余额达 774 万亿日元，与 GDP 之比超过 150%，单年度财政赤字与结构性财政赤字均为 6.4%，基础财政平衡赤字为 4.7%，在主要发达国家中都是最高的，在日本的债务构成中，主要是普通公债，其中绝大部分是建设公债和赤字公债。不断增加的财政赤字使得日本仅用于支付公债利息的费用就占到财政预算的 10.6%。其财政状况已经非常严重，可以说日本已经陷入了借新债还旧债，致使债务越滚越多的负债陷阱。然而，日本政府以债台高筑的代价却没能换来期待的日本经济走出低迷陷阱。整个 20 世纪 90 年代的日本经济景气回升势头极度乏力，步履极其艰难。民间消费和企业投资停滞不前，以往公共投资带动景气回升的主要需求项目大多处于低迷状态。

造成经济长期低迷的三个原因具体有：一是民间设备投资低迷，公共投资陷入困境；二是财政政策难以引致消费的增长；三是日本政府不合时宜地进行财政结构改革。

（2）货币政策无效的原因分析

1980~1990年，日本货币供给量年增长率几乎是年年攀升，其平均值为10.2%。而泡沫破灭之后的两年里，其货币供给量增长率锐减，从1990年的11.7%下降至1992年的0.6%，虽说之后有所增长但一直维持在较低水平上，1990~2003年日本货币供给量的平均增长率仅为3%左右。1991~2001年，日本的基础货币增长了95%，但货币供应量（M2＋CD）增长率仅为30%；2001年3月至2002年6月，日本基础货币从1.2%增27.6%，而其货币供应量由同期的2.5%仅增加至3.4%。显然，问题出在了货币乘数上面。日本货币乘数在1991年2月达到13.2的最高纪录以后，2002年末下降到7.2。这说明日本银行采取积极地扩大基础货币的政策，但由于货币乘数的下降使其对货币供应量的增加作用不显著。20世纪90年代后日本银行实施货币政策的经验表明，货币供应量不是一个简单的外生政策变量，货币乘数也不是个常数，甚至连基础货币在一定条件下也不是中央银行所能控制的，特别是中央银行的扩张性货币政策和紧缩性货币政策的控制能力是不对称的。中央银行的货币政策工具在实行紧缩性货币政策时较为有效，而在推行扩张性货币政策时则不一定有效。

4. 安倍政府"三支箭"财政宏观调控效应分析

安倍晋三2012年上任时的目标明确：用"大胆的金融政策、灵活的财政政策、增长战略"三支箭实现"孕育希望的强大经济、构筑梦想的育儿支援和安心的社会保障"三大目标，从而拯救日本经济。

激进的货币政策在短短6个月间，使得美元对日元从1：77跳涨到了1：101.8，日经225指数更是狂飙70%。2014年10月，央行行长黑田东彦又宣布继续扩大日本QE。安倍第二支箭的前半段是刺激经济。期初总额10.3万亿日元，将用于基础设施建设、对小微企业的扶植和刺激投资，目标是实现2%的经济增长。同时还增加了军费开支，减少了海外援助。安倍第二支箭的后半段是实现财政盈余。在2014年4月将消费税从5%提高到8%。但为了避免提税过度冲击经济，安倍又追加了5万亿日元财政刺激。但2014年第

二、三季度日本经济还是陷入衰退，导致安倍不得不将消费税继续提高到10%的计划从2015年10月延期到2017年4月。但安倍政府仍坚持称，将在2020年实现财政盈余。

虽然表面上，前两支箭并未实现经济持续增长、通胀回升至2%和实现财政盈余的官方目标，但实际上日本的政界、商界和民众都从中获得了"实实在在"的好处。

从政界看，首先QE购买了大量政府公债，拉低了本来就不高的公债利率，再辅以负利率政策，直接将日本公债收益率拉入负值区间，政府进入了发债收息的"美妙境界"，在理论上也扩大了政府发行更多公债的能力。同时，积极的财政政策扩大了政府的财政预算，各级政府和部门变得"更有钱了"。

从商界看，虽然在前两支箭在推动国内GDP指标上表现不佳，但QE初期促进的日元贬值给国内出口企业注入了一针强心剂。另外鉴于日本海外净资产约有3万亿美元，其GDP在2012年后获得连年增长。

而从民众看，因QE最初推高了公债价格和股市，提高了日本政府养老金基金持有的相关资产的价值，让退休的老年人"喜笑颜开"。另外，持有日本股票和公债的个人的资产也在增值。更重要的是，积极的财政政策让政府有更多资源扶植弱势群体，虽然人口在萎缩，但就业人数在稳步增长，最低工资也连年上涨。

但众所周知，货币政策和财政政策本身并不创造实际财富，如果不辅之以结构性改革，"药效"会随时间的推移衰退。更何况QE也不可能无限制地进行下去，目前80万亿日元/年的规模，已经占全年GDP的16%，再继续扩大已经相当困难。另外，QE已经让市场上可购标的越来越少，按现有购债速度，三四年后日本QE将面临无债可买的窘境。特别在日本这样一个政府和私人负债合计已占GDP 500%的国家，"债券池"的扩容空间也受到限制。而积极的财政政策需要政府负债提供支持，QE受限的弹药库让财政政策的力度和持续性成疑。

相比前两支箭定义清晰，目标明确，就是 QE、降息、增加财政支出和实现财政盈余，第三支箭具体是什么，就显得相对模糊。目前市场普遍认为的是，第三支箭主要解决的是日本劳动生产率长期停滞不前的问题。因为在一个人口持续萎缩的发达国家，要实现长期经济增长的唯一途径就是提升劳动生产率。可如今已经过去快四年了，前两支箭的"效果"已经开始衰退，安倍的第三支箭迟迟没有射出。除了第三支箭涉及的劳动力市场改革之类的结构改革，可能会招致日本财团直接反对，并在短期内撼动日本经济和社会结构外，第三支箭其实还承载了整个自民党和安倍个人的理想。在安倍上任后仅两年时间，安倍在 2014 年 11 月 18 日宣布解散众议院，提前举行大选（原定时间为 2016 年年底）。结果安倍继续取得众议院 2/3 多数席位，得以留任首相至 2018 年年底。此举的意义在于，安倍趁前两支箭效果尚在，民众支持率尚高之际，避免了在 2016 年底被民众扫地出门的命运，延长了自己的政治生命。

回头来看，安倍很有"远见"，他仿佛非常清楚前两支箭效果的暂时性。因前两支箭熄火，安倍的民众支持率直线下降，如果按原先时间进行大选，安倍时代和安培经济学可能不得不提前谢幕。

（三）德国财政宏观调控效应及分析

德国财政主张一方面调节着经济的运行，同时，不同时期又有不同的调整。第二次世界大战以后，德国逐步确立了"社会市场经济模式"，作为基本国策纳入宪法。强调政府和市场共同发挥作用，实际上是政府有所调节的市场经济，在市场力量达不到的地方，政府创造有利条件，以保证市场自由和社会公平之间的平衡。基本特征：一是市场决定机制，二是国家宏观调控机制，三是大众福利制度。

总体来说，近 70 年来，德国经济就是在市场和政府两种力量的相互作用下取得成功的。对德国经济社会体制评价会有不同看法，中德国情、社情差别也很大，但我国认为德国经济社会政策取向，以及政策顶层设计的系统性、公平性、可持续性，对我国有一定的借鉴和启发。

也就是说，德国财政宏观调控运行取得了相当好的成果，其效用分析可大致分为以下六个方面。

1. 依法促进经济社会平稳发展的政策取向

德国经济发展政策设计中注重平稳发展、应对欧债危机措施稳健。欧债危机以来，欧洲经济陷入停滞，但德国经济却相对平稳复苏，2012年增长率3%，2013年为0.4%，2014年增长1.7%，成为欧元区经济的"发动机"和"稳定锚"。专家认为，德国经济之所以如此，重要原因是德国采取法制的方式，确立了稳健的经济社会政策。1967年制定《经济稳定与增长促进法》、1978年制定《充分就业和平衡增长法》，确定了政府制定经济政策的四大目标：稳定物价、充分就业、内外贸平衡、适度经济增长，形成了政府宏观经济调控的法制化。虽然在欧债危机前期德国政府亦被迫实施财政刺激政策，包括2008～2009年两轮共计800多亿欧元的财政刺激计划，以及政府出资救助陷入困境的银行等。然而对比欧洲其他主要国家，德国的救助计划规模较小。德国具有审慎财政政策的传统，当德国的赤字规模在危机首年2009年超过3%，2010年超过4%时，政府就及时调整政策，于2010年6月宣布了财政稳固计划。同时强调德国将致力于满足宪法关于严格预算纪律的要求，承诺至2016年德国的结构性赤字不得超过GDP的0.35%；此外，还规定各联邦州至2020年必须实现预算平衡。德国应对欧债危机影响，更偏重于结构调整以增强竞争力，反对过度使用扩张性的财政与货币政策。

反观南部欧洲的希腊、意大利、葡萄牙、西班牙等国家，经济政策的设计值得反思。欧元区建立初期，大量资金从德国等流入南部一些国家，国际资本也以各种形式涌入，这些国家国内生产总值增长较快。而德国政策审慎，经济表现一般，被视为欧洲的一个"病人"。当南部国家举债度日、经济过热、泡沫破裂，金融业、房地产遭到很大打击时，大量资金又从南部国家回流到德国，西班牙、希腊等南部国家经济深度衰退。当初表现很好的希腊几乎已经不具备欧元区成员国的资格。这一现象，形成了鲜明的政策导向对比。

在经济全球化，特别是欧洲经济一体化、使用统一货币情况下，国际资本跨境流动十分便捷，单一国家往往难以独善其身。从德国看，主要是对经济发展预期下降，2015 年经济预期增长 1.2%，投资意愿不强，观望气氛浓厚，不确定性上升。对于如何应对当前欧洲经济复苏缓慢的问题，德国仍坚持稳健审慎的政策。一是坚持走出危机影响的关键，是改革措施的落实，把危机国的减债问题解决好。二是加强对资本跨国流动的监管。2013 年 2 月，德国出台了新的遏制商业银行过度风险投机的法案，加强对金融市场和金融产品的监管。为加强跨国资金的调控，拟建立一个"欧洲金融联盟"，对商业银行的检查权由各主权国集中到欧洲央行。专家认为，这一措施具有里程碑意义。三是在不放松债务结构性改革的同时，促进信贷投放增加。欧洲央行正在讨论可能的措施，促进信贷增加，如考虑信贷风险一部分由欧洲央行担保等。对有些国家提出希望实行宽松的货币政策，德国央行持反对的意见。

2. 实施"产业集群策动"引领产业升级的政策取向

德国追求工业立国理念，重视促进实体经济发展，拥有发达的工业制造体系，产品以精良品质闻名于世。为促进实体经济发展，德国实行了政府推动的产业集群策动行动，成为经济社会政策设计的又一亮点。目前政府集群策动已经成为发达国家产业政策、区域政策、创新政策的核心部分。德国联邦政府从 1995 年开始，在国家层面连续发动了三次大的集群策动，即生物区计划、创新地区计划和 GA 网络计划。与其他国家相比，德国的产业集群策动更具继承性和演变性。21 世纪伊始，发达国家"去工业化"的喧嚣声愈加强烈，德国是唯一积极促进制造业增长的发达国家。2013 年 4 月，首次发布《实施"工业 4.0"战略建议书》，旨在通过充分利用信息通信技术和网络物理系统等手段，将制造业向智能化转型。联合国工发组织（UNIDO）报告显示，2012 年，德国制造业的全球竞争力排名第二位，系数为 0.5176，仅次于日本的 0.5409，而美国仅为 0.4822。2013 年，德国汽车、机械、化工、电气占全部制造业产值的 40%，创造了 25% 的就业岗位，对 GDP 的贡献率达30%，高出美国、英国、法国等十个百分点。

3. 始终秉持促进区域均衡发展的政策取向

城乡区域相对均衡发展，是发达经济体的基本特征。德国《基本法》第72条明确规定："要在全国各地实现均等化的生活水平"。德国是世界上公认的区域协调发展做得比较好的西方国家之一，其区域政策非常有特色，坚持国民收入的地区均衡分配、区域间的协调发展及区域经济结构的不断改善等"三大平衡"目标，促进东部与西部的差距大大缩小、鲁尔区老工业基地成功转型、广大农村以及边远地区协调发展。

（1）建立区域分类补贴指标体系。2006年，德国政府按照欧盟《地区补贴指南》制定了2007~2013年"扶持区域图"，参考2002~2005年的平均失业率（50%权重）、社会保险人员的年度毛工资（40%权重）、2004~2011年就业预测（5%权重）和基础设施（5%权重）四项指标，把全国划分为270个就业区，排名靠后的列为A、B、C补贴地区。A类地区包括除柏林以外的大部分前东德地区以及西德的吕内堡、吕朝弗－达能堡等，人口1404.5万，占全德17.1%。企业投资享受最高类别的财政补贴（含欧盟以及各级政府的补贴），其小企业设立最高补贴为50%，中型企业为40%，其他企业30%。B类地区包括柏林大部分地区、前西德部分农村地区、老工业基地和巴伐利亚州东部与捷克接壤地区，人口907.5万人，占德国11%，小企业、中型企业和其他企业进行投资时，最高可获得35%、25%和15%的政府补贴。C类地区，人口996万，占德国12%。小企业和中型企业的投资补贴上限为20%和10%，其他企业三年内补贴额不超过20万欧元。以上三地区共有3318万人，占德总人口40.1%。根据各地实际情况和需要，实行动态调整。这些补贴，重点是向新设立的工商业项目提供财政补贴，向经济类基础设施如产业园、交通设施、污水处理、创业中心、研发中心提供补贴，也对制定地区发展方案、建立合作网络和产业集群管理机构等非投资类措施提供资助。

（2）推动原东德地区机制转换和协调发展。两德统一后，德国地区促进资金的85%用于东部地区。从1990年起实施"紧急救援计划"，以财政和金融的方式筹集设立为期5年的专项基金（统一基金），数额1600亿马克，用于改善东部地区的基础设施及经济结构。实施《团结公约》一期（1995～2004 年）和《团结公约》二期（2005～2019 年），联邦政府向东部地区提供大约 2560 亿欧元的财政资助。在统一后最初五年，原东德地区生产力水平快速提升，目前进入一个相对平稳期。东部州生产力水平由原来相当于西部州的 40%，提高到现在 80% 左右。

（3）促进地区平衡的财政转移支付制度。从实现区域政策目标的区域财政转移支付制度来看，德国建立了西方国家最为完善的体制。联邦对州的转移支付，通过税收分享来进行，所得税州政府 50%，联邦政府 50%；营业税 19% 分流到州和联邦政府；增值税 54% 归联邦政府，43% 归州政府，3% 归县乡政府，联邦从 54% 中拿出钱支持比较穷的州。州与州之间的转移支付，通过各州财力指数与平衡指数对比，确定某州是接受转移支付的州还是贡献财力的州，保证每个州的财政能力至少达到平均财政能力的 95%。黑森州、巴伐利亚州、巴登—符腾堡州，是财力净流出的三个州。2013 年，黑森州财力净流出 20 亿欧元。联邦补充拨款，是联邦政府一种直接的无条件拨款，主要用于补贴财力贫乏州，以平衡其财力需求和其他特殊困难。

（4）注重大中城市和小城镇均衡发展。避免过度发展单一支配性中心城市，形成"多中心"格局。德国城市化遵循"小的即是美的"原则，产业政策以中小城市和小城镇为重点，城镇规模不大但基础设施完善，功能明确，形成城乡统筹、分布合理、均衡发展的格局。大产业、大企业不一定都集中在大城市。

4. 扩大可再生能源消费的政策取向

德国政府、社会具有强烈的生态环保共识，在推动能源结构调整上，态度坚决，措施力度大，可再生能源占比大幅提升。

（1）为可再生能源时代的到来设计了路线图。2010 年 9 月，德国颁布《能源法案》，确立了以可再生能源为中心的电力发展战略，2012 年，可再生能源发电占比为 19%，规划到 2020～2050 年可再生电量占比分别为 35%、50%、65% 和 80%。2012 年可再生能源占能源消费之比为 8.3%，预计 2050

年达到 60%，煤炭全部退出，石油和天然气大约各占 20%。

（2）实施弃核战略。2012 年德国核电占比 7%，预计 2022 年实现完全弃核。到 2030 年，可再生能源占比提高到 40%。天然气主要来源是俄罗斯、荷兰、挪威。积极在境外筹建清洁能源基地，计划在北非、希腊筹建太阳能生产基地，在大西洋建设离岸风电村。目前，巴州 60% 是核电，将逐步用风能、太阳能、地热和水电等可再生能源代替。

（3）依法推行可再生能源替代。德国能源调整的关键时点发生在 1991 年，为鼓励可再生能源的使用，方便可再生能源生产后顺利并网，政府颁布了《输电法》。规定电网经营者有义务优先购买风电经营者生产的全部风电，而且要持续 10 年，价格不低于当地平均电价的 90%。受此政策促进，德国风机装机总功率十年内提高了 50 多倍，成为世界风能利用第一大国。1998 年，德国提出"10 万屋顶计划"，目标是在屋顶产生 300 兆瓦的太阳能电力。2000 年出台《可再生能源法》，规定能源公司有责任推广可再生能源，可再生能源强制入网。目前，巴州太阳能发电占比达到 35%，从慕尼黑往东，很多农舍都安装了太阳能板，在天气好的情况下，再生能源发电基本能够满足需要。

（4）政府补贴主要在技术研发环节。德国计划到 2020 年纯电动汽车达到 100 万辆。巴伐利亚州经济部设立了专门推广电动汽车的机构，选择 5 个县进行推广试点。电动汽车走入家庭，巴州在德国是走在前面的。政府政策关注重点，是对技术研发给予补贴。巴州官员强调，对电动汽车补贴政策讨论很多年了，补贴不是给消费者，而是给研发者。技术进步了，价格降低了，自然就有了市场。这是促进产业发展的根本出路。如果把补贴放在市场购买环节，可能促使低端产能扩张，造成重复建设和产能过剩，不利于产业的竞争和发展。

5. 发挥中小企业优势保持经济发展活力的政策取向

（1）重视程度高。德国将中小企业视为"市场经济的心脏，增长与就业的发动机"，联邦政府、各州政府、德国工业协会等均下设专门负责中小企业的促进机构。资料显示，德国现有中小企业 370 万家，占企业总数的 99.7%；

中小企业雇员达 2000 万人，占就业总人数的 78%；所创造的价值占国内总产值的 75%，纳税额占 70%。黑森州政府、巴州经济部官员，都谈到在应对金融危机中中小企业发挥的独特作用。家族企业责任自担，及时补充资金，不轻易关门；在国家补贴支持下灵活用工，不解雇职员；把员工素质作为企业重要财富；想办法降低对银行的依赖程度。虽然巴州中小企业规模小，但肌体健康，生命力强，反应敏锐，能够找到最新的发展点，实现率先复苏，2013 年增速达到 3%。

（2）支持多维度。政府一直采取"限大促小"的政策。限大主要是公平竞争。促小是通过立法、政策优惠、融资支持以及建立社会化服务体系等为中小企业提供全方位的支持。如鼓励进入国际市场，政府商贸代表团出访，中小企业代表占 2/3；实行中小企业创新计划，2013 年投入 5 亿欧元资金，任何 500 人以下的公司都有资格申请；通过技术与发展中心、科学技术中心等扩散工业技术。鼓励与大企业建立密切协作关系等。

（3）融资服务社会化。中小企业解决融资难问题，主要靠一项政策设计，就是建立由政府部门、开发银行、商业银行、担保机构共同组成的社会化金融服务体系，政府是政策设计者和推动者，开发性金融机构是运行枢纽，商业性金融机构是放贷机构，政策性担保机构和行业协会是助贷机构，采用市场化的方式实施政策目标，解决资源配置引导问题，解决商业银行激励问题，解决通过合作提高小微企业管理水平问题，运行效率高、风险可控。如政府通过提供利息补贴、出资建立信用保证协会等措施，鼓励政策性银行为中小企业发放中长期贷款。复兴开发银行"小额贷款"项目，为中小企业商业贷款承担最高 60% 的担保。成立风险资本投资补助基金，任何投资于新设立的创新性企业的私人资本，都可以在企业创立三年后从该基金获得 20% 的补助。中小企业的金融服务主要由区域性的小银行提供，银行就在小镇上，最大的优势是信息对称、风险小，加上基层社会管理控制机制好，信用信息健全，中小企业贷款基本 100% 能够收回。法兰克福证券交易所专家谈到，为便利中小企业进入资本市场，实施了分类准入，对中小企业实行"最低标准"，每年公布 1 次财务报告即可。而对其他企业实施"一般标准",每年公布 2 次财务报告;再大的企业实行"最高标准",每年公布 4 次财务报告。

6. 以高素质劳动力储备夯实产业竞争的政策取向

以"双元制"职业教育,造就具备高技能和专业素质的劳动力储备,是支撑德国生产工艺和产品制造国际竞争力的秘诀。

(1)"小四"分流的多渠道义务教育。德国实行 12 年义务教育,职业教育纳入义务教育范围。6 岁开始上小学,绝大部分地区学制 4 年。小学毕业后,学生可在普通中学、文理中学、综合中学中任选一种。5、6 年级是教育观察和定向的特殊阶段。两年定向观察阶段后,普通中学对学生进行一般的基础教育,大多数被录取进行双元职业培训。实科中学对学生进行扩展的普通教育,具有升入专业学校或高等专科学校里深造的资格。文理中学对学生进行深化的普及教育,考试及格获得"升入普通高等院校资格证书",可在高等院校的任何专业学习。综合学校是德国 20 世纪 60 年代中学教育改革的产物,是综合上述三种学校特点的新型学校。这些渠道之间,相互连接、开放贯通,但主体是稳定的。普通中学、实科中学学生基本上是职业教育的发展方向,有 70% 左右的学生选择进入职业教育体系。

(2)"双元制"职业教育独具优势。世界各国除瑞士外,只有德国具有完整的在国家监督下的职业培训制度,原则上不经培训不能开始职业生涯。德国在 1969 年正式颁布职业培训法,肯定了职业教育的双元化,确定了一套企业与国家共同负责、企业与职业学校密切配合的职业教育体制。接受双元化职业教育的学生,学制为二、三年,在企业接受培训的同时,必须每周有一两天到职业学校学习,学习免费,还有一点工资补贴。课堂知识与职业训练有机结合,毕业后容易融入职业生涯,具备根深蒂固的职业精神,为德国制造业提供大量具有专业技能的实用性人才。此外,高等院校学生毕业前到企业接受职业培训的现象非常普遍。

(3)职业教育机构层次多、种类齐全。职业学校大部分是企业自办的,也有政府办的,还有职业专科学校、高级专科学校等。据统计,得到承认的培训专业有 450 多种。政府对职业教育的每个环节都规定有明确、统一的标准。企业是职业教育的法律主体和经费投入主体。行业协会在职业教育中发挥着管理、协调和监督作用。

第二节　典型发展中国家财政宏观调控运行变迁和效应分析

一、印度财政宏观调控运行变迁和效应分析

经济增长和社会公平是印度政府设定的财政宏观调控的主要目标，两者同等重要，不可偏废。片面重视社会公平，忽视社会有效竞争，经济增长就会缓慢乏力，印度长期的财政赤字就会很难减少，财政入不敷出状况就会更加严重，达不到财政宏观调控的良好效果。片面重视经济增长，忽视社会公平，广大穷人享受不到经济增长带来的成果与实惠，在印度普遍民主选举的议会政治下，穷人就会让执政党下台。尽管拉奥政府和瓦杰帕伊政府执政期间，启动了印度经济快速增长的历程，但是他们都只任一届就毫不留情地被穷人选下台，其中最重要的原因就是他们都忽视了社会公平，或者对社会公平重视不足。而辛格政府由于坚持经济增长和社会公平两手抓，政治上不仅获得了连任，而且财政宏观调控上也取得了一定成功。因此，经济增长和社会公平这两个调整目标必须兼顾。

（一）拉奥时期的财政宏观调控措施：1991～1998 年

拉奥改革包括国内经济和对外经济两方面。他努力在全球化和民族化之间寻求平衡。在对外方面，拉奥政府让卢比急剧贬值约 20%，大幅度削减关税水平，允许外国直接投资在范围宽广的工业领域持股 51% 以上，甚至欢迎在有价证券市场投资。国内方面，拉奥政府致力于税收体系的合理化，将税

率大幅度削减到东盟的水平，还对银行体系进行了重大改革，以便建立一个牢固的经济基础[①]。

1. 变革中央财政收入

（1）中央税收改革。印度的此次税收改革具有循序渐进性和相对稳定性。不过，这并不意味着以后历届政府就没有进行税收调整，而且他们的税收调整也有可圈可点之处，只是拉奥时期的税改范围、深度和影响较之其他时期更为深远，为以后税改打下了扎实的基础。

在税收改革政策方面。1991年8月，拉奥政府建立了专门负责税收改革的契里阿税收改革委员会。契里阿委员会1992年2月提出中期报告，最终报告分别于1992年8月和1993年1月分两部分提出。该委员会建议税收收入获取秉承有效和公正原则，拓展税基，降低税率，增加直接税收入，减少间接税收入。在直接税方面，该委员会强调实行适度税率，实行最低限度的税收减免政策，为了扩大吸引外国直接投资，争取达到外国公司税率低于本国公司税率10%。在间接税方面，1995～1996年，最高关税从300%下降到50%，基本与国际税率接轨；1997～1998年，基本农产品进口关税实现零税率；该委员会特别强调引入和完善增值税体制，使本国增值税税率简化为国际通用的三个档次税率，部分取代货物税。

税收改革结果方面。经过税收改革，直接税占GDP份额趋于上升态势，主要目的是增加税收收入。从1985～1990年占GDP的2.08%上升到1995～1999年的2.84%，而直接税的增加来源于公司税和所得税，尽管这期间税率减少了。为了继续提高直接税的收入，瓦杰帕伊政府使直接税的纳税人数从1998年的1000多万人增加到2001年初的2300多万人，并在2000～2001年财政预算中把8%、16%和24%的不同税率统一为16%的单一税率。

这一时期，间接税占GDP份额总体上趋于减少，主要是为了增强工业的竞争能力。尽管关税如其所愿地被作为主要削减对象降低了，货物税征收却

[①] Baldev Raj Nayar, "Political Structure and India's Economic Reforms of the 1990s", *Pacific Affairs*, Vol. 71, No. 3 (Autumn, 1998), p. 351.

存在着主要困难。原则上，工业生产的增加为货物税提供了一个上升的空间，货物税水平的上调幅度和 GDP 的增长存在着适当的比例①。服务业份额继续上升，服务业大部分仍旧在中央政府的保护之下，没有被征收税收。2000 ~ 2001 年印度对银行、金融、科技咨询服务等 15 种业务纳入征税范围，对软件产品征收 8% 的货物税。另外，增值税对全部工业部门的逐渐扩展，也导致了货物税占 GDP 的比例下跌②。

（2）中央其他财政收入。其他中央财政收入来源主要包括非税收收入和资本收入。

非税收收入。非税收收入是印度中央政府收入总额的一个重要组成部分。非税收收入相当于全部净收入总额的约 1/4，拉奥执政期间约占 GDP 的 2.6%。在非税收收入来源当中，行政性收入和国有企业收入额仅占小部分，利息收入却稳定增长。这是因为拉奥总理上台后开始的整顿，于 1992 ~ 1993 年进入了一个新阶段，由于联邦政府通过从公营部门企业获得较高的红利收入，并从印度储备银行获得高额的利息收入，因此使非税收收入有了大幅度增长③。中央政府的非税收收入主要包括：一是向国内统一基金和国外借款；二是中央政府主管的公营企业和垄断企业的利润收入，包括印度储备银行、邮电部门等；三是行政权力运用相关的所得收入。

资本收入。资本收入主要包括国内债务、外援、贷款、特别存款、小额储蓄等。在 20 世纪 90 年代，资本收入占 GDP 为 6% ~ 7.5%。而资本收入方式显著的方面是公共借款（国内债务）和小额储蓄的份额的日益增长；资本收入最廉价的资源都提供给了政府，这两种资源约占 GDP 总计达到 6%，占资本收入总额约 75%。外援不再是政府财政最重要的收入来源，小额储蓄收入是政府借款特别廉价的方式，因为小额储蓄被给予的是与税收利益相关的

---

① Rakesh Mohan. Fiscal Correction for Economic Growth: Data Analysis and Suggestions [J]. Economic and Political Weekly, Vol. 35, No. 24 (Jun. 10 – 16, 2000), p. 2029.

② Rakesh Mohan, "Fiscal Correction for Economic Growth: Data Analysis and Suggestions", Economic and Political Weekly, Vol. 35, No. 24 (Jun. 10 – 16, 2000), p. 2030.

③ 刘长琨. 印度财政制度 [M]. 北京：中国财政经济出版社，1999 年，第 94 页.

部分①。

2. 削减中央财政主要支出项目

（1）中央财政支出结构，印度中央政府财政支出一般有两种分法：

经济性分类法，分为经常支出和资本支出。经常支出主要包括国防支出、行政支出、利息支付、主要补贴等。资本支出主要包括债务款、更新改造支出等。1991~1998 年，经常支出在支出总额中占绝对地位，约占支出总额的75%，且呈现日益上升的趋势，这一项目存在着持续的赤字。"各种因素导致了经常支出的快速增长，如政府在控制通货膨胀中的失败，改善公营企业效率的失败，以及对一些可以避免的无效率行为的纵容等。②"资本支出随着经常支出的持续增长而持续下降。

功能性分类法，分为计划支出和非计划支出。计划支出主要包括联邦计划支出、对邦计划的援助支出和对直辖区计划的援助支出等。非计划支出主要包括利息支付、国防开支、补贴开支、警察费用和养老金等。1991~1998年，非计划支出在支出总额中比重不断上升，尤其是利息支付、食物补贴、警察费用和养老金更是增长迅速，带动了非计划支出的全面增长。相对而言，计划支出呈现持续下跌趋势。

（2）削减主要支出项目

1990 年新的措施集中在财政巩固上，印度中央政府请求国际货币基金组织的帮助以求稳定经济。印度国家财政危机的解决办法不在税收方面（税收征集的上升将至少部分地取决于利息债务），而在支出方面。严格控制财政的政策发生于 20 世纪 90 年代早期。支出削减集中在重要的社会部门和资本支出方面③。

印度中央政府的支出总额（计划 + 非计划）从 1985~1990 年占 GDP 的

---

① Rakesh Mohan，"Fiscal Correction for Economic Growth：Data Analysis and Suggestions"，Economic and Political Weekly，Vol. 35，No. 24（Jun. 10－16，2000），p. 2030.

② 刘长琨. 印度财政制度［M］. 北京：中国财政经济出版社，1999 年，第 56 页.

③ R. Ramakuma，"Levels and Composition of Public Social and Economic Expenditures in India，1950－51 to 2005－06"，Social Scientist，Vol. 36，No. 9/10（Sep.－Oct.，2008），p. 65.

20.47%减少到1995～1999年占GDP的16.35%，减少了20%。计划支出从1985～1990年占GDP的7.06%下降到1995～1999年占GDP的4.18%，下降了41%。非计划支出从1985～1990年占GDP的13.41%下降到1995～1999年占GDP的12.17%，下降了8%。主要支出项目变化如下：

利息支付。"利息支付在财政支出中呈增长趋势，这既是由于印度政府债务的增加，也是由于利率水平的上升①。"从1985～1990年占GDP的3.38%迅速增长到1995～1999年的4.63%，增长1.35个百分点，是非计划支出项目中增长最快也最不可遏制的开支，成为拉奥政府最为头疼的短时间难以削减的项目。

国防开支。1985～1990年，国防开支占GDP约3.4%，1991～1998年，国防开支占GDP约2.5%，下降了27%，这一变化是印度调整财政支出的结果，控制非计划支出急剧增长，避免财政持续恶化。虽然国防支出大幅减少，但是印度借助财政支出通过军事开支的"乘数效应"创造有效需求，进而刺激印度本国的生产性投资与消费的政策未变。军事开支的"乘数效应"意指军队的军需和装备采购可以拉动地区经济的生产与消费。

行政支出。行政支出主要包括政府公务员相关支出和行政管理支出。警察、养老金和其他非计划支出中的绝大部分支出都属于政府公务员相关支出。警察和养老金支出都呈现上升趋势，分别由1985～1990年占GDP份额的0.28%和0.42%持续增长到1995～1999年的0.32%和0.47%，两者总共增长了GDP的0.1个百分点。其他非计划支出呈现下跌趋势由1985～1990年占GDP份额的2.25%持续下跌到1995～1999年的1.48%，下降了GDP的约0.8个百分点。据印度储备银行1996年公告，政府的行政管理支出趋于上升态势，从1990～1991年占总支出的3.7%增长到1995～1996年的11.9%，从中反映出政府管理机构的管理范围和强度在持续增大。因此，"经济扩张最终表

---

① 刘长琨. 印度财政制度［M］. 北京：中国财政经济出版社，1999年，第68页.

现为政府支出推动的、依赖进口的中产阶级消费的繁荣"① 的政策基本未变。

补贴。补贴主要包括粮食补贴和其他补贴。"补贴在一些国家被普遍运用，旨在通过其资源配置和收入分配效应矫正部分市场失灵"②。R. 拉马库玛（R. Ramakuma）认为，印度许多津贴是对生产者的恰当的鼓励，处理诸如粮食分配部门的市场失败。甚至某类商品的私有价值可能不同于他们的社会价值，诸如此类的变动是合乎社会的。进一步说，包含隐形补贴在内的津贴是在逆向周期需求管理政策下的经济扩张水平的支持方式③。政府补贴一般是为了通过公共分配系统以低于市场的价格向消费者提供商品。

控制补贴不断增长始于 1991 年财政危机爆发后的财政宏观调控。补贴总额从 1985～1990 年占 GDP 的 1.95% 下降到 1995～1999 年的 1.34%，下降了 31%，其中粮食补贴从 1985～1990 年占 GDP 的 0.6% 下降到 1995～1999 年的 0.51%，下降了 0.1 个百分点，其他补贴则从 1985～1990 年占 GDP 的 1.34% 下降到 1995～1999 年的 0.84%，下降了 0.5 个百分点。粮食补贴相对其他补贴而言下降幅度较小，主要原因在于粮食是印度国家经济安全的基本保证，随着粮食生产成本的日益提高，农业供电、柴油等方面的补贴的减少和取消，农村市场基础设施建设的不足，关贸总协定谈判中印度农产品价格保护的减少，粮食补贴就不能大幅减少。补贴减少的实施是通过提高相关物价水平和解除管制程序进行的。例如，肥料价格平均提高 30%，糖的价格从每公斤 85 比索提高到每公斤 6.1 卢比，并且同时削减肥料津贴（边沿地区和小农除外）和取消糖的补贴；1992 年 8 月解除磷肥和钾肥的管制，进而更好地控制肥料补贴。

（3）弱化转移支付，减缓中央政府债务的增加

根据印度宪法，中央政府负责处理与全印整体经济社会利益发展密切相

---

① Ghosh, Jayati, "Liberalization Debates", in The Indian Economy: Major Debates Since Independence, edited by Terence J. Byres. New Delhi: Oxford University Press, 1998. p. 321.

② 刘长琨. 印度财政制度 [M]. 北京：中国财政经济出版社，1999 年，第 65 页.

③ R. Ramakuma, "Levels and Composition of Public Social and Economic Expenditures in India, 1950-51 to 2005-06", Social Scientist, Vol. 36, No. 9/10 (Sep.-Oct., 2008), p. 65.

关的项目和工程，如银行、铁路、港口、国家高速公路和外贸等；地方政府
则负责处理与本地辖区范围内人民生活和生产息息相关的方面，如教育、灌
溉、电力、公路运输和公共工程等。同样，印度宪法对中央和地方政府各自
独立的财权体系作了原则划分，规定中央政府征收所得税、货物税、关税等
（印度税收最大的部分），地方政府则征收辖区范围内的土地税、资源税和地
方商品税等。后面这些税种弹性系数较小，致使地方财政开支捉襟见肘。为
此，印度宪法规定了中央政府向地方政府进行财源转移的三种方式：一是财
政委员会预算安排的税收返还和资金补助；二是计划委员会计划安排的资金
补助和地方贷款；三是联邦政府各部门和中央资助项目。长期以来，高度的
中央集权倾向导致印度地方财政严重入不敷出，造成印度的地方财政对中央
补助的高度依赖，使其往往占到地方财政支出总额的40%左右。结果，印度
在财权分配上形成中央大、地方小的"倒三角形"。由于印度各邦的区域发展
力差异性很大、自主独立性较强，各邦之间的征缴税收能力差距也大，因此
地方对中央财源的争夺战就大势所趋，演变得非常激烈。譬如，对于转移支
付标准，印度一直把其中较大比例按人口进行分配，较少按税收完成情况分
配这样就会出现人口较少、储税丰富的地方埋怨中央财政分配不公，久而久
之就会造成地方之间的相互隔阂，同时使得中央与地方之间矛盾重重，积重
难返。1991年印度财政危机的爆发，迫使印度政府拉开了一场中央放权、地
方分权的财政宏观调控，开始尝试"权责回归"。从1993年起，印度大部分
的隶属中央税收收入逐渐转移到地方所有，转移支付标准也几经修改，接受
转移支付邦的数目和数额也发生了前所未有的变化。据印度第十届财政委员
会报告，1995~1996年，接受转移支付的邦为16个，数额为4005.71千万卢
比；到1998~1999年瓦杰帕伊上台执政时，接受转移支付的邦减少到12个，
数额仅为258.76千万卢比；到1999~2000年，印度接受转移支付的邦的数目
和金额都下降为零，没有任何邦再接受任何转移支付。

　　随着中央财权的下放，以财政资金补助为主的中央对地方的控制削弱，
中央与地方之间关于财政的争执也随之趋于缓和。但另外一个结果是各地方

政府相继展开了竞争，都努力增强资本资源和市场资源的供应能力，竭尽全力提供良好的软硬件基础设施，从而持续地进行着财政支出上的较量。长期以来，印度的基础设施投资严重不足，为了广泛吸引投资，政府的普遍选择就是给投资者以更多的税收优惠和减免。但是税收优惠和减免越多，地方财政收入就会越来越少，地方基础设施供给能力也就随之逐渐削弱，结果反而为投资者提供了不可逆转的"逆向选择"的动力。拉奥政府期间，印度日积月累地形成了"基础设施短缺——地方财政竞争——基础设施短缺"的恶性循环。改革前，中央集中了财源的绝大部分，但由于政治因素的强制介入，中央财源过多地用于财政均等化和实现社会公平方面，从而不能充分利用所集中的财源为经济社会的长期发展做好应有的基础设施准备。改革后，各邦之间对稀缺资源的竞争，更是达到异乎寻常的对立状态，到处充斥着地方保护主义。

由于计划经济时代转移支付手段的逐渐加强，地方财政自给自足能力受到严重削弱，从中央借贷的债务不能到期偿还，致使中央政府债务不断增长。改革以来，中央政府意识到转移支付的缺陷，逐渐弱化转移支付，减缓中央政府债务的增加，进而阻止财政赤字的增长。因此，我国有必要了解这一时期中央政府债务的有关状况。

1991～1998年，中央政府依赖较高的债务体系维持着财政平衡。首先，随着用于财政活动的债务的增多，利息支付也刚性增长。这样，非生产性开支占了经常性支出的绝大部分乃至全部，税收收入不足导致经常性赤字越来越高。但是，这也导致了越来越高的借款水平。其次，中央政府债务对中央政府财政开支形成了较高比重，特别是公务员工资和薪金、利息支付、国防支出、养老金、食物补贴方面的支出弹性较少或者没有弹性。这个过程中主要的受害方面是政府资本支出，包括社会支出和基础设施。再次，高额的政府债务也阻碍了社会服务支出，影响了实际生活质量水平的提高。公共借款水平的持续高涨也通过高利率的传导提高了经济活动成本，因为政府的融资迫使印度银行储备局不得不让商业银行保持现金储备率和法定流动率较高的水平。最后，政府对全国金融部门控制的资源的贪婪也阻碍了金融部门的改革，而为了达到较高的经济效率，金融部门的改革是必需的①。

拉奥执政期间，债务总额增长速度是越来越快，短短 5 年间就增长了 50%，增长部分主要源于内债增长。外债和其他负债虽然也有所增长，但若去除通货膨胀因素在内，外债和其他负债占债务总额比重总体上呈下降态势。值得注意的是，外债下降幅度较小主要与国际收支难以平衡有关，其中国防项目、特殊消费品、工业投入品等的巨大进口和外国直接投资数额偏少导致外债持续存在。据印度中央政府预算解释性备忘录，内债筹集主要来自市场公债、国库券和转入特种债券的国库券部分，其中市场公债占去半壁江山；其他负债筹集来自小额储蓄、其他账户、准备基金、储备基金和存款，"小额储蓄主要由邮局储蓄计划和一些联合储蓄计划组成，约占其他负债的 1/3。"②而在债务使用结构中，债务筹集的资金用于投资和地方贷款消费，投资主要用于经济劳务开支。

（二） 瓦杰帕伊时期的财政宏观调控：1998 ~ 2004 年

阿塔尔·比哈里·瓦杰帕伊（Atal Bihari Vajpayee）于 1996 年 5 月和 1998 年 3 月曾两次出任政府总理，1999 年 10 月再次竞选成功。瓦杰帕伊政府为了建立"知识社会"，充分利用经济全球化和发达国家人力资源短缺的机遇，使印度成为全球举足轻重的服务型知识经济体。通过税收和其他政策倾斜，大力发展资本与技术密集型产业，特别是以 IT 为龙头的高新技术产业，并对外开放服务部门。经过 1998 ~ 2004 年的经济发展，城市得到了发展，部分中产阶级获得了实惠，而农村经济被严重忽视，部分低收入群体甚至沦为"改革的牺牲品"。

---

① Rakesh Mohan. Fiscal Correction for Economic Growth: Data Analysis and Suggestions ［J］. Economic and Political Weekly, Vol. 35, No. 24 (Jun. 10 - 16, 2000), p. 203.

② 刘长琨. 印度财政制度 ［M］. 北京：中国财政经济出版社，1999 年，第 102 页.

1. 对 IT 业的税收激励

通过大量的税收激励引导和促进幼稚产业发展是国家惯用的经济手段，为执政者所青睐。瓦杰帕伊为了实现印度"电子强国"的宏伟夙愿，在制定相关政策时也十分注意税收手段的普遍应用。瓦杰帕伊政府较为典型的鼓励措施包括：

（1）税法规定符合一定条件的在印度国内登记注册的软件公司，所需进口设备为零关税，在印度国内采购的中间产品免征地方税，并在 2010 年前免征所得税。另外，对为了开发软件而需要进口的其他软件实行零关税，对所需的硬件设备则相应实施不同档次的关税减让。

（2）由印度通信与信息技术部制定的《国家电子/IT 硬件制造政策》中，对有关硬件的税收优惠作了详细缜密的规定：直接税方面，特别经济区（SEZ）、电子硬件技术园（EHTP）/软件技术园（STP）、出口导向区（EOU）的所在企业出口所得一定时间内免征所得税；股票投资获得的股息或长期资本收益，不计入应纳税所得；间接税方面，用于制造电子元件或光纤/电缆的特定原料/进口物品及特定资本货物免征关税，信息技术协议（ITA‑1）中的 217 项产品从 2005 年起关税下调为零；计算机和手机及与它们相关的元件、配件降低或免征消费税。

通过对软件进口设备和中间产品的税收免征，在印度国内注册的软件公司大大降低了软件的生产成本，提高了印度软件的竞争能力，激发了国内外投资者投资软件的热情，形成了投资软件业的浪潮，为印度软件业的迅猛发展作出了巨大贡献。同时，在硬件业制造政策中，对硬件的税收优惠专门也作了详细规定。不过遗憾的是，硬件优惠受到较多限制，企业只有在一定区域内生产硬件供出口的条件下，所得税才在一定时间内免征。

印度国内硬件生产商符合要求的寥寥无几，符合的大部分是外来投资者。这样，无形中税收优惠措施就被广大硬件生产商束之高阁，形同摆设。不过，令人欣慰的是，对硬件生产所需进口货物品免征关税，特别是瓦杰帕伊签订的信息技术协议（ITA‑1）中的 217 项产品，关税下调为零，这在相当程度上弥补了直接税硬性规定的缺陷，为印度硬件生产变相节约了成本。

2. 规范财政管理

罗布·詹金斯（Rob Jenkins）认为印度中央政府利用邦政府来转移它的财政宏观调控的债务负担。如虽然中央政府提供给各邦贷款占非计划开支的比重提高了，但 1990～1998 年各邦贷款的利息率从 9.2% 增长到 12.7%。所以，某些邦发现他们最终给付中央的债务数额超过他们从中央获得的新贷款数额①。因而，有人得出结论，认为在拉奥时期，中央政府财政宏观调控的结果是以增加各邦的债务负担为代价的②。

1991～1997 年，各邦借贷中央政府利息率从 10.3% 增长到 13.0%，虽然与罗布·詹金斯的统计有出入，但是在利率趋势方面存在一致之处，都持增长态势。同时，地方政府通过印度储备银行发行的债券偿息率从 1990～1991 年后飞涨，所负担的平均偿息率 1990～1991 年为 11.5%，1995～1996 年达到创纪录的 14%；地方政府的小额储蓄借款利率从 1990～1991 年的 13% 飞涨到 1992～1993 年的 14.5%，涨势一直持续到 1997～1998 年才稳定下来。因而，地方政府不得不偿还显而易见的高利贷，其利率比 GDP 增长率还高许多。1991～1997 年，高利率所产生的债务负担是地方财政的一个显著部分。

从 1998 年开始，地方政府通过印度储备银行发行的债券利率低于中央政府借贷利率，小额储蓄者借贷利率还是高于中央政府借贷利率。引人注目的是，从 1999 年开始，各地方政府的借贷利率不约而同地一齐下降，平均下降约 0.5%。自此以后，地方政府发行的债券利率和小额储蓄者的借贷利率一直呈下降态势。总体而言，地方政府发行的债券利率比小额储蓄者的借贷利率下降幅度更大，地方政府债券利率从 1998 年的 12.8% 下降到 2004 年的 6.1%，下降约 52%，小额储蓄者借贷利率从 1998 年的 14.5% 下降到 2004 年

---

① Rob Jenkins: Democratic Politics and Economic Reform in India. Cambridge University Press, 1999, p. 131.

② Madanmohan Ghosh, "Fiscal Management at the Cost of the States", Mainstream, 14 May 1994, pp. 17 – 18.

的 9.5%，下降约 34%。由于从 1999～2000 年起接受转移支付的邦的数目和数额都为零，没有任何邦再接受转移支付，中央政府借贷利率到 1999～2000 年戛然而止，没有记录。

瓦杰帕伊执政开始后，随着利率调整，地方政府借贷利率下降，但是这并不意味着这一时期的地方政府债务也趋于下降，因为地方政府债务一般而言都是长期债务，短期债务较少。由于前一阶段地方政府借贷利率较高，周期性的长期债务到了偿还期，导致瓦杰帕伊时期的地方债务不降反升，趋向恶化。从 20 世纪 80 年代中期开始的严重的利息负担引发了 20 世纪 90 年代后半期极高的成本债务偿还效应，地方政府陷入了债务状况逐步恶化的局面[1]。

地方债务升级恶化就会逐渐影响中央债务本来堪忧的窘境，如若任其债务发展下去不加以有效对策管理，印度债务迟早必定波及经济增长，因此需要政策加以抑制债务攀升。另外，1991 年后伴随财政宏观调控的一系列相关政策更加剧了财政危机[2]。如作为贸易自由化政策的组成部分，系列商品关税被削减。由于金融自由化导致较高的利率，政府再次借入的债务的利息支出上涨；巨额的利息负担导致的一个直接后果就是放松利率管制。这些措施影响了中央政府的财政健康[3]。

为了更好地减缓债务升级，更好地控制财政赤字，瓦杰帕伊政府于 2003 年通过了《财政责任和预算管理法案》（FRBMA），促使以后历届政府对财政支出变得非常谨慎，不再能肆意妄为。由此，印度的财政支出政策越来越制度化。

2000 年，印度议会提出了财政责任和预算管理法案。2003 年议会通过该法案。这项法案规定至 2005～2006 年，政府将经常赤字削减到零。2004 年 7

---

① R. Ramakuma, "Levels and Composition of Public Social and Economic Expenditures in India, 1950 – 51 to 2005 –06", Social Scientist, Vol. 36, No. 9/10 (Sep. – Oct. , 2008), p. 73.

② Chandrasekhar, C. P. and Jayati Ghosh (2002). The Market that Failed: A Decade of Neo-liberal Reforms in India. New Delhi: Left Word Books.

③ R. Ramakuma, "Levels and Composition of Public Social and Economic Expenditures in India, 1950 – 51 to 2005 –06", Social Scientist, Vol. 36, No. 9/10 (Sep. – Oct. , 2008)。

月，法案被修正，消除经常赤字的目标被推迟到 2008～2009 年。修正后的法案规定政府将启动"适当的措施，减少财政赤字和经常性赤字，目的是到 2008 年 3 月 31 日消除经常赤字，并进而建立足够的经常性盈余"。为了达到这个目标，政府为财政赤字和经常赤字设立年度目标，以便到 2008～2009 年能够实现最终目标。这样，从 21 世纪初起，财政压缩就成为政府的法定的政策。这次财政压缩的一个直接结果，就是从 20 世纪 90 年代早期持续到 2005～2006 年的中央公共支出比率（PER）出现下跌。这期间的财政结构趋势是缩减支出总额。与经济规模相比，流入人力优先领域的资金数量减少了。

进入 21 世纪以来，通过规范财政管理，印度财政宏观调控日益成熟。印度政府经常性收入逐年提高，从 2001～2002 年占 GDP 的 8.8% 升至 2004～2005 年占 GDP 的 9.8%，其间税收提高到了占 GDP 的 1.4%。经常性支出中的利息支付从 2002～2003 年占 GDP 的 4.8% 下降到 2004～2005 年的 4.1%，一举扭转了印度较长时期内利息逐年递增的现象。从 1998 年到 2003 年，印度经过五年的利率下降，缓和了印度日益沉重的利息负担。经常性赤字和财政赤字都呈现下降趋势，经常性赤字从 2002～2003 年占 GDP 的 4.4% 下降到 2004～2005 年占 GDP 的 2.5%，财政赤字从 2001～2002 年占 GDP 的 6.2% 下降 2004～2005 年占 GDP 的 4.0%，下降幅度之大令人欣喜。随着利息负担的减轻，经常性支出也出现下降，主要补贴和国防开支也处于下降趋势。资本收入中的借贷和其他负债项目也持续下降，从 2001～2002 年占 GDP 的 6.2% 持续下降到 2004～2005 年占 GDP 的 4.0%，说明印度政府收支平衡能力越来越强，政府开支的质量得到很大改善，特别是用于投资的支出逐年增长。市场融资数量减少，私营企业投资活跃，促使印度储蓄水平持续递增，储蓄总额突破 30%，经济增长率突破 8%。值得提出的是，基本赤字项目也逐年降低，2003～2004 年占 GDP 为 0.0%，2004～2005 年变为盈余为 GDP 的 0.1%，从前持续多年的基本赤字消费也走低。2004～2005 年基本赤字消费画上句号，基本赤字投资更从 2001～2002 年起就变为盈余投资。这一切表明，通过财政宏观调控和其他配套改革，印度经济走上了快车道。

（三） 辛格时期的财政宏观调控：2004～2014 年

曼莫汉·辛格（Manmohan Singh）于 2004 年任职总理后，出于政治考虑进行财政宏观调控，同时关注社会公平和经济增长，增加资本和社会支出，特别是在基础设施建设方面的支出激增，大胆推动印度历来颇有争议的劳动力、养老金、财政部门、保险及私有化改革，大力扩大引进外国直接投资，进而提高印度的投资效率。辛格在 2004～2009 年第一届执政期间，坚持贯彻惠民方针，把解决"三农"问题摆在财政宏观调控的优先位置。其中，保障农村就业计划、减免部分农民债务、增加农业信贷和强化农业基础设施建设等"三农"惠民政策深得民心，为连续执政赢得了农村选民的大力支持。

1. 实行统一的增值税，扩大服务业征税范围

自 2005～2006 年财年开始，印度实行统一的增值税。各邦对所有邦内及跨邦的生产和分配的每个环节的商品和劳务所产生的增值额征收增值税，其标准税率为 12.5%。各邦邦内征收的销售税、附加税、货物税等其他税种被逐渐消除，销声匿迹在印度的历史舞台当中，从而全面实现印度所有商品和劳务只收取增值税的税制系统。这样，印度实行统一的增值税，是印度税收改革的重中之重，标志着印度税制的巨大转变，特别有利于印度税收的大幅增加。

增值税具有这样的特点：第一，涵盖范围广泛，税基宽广，包括生产和分配的每个环节的商品和劳务。第二，税率较低且统一，从此不再存在税率差别，如印度标准税率为 12.5%。第三，增值税替代以往多个不同税种，可以有效避免双重征税的弊端。

实行增值税也有诸多优点。首先，有力促进印度进出口商品贸易的迅速发展。在出口生产中实施部分商品累积退税制度，利于商品出口；在商品进口中获得一定税收减免补偿，利于商品市场价格趋向合理，有效扩大商品进口。其次，广泛调整商品生产和需求。税收统一以前，如果一种商品税率提高，就会马上被较低税率相似品所替代，但实际上社会总需求却影响较小。

税收统一以后，在单一实行增值税的情况下，税率方面的些许波动就会立即连锁反应般地影响到社会的全部生产和需求，因此增值税对市场的调节作用很大。

另外，辛格政府还广开税源，采取措施努力增加税收收入，将更多的服务纳入税收范围。当然，在初始阶段有关政治敏感指数较高的服务行业征收的税率相较而言一般偏低，以后逐渐实现与其他服务趋向一致的税率。截至目前服务征收境况，印度政府对117种服务行业征缴税收，其标准税率为10%。据报道，印度财政部将对医疗行业中的实验室测试教育行业中的教育培训等服务征税，税率将低于10%，财政部也将对服务业引入与海关关税码类似的税码。2010～2011年财年预算对医疗保健服务开征服务税，对所有国内航班、国际航班经济舱开征服务税，对住宅销售开征服务税等。

2. 增加社会支出，协调社会经济发展

印度社会部门由社会服务和乡村发展两部分组成。社会服务主要包括教育、医疗、社会保障和福利救济、基础设施建设等项目，乡村发展则强调农村和农业发展。在基础设施方面，对于印度这样一个幅员辽阔、人口众多的发展中国家，基础设施的完善有利于印度充分开发和利用国内和国外两种资源和两个市场，加强吸收外国直接投资和刺激国内投资水平的能力，实现全部生产要素的快速流通和合理配置，促使经济高速运转和形成规模经济。但是长期以来，由于财政赤字导致的生产性投资不足，印度基础设施落后，成为印度快速发展的阻力和"瓶颈"。

瓦杰帕伊执政期间，包括环岛的黄金四边形高速公路项目在内的系列交通基础设施项目得以实施，一定程度上缓解了印度的交通压力。辛格执政特别是2006年以来，印度政府的基础设施支出激增，约有5000亿美元的可能长达十年之久的计划投资将用于交通、港口机场及电力设施的现代化建设，用于升级和扩大基础设施。这些大型计划投资获得了联邦政府和地方政府广泛的政治支持，保证了公共资金的到位，中央和邦政府的投资占总额的70%，私人投资者也开始增加生产性投资，采用公私合营（PPP）的方式提供剩余的30%投资。目前，私人投资可参与的比例根据产业的不同有所差异，港口和机场投资约占74%，电信约占67%，公路约占36%，电力约占24%，铁路约占17%，采用公营和私营合伙模式投资基础设施，可以动用国家给予此项补助的专项资金①。"政府将扩大电力、公路、城市供水和卫生设施建设，并将投资划分至电信、铁路、机场、天然气输送和液态天然气终端、灌溉以及商品储存设施等项目。"②

同时，印度财政部长普拉纳布·穆克吉大力呼吁：地方各邦应当竭力减少和彻底消除限制基础设施项目的政策"瓶颈"，努力提供更为灵活便利的基建融资方式，以便顺利推进基础设施建设工程。

为了加强PPP项目的顺利实际实施，有效弥补缺口基金，帮助已经通过早期研究论证的基础设施项目早日付诸实施，印度政府特意成立了基础设施建设信贷有限公司。此外，为了吸引社会越来越多的资金投入规模庞大的基础设施项目当中，印度政府还成立了基础设施建设小组，专门负责领导基础设施项目长期资金的筹集。

道路方面，印度从2000年开始实施"国家高速公路发展计划"，其中包括连接印度4大城市德里、孟买、钦奈和加尔各答的总长1.4万千米的道路。铁路方面，印度从2004年开始实施"国家铁路发展计划"，计划总投资约25亿美元。其中26个项目和"金四角"高速道路工程平行建设，其余23个铁路项目建设的目的是把印度港口连接到铁路网中。此外还包括约融资50亿美元建造3000千米左右的铁路货运专线的项目。港口方面，从2005年开始，印度港口设施现代化计划，名为"国家海运发展计划"，计划投资130亿美元，实施276个港口项目，目的是建造新的设备，提升港口的吞吐总量，同时有力地改善港口、路和铁路网的三位一体的连接与高速运载能力。隧道方面，2006年，印度Sethusamudram海运隧道工程开工，该工程包括预算为

---

① 华碧云. 印度经济改革开放的成就［J］. 中国战略观察，2010年第1期.

② 国际金融研究所. 特别简介：印度. 华盛顿特区，国际金融研究所，2007年（见温迪·道伯森：《亚洲新势力》，赵长一译，北京：中国金融出版社，2010年，第27页）.

5.65 亿美元的印度和斯里兰卡之间海底隧道的挖掘工程。机场方面，辛格政府还批准了分别投资 19 亿美元和 16 亿美元的德里和孟买机场的升级改造计划。同时，35 个较小的地区性机场也在紧锣密鼓的筹划之中，具有"硅谷"美誉的班加罗尔机场和沙姆沙巴德机场也在热火朝天的建设当中。值得一提的是，这些机场工程基本都由公私合营方式融资。

在可再生能源开发方面，印度的可再生能源开发署表示，1987～2009 年，已经为可再生能源项目实际支付 600 多亿卢比的贷款，为上千个能源项目提供了及时的贷款融资，并且贷款利率比商业银行利率更加优惠。尤其是辛格执政以来，单在 2008 年，多家贷款机构就已经承诺为能源开发融资提供的贷款总额超过了 150 亿美元，实际支付约 80 亿美元。这些表明，随着经济的快速增长，能源供应越来越被视为国家经济社会安全战略的体系支撑，受到国家和社会的普遍关注，而唯有获得财政和金融大力支持，国家可再生能源开发才能逐渐满足日益增加的需求，缓解能源不足带来的额外经济损失，保证经济的持续发展。截止到现在，以可再生能源为基础的发电量仅仅达到 5%，大有发展潜力。

另外，在财政和金融的大力支持下，政府其他机构和私人投资者也闻风而动，积极跟进和参与"瓜分"可再生能源这块巨大蛋糕，包括国家农业农村发展银行、农村电气化公司和电力金融合作组织，它们大部分集中于大型风力发电项目和水电项目。在电力发展方面，"目前，在印度大约 16.7 万兆瓦的电力总装机容量中，火力发电约占 64%，水力发电约占 24.7%，核电约占 2.9%，其余来自新能源发电。印度眼下缺电率仍然高达 22%～30%，全国有近 4 亿人口过着没有电的生活。"① 因此，印度电力建设任重道远。2006 年，印度西部古吉拉特邦纳尔马达地区的萨达尔—萨罗瓦尔（Sardar Sarovar）大坝竣工，经过 20 多年的艰苦卓绝的奋斗和建设，该项目的发电能力已经达到 14.5 亿瓦。同年，印度东北部锡金地区 Teesta V 水电项目 13.8 千米的引水

---

① 廖政军. 印度"十二五"计划加大电力投入 [N]. 人民日报，2011 年 1 月 9 日，第 3 版.

隧道工程完成，预计该项目发电能力为 510 兆瓦。为了协调环境保护和大规模的电力建设，印度政府开始着力开发新能源和可再生能源，增加清洁能源发电比例。2009 年，辛格政府出台国家太阳能计划，安排举办太阳能项目招标活动，限期完成项目建设。

在教育方面，印度政府逐步提高教育经费在 GDP 中的比重，预算至少达到 6%，其中一半经费用于发展中小学教育，加大技术教育和职业教育的投资力度，建立全国教育投资公司，切实提高广大妇女和贫穷弱势群体的识字率，全面普及八年义务教育。同时，印度政府还千方百计鼓励私有部门及外来投资进行大量的教育投资。为了切实保障每位儿童的教育权利，2006 年，许多个体服务业被明文禁止雇佣童工。如今，印度教育产业已初露锋芒，为印度经济腾飞培养了源源不断的人才，大幅提升了国家的科技实力。在医疗方面，印度政府努力增加卫生保健部门支出数额，扩大公共医疗卫生投入，大力发展基层医疗保健网络，加强城镇三级医保网络（保健站—初级保健中心—社区保健中心），引入家庭医疗保险计划的公共投入，取消临床试验服务税，出台鼓励研发投入的激励措施。

在社会保障和福利救济方面，印度政府从 2005 年开始实施"全国农村就业保障计划"，主要针对印度最贫穷困地区。2006 年扩大了其覆盖范围，随后几年逐渐在全国普及。该计划已经惠及 5000 万家庭，为农村成年劳动力提供每年不少于 100 天的带薪就业保障，每日工资不低于 60 卢比（1 美元约合 45 卢比），工资按周支付，工作内容是修建和完善农村基础设施。中央政府提供计划 90% 的资金，其余部分地方政府筹集安排解决。另外，启动"劳动换食品工程"。2007 年，政府通过了为低收入家庭提供廉价食品的"国家粮食安全计划"，主要用于粮食增产，并在粮食分配环节实施有差别的价格政策，即"定向公共分配系统"。此外，印度政府还实施农村住房基金、农村健康保险计划，增加 120 万老年居民的养老金。印度各级地方政府向贫困农民组成的"自助小组"发放小额贷款，并推出扶贫惠民政策，如减免农业用电费用，发放化肥、农药补贴等，还消除童工，保障农民工最低工资。

最后，在加强乡村发展方面，由于印度国大党政府在 2004 年的选举中，主要依靠数量庞大的贫困选民的支持才勉强上台执政，辛格政府调整了改革的重点、方向和力度，"优先发展"乡村领域，加大农村公共投入；继续实施"国家农业计划"，加大农业产业结构调整，走多种经营之路。目的是努力缩小城乡差距差异，尽力减小贫富分化。2009 财年辛格政府设立农业生产专项资金，设立农产品最低保护价，大幅增加农业信贷支出，通过利率优惠鼓励农民按时还贷，增拨资金实施农村水利灌溉项目，调整化肥补贴降低粮食成本。

3. 加快吸引外国直接投资，减少外债依赖

印度外资主要来源是企业、银行和政府的外债。只要有债务的存在就不可避免地存在利息的偿还，而政府债务就会替代私人资本，增加税收产生的非效率，强迫一国减少消费以偿还外国借款[①]。

因此，印度必须实现利用外资形式的转变，非债务融资替代债务融资，吸引外国私人投资。其中，外国直接投资的利润获取主要决定于投资项目的效益，证券投资虽然东道国不承担风险，但自由流动性大，带有投机性质。如果国际金融危机发生，证券投资就有可能在短时间内迅速撤离，一定程度上影响东道国的经济。因此，外国直接投资相对于证券投资更能长期稳定东道主国的经济。与外债相比，外国直接投资得到了广大发展中国家更加热忱地欢迎。

在印度这样有着近乎无限供给的廉价劳动力而本国资金相对匮乏的国家，外国直接投资对减少外债依赖起着重要作用。同时，外国直接投资作为一种外汇的来源，可以减轻国际收支平衡的潜在压力。

从 1991 年开始，印度向着"四化"方向（即自由化、私有化、市场化和全球化）发展，外国直接投资政策限制从此逐步取消。1991 年拉奥政府专门建立了外国投资促进委员会，1996 年，人民党联合阵线政府改组外国投资促

---

① ［美］保罗·萨缪尔森、威廉·诺德豪斯. 经济学（萧琛主译）［M］. 北京：人民邮电出版社，第 17 版，2004 年，第 593 页.

进委员会，划归工业部领导。目前，辛格政府对外国直接投资采取了更加积极开放的态度和政策支持，在行业开放、持股份额、税收优惠等方面给予更加宽松的投资环境，特别是帮助印度改善基础设施、涉及高新技术内容的领域，印度政府更是"一路绿灯"，大开方便之门。因此，近年印度被国际投资人士情有独钟，在众多的发展中国家当中，成为继中国以后第二大主要国际直接投资热点地区。

有目共睹的是，印度改革以来，外国直接投资增长快速，从 1990 年的 2.37 亿美元到 1995 年的 21.4 亿美元，短短 5 年间增长了约 9 倍，2000 年增加到 35.84 亿美元，2005 年增加到 65.98 亿美元，2008 年增加到 367 亿美元。特别引人注目的是，辛格执政以来，由于基础设施的改善，外国直接投资数额呈现惊人般的增长，2005～2008 年增长了 5.6 倍，极大地缩小了与中国的差距。

随着印度外国直接投资的增多，印度逐渐形成了自己的吸引外国直接投资的特点。首先，注意本国安全，在重要战略性行业如农业、报纸、广播业等不向外资开放，即使保险业、电信业等敏感行业开放也是受到一些限制，以便保证国家安全。其次，注重将外国直接投资引向知识密集和技术密集性产业、国家优先和重点发展的行业，积极采取扩大参股比例、税收大幅优惠措施、简化审批手续等。最后，利用政策倾斜，注重将外国直接投资引向印度经济落后地区，并给予较高利益回报，目的是尽力缩小地区贫富差异，促进地区均衡协调发展。

（四）莫迪政府的财政宏观调控与经济增长

2014 年 5 月 26 日，莫迪宣誓就任印度第 18 任总理。高票胜选给莫迪及其带领的印度人民党带来的政治授权，将大大减少新政府推行经济和社会改革所面临的阻力。为推动印度经济走出困境，莫迪政府的宏观调控主要包括以下三方面。

首先，财政政策优先"调结构"，适度"控总量"。出于节省财政开支以及与前任政府区分政策的考虑，莫迪政府削减乡村低收入人员就业补助、油价补贴等项目的开支规模。据估计，仅前者一项就可以节省开支 1300 亿 ~ 1400 亿卢比。新拟定的财政赤字占 GDP 比例将下调至 3.8% ~ 3.9%，低于上届政府制定的 4.1%。

与此同时，莫迪将加大印基础设施建设，势必会提高财政支出规模，通过高财政支出引导印度经济复苏。税收方面，莫迪政府致力于改变税收占财政收入比例过低的现状，实行直接税法并征收商品及服务税。

总体上，莫迪政府的财政政策在加大"开源"的同时，"节流"与"导流"并重，以"导流"为先，重点优化财政支出结构，向生产型部门倾斜。

其次，印度中央银行职能或被弱化。经济增长需要财政政策和货币政策的共同作用，其中财政政策作用更突出；但若政府财政政策不力，货币政策则会走向台前，成为保持经济稳定和增长的"最后防线"。

从莫迪政府的做法来看，他要扭转 2010 年以来中央银行作用逐渐膨胀的局面，更多依靠自己的"工具箱"实现稳定和促进印度经济增长。在通胀问题上，莫迪欲从供给方入手寻找解决方案，例如在农产品价格上，将着手优化供给链条和采购定价机制。在汇率问题上，莫迪主张通过吸引投资增加国际货币市场对卢比的需求，扭转其贬值态势。

最后，多措并举吸引外资成为投资政策的核心。面对印度将持续作为资本短缺国家的现实，莫迪政府将致力于营造有利于长期、稳定、战略投资的政策环境：一是减少政府对外商赴印投资的干预程度，提高部分行业的外商直接投资上限；二是通过用商品及服务税取代现行的复杂税制，提高印度投资环境的可预测性；三是在保护知识产权和专利等方面酝酿大动作，营造尊重创新的环境。同时，莫迪将继承上届政府的部分政策，如针对多品牌零售业的外资准入禁令暂不取消等。

除了以上三个方面之外，在外交政策上莫迪政府也打出了经济牌。在莫迪宣誓就任总理的仪式上，巴基斯坦总理谢里夫应邀出席就颇为吸引眼球。有分析认为，莫迪主打经济牌的外交思路与谢里夫以振兴巴基斯坦经济为重的战略或有契合之处，未来在旁遮普经济特区建设、共同促进地区经济发展等方面，都有潜在的合作空间。

2015 年，统计局公布印度 GDP 增长率为 7.4%，赶上了中国，创造了印度近 3 个财年来的最快速度，经济总量也首次突破 2 万亿美元大关；吸引外国直接投资——莫迪政府经济政策的重要方面——也取得了明显进展，全年达到 288 亿美元，同比增长 31%；同时，对于印度这个严重依赖能源进口的国家，鉴于石油等大宗商品价格处于低位运行，2014 财年通胀率仅为 3.8%，极大地缓解了政府的财政压力。

此外，为了打击腐败和逃税行为，印度总理莫迪于 2016 年 11 月 8 日宣布了"废钞"决定，废除 500 卢比和 1000 卢比两种面额的纸币。这意味着印度 86% 的现金几乎一夜之间退出流通，对严重依赖现金的印度经济造成了重创。受此举影响，印度经济多个部门陷入停滞状态。印度"废钞"政策短期对经济而言，产生了"临时负面消费冲击"，但是长期来看却是国家经济的重大利好。2017 年 IMF 预计印度经济终将复苏，印度经济增幅将重返 7.2%，而 2018 年印经济增长率将为 7.7%。

二、俄罗斯财政宏观调控运行变迁和效应分析

苏联解体后，随着改革的深入，俄罗斯的财政体制也发生了根本的变化，基本实现了国家财政向公共财政的转化，形成了以间接税为主体的税收结构，建立了以分税制为基础的分级财政体制。但俄罗斯的财政体制距离市场经济的要求还有一定的距离，尚有许多亟待解决的矛盾和问题。财政需要进一步改进税收制度，处理好国家与企业、中央与地方的关系，发挥其调节和再分配职能。在目前的税制下，企业的税负仍过重，这不仅加剧了普遍的偷税漏税和影子经济，而且降低了投资的积极性，使国家的竞争力下降。不过，金融危机后通过实施债务重组、降低税率、扩大税基等政策措施，国家的税收状况明显好转。特别是第二部《税法典》的颁布实施，使俄罗斯财政状况得

到进一步好转。根据该法典，税种被大大简化，从几百种减为 50 种。与此同时，还有两项新的税制改革方案即将出台，一是对个人所得税的改革，将从过去的累进税制（税率为 12%、25% 和 30%），改为统一税制（无论个人收入多少，均缴纳 13% 的所得税）。二是把企业缴纳的作为职工养老基金、就业基金、社会保险基金和医疗保险基金保费的工资总额税改为"统一社会税"，税率从工资总额的 39% 降为 35%。这些都将有利于进一步减轻企业负担，促使企业和个人依法纳税。本节拟综合分析俄罗斯转轨以来的财政政策，并归纳出俄罗斯转轨经济中财政政策的特点。

（一）转轨以来的宏观调控政策

俄罗斯的宏观调控政策经历了以下发展过程：

1. 紧缩的财政政策。稳定化是"休克疗法"的基本内容之一。所谓稳定化，就是在经济的宏观层面实行紧缩的政策，以保证财政和货币的稳定。紧缩的财政政策主要包括两个方面的内容，即提高税率、压缩开支。政府的紧缩政策骤然间几乎全部撤销了对企业的财政补贴和支持，同时又施以高税收、高税率，这对于大多数吃惯了国家补贴、靠国家资助的企业来说，不得不造成"休克"。紧缩政策虽然在一定程度上削减了预算赤字，但是却造成了企业税负过重，大多数企业甚至连日常的简单再生产都难以为继，更谈不上增加投资用于扩大再生产了。而企业的生产萎缩又反过来进一步加剧了预算支出的增加和财政赤字的扩大。财政稳定化目标未能实现的事实，说明"休克疗法"的紧缩政策是违背俄罗斯经济现实的错误选择。众所周知，原苏联遗留给俄罗斯的是一个孕育着多重危机的短缺性经济和衰退性经济。这种经济需要政府实施积极的财政政策，鼓励企业增加投资，恢复生产，从而稳定经济，为改革创造良好的宏观经济环境。转轨国家正反两方面的经验教训表明，优先稳定生产必然使经济整体上实现良性循环，而优先稳定财政必然使经济陷入恶性循环，导致更加严重的财政危机。所以，盖达尔政府出于政治目的选择紧缩财政政策与转轨初期的经济现实是不相符合的，它必然使企业生产所需要的正常经济秩序遭到破坏。

2. 适度紧缩的财政政策。"休克疗法"的紧缩政策，使俄罗斯的生产形势急剧恶化，大量企业被迫停产，政府不得不对企业增加补贴和投资，这使本来就非常严重的财政赤字雪上加霜。与此同时，为了清偿企业之间庞大的三角债务，政府被迫于1992年6月放松银根。在财政赤字和信用膨胀的双重作用下，流通中缺乏实物支撑的货币量急剧扩大，结果使通货膨胀就像脱缰的野马一样，一发不可收拾。为了最大限度地扭转这种局面，1992年12月继任的切尔诺梅尔金政府一改上届政府的过激行为，实行稳健的中间路线，实施适度紧缩的财政政策，力争把优先稳定财政同稳定生产结合起来。主要内容包括：实行"软赤字"政策，利用公债和外国贷款来弥补财政赤字，彻底改变过去靠银行透支弥补赤字从而造成恶性通胀的消极做法。与此同时改变财政资金的使用方向，削减用于国家政权和管理方面的支出，增加对能源、农业和消费品生产的投资，保护和扶持国内生产；制定《税法典》，进一步完善对税收体制的改革。通过减少税种、降低税率、扩大税基、加强税收征管和实行国库制等措施稳定财政，并在降低企业负担的基础上增加预算收入，从而刺激企业增加投资；设立"发展预算"，完善复式预算体制。这一举措可谓是切尔诺梅尔金政府的"闪光点"，它对稳定和恢复生产无疑具有非常积极的意义。包括财政政策在内的宏观政策调整，一度取得良好的效果（相对而言），1995年社会生产出现了结构性回升，国家预算赤字明显缩小，通货膨胀率大大回落，但是整个经济并未摆脱危机的困扰。特别是不合理的债务结构和过高的公债收益率，为新一轮危机的全面爆发埋下了祸根。

3. 财政健康化政策。健康化财政政策可分为两个阶段。第一阶段为基里延科政府的健康化政策。1998年3月23日，年轻的基里延科成为俄罗斯的第四任总理。他在充分肯定上届政府在极其困难的条件下取得的不凡成绩的同时，也指出了它在财政政策方面存在的问题。基里延科认为，俄罗斯财政体制改革的主要问题，是日益严重的国家预算赤字。要解决预算危机，就必须强化政府的宏观调控作用，实行强硬的预算政策，实现国家财政健康化。为此，必须做到：第一，遵照预算联邦主义原则，进一步明晰各级政府的权限，并在此基础上通过合理划分税种来确立中央与地方的财权和责任。为地方的生产创造良好的外部环境，使其在生产增长的基础上稳定增加预算收入，从而使地方的预算自主性加强，这有利于降低联邦预算用于地方的财政补贴；第二，削减国家预算赤字。这方面基本沿用了上届政府的做法，所不同的是，将课税的重点从生产领域转向了消费领域，从企业转向了自然人。开发新税源，加强对容易产生偷漏税领域的税收征管，如向博彩业、商业性演出等征税；在支出方面优先为改革提供资金，精简政府机构，减少预算在这方面的支出。限制公债的增加和还本付息支出的增加，重新靠发行货币应付财政危机。从财政政策的内容和实施情况看，又重新走上了紧缩的道路。这种政策上的回归说明年轻的基里延科政府根本无法解决多年来累积的财政问题，因为这些问题的解决只能建立在生产增长的基础上。第二阶段是普里马科夫的健康化财政政策。普里马科夫健康化财政政策的主要目标，是解决社会问题和发展生产，这是因为在此期间俄罗斯市场经济体制改革的目标模式发生了根本性的变化，即实行社会市场经济模式。具体在财政政策方面，普里马科夫政府主要致力于债务重组和解决预算危机，欲为实现财政健康化目标和稳定生产扫清障碍。由于政策措施比较得力，宏观经济形势出现了稳定的迹象，财政状况有所好转，税收有所增加，生产的下降速度趋缓。特别是对社会问题的重视，使人们在某种程度上恢复了对政府战胜危机的信任感。

4. 积极的财政政策。1999 年 8 月 16 日，普京顺利通过国家杜马的投票，正式就任俄联邦政府总理。与前几任政府不同，普京提出了自己的治国理念和"富民强国"的经济思想，以及实现其经济思想的政策主张。其鲜明特点是走将市场经济、民主原则与俄罗斯现实相结合的"第三条道路"。具体在财政方面，普京主张实行积极的财政政策。其内容包括：提高国家预算这一重要经济政策手段的效力，从而刺激经济快速发展；继续进行税制改革。基本方向是降低税率，扩大税基，减少税收优惠，提高高收入者所得税和财产税的税率，加大预算在社会领域的投入。普京担任总理期间，把战胜贫困和增加居民实际货币收入作为其政策的主要方面。如按时发放预算拨款部门职工的工资，竭力偿还前任政府未曾兑现的全部退休金欠款，制定偿还工资欠款的日程表等。普京强调，"对俄罗斯来说，任何会造成人民生活条件恶化的改革与措施基本上已无立足之地"。他指出，"俄人民生活水平大幅度下降，是个尖锐的社会问题，政府应制定新的收入政策，新政策的目的是在增加居民实际收入的基础上确保居民的富裕程度稳定提高"。总之，要"让公民过上应有的生活"。据报道，俄联邦 2001 年预算增加了对社会领域的支出，其中包括对青少年的培养。

（二）转轨以来俄罗斯宏观调控政策的特点

1. 宏观调控政策由服务于供给管理为主走向服务于需求管理为主，但这并不符合俄罗斯国情。世界上原计划经济体制国家先后走上了向市场经济体制转轨的道路，与此相适应，宏观调控政策也由服务于供给管理为主转向服务于需求管理为主。然而，这种转变并不具有普遍意义，在其他国家是成功的[①]，在俄罗斯却没有取得改革者们所预期的效果。原苏联经济是典型的短缺型经济，俄罗斯独立并向市场经济转轨以来，短缺型经济的现状不仅没有改变，反而更加严重。应该说，要从根本上改变这种现状，必须增加有效供给，缓和社会总需求和总供给的矛盾，而要做到这一点，首先必须制止生产的大幅度下滑。然而，"休克疗法"奉行现代货币主义理论，在反通胀上，主张紧缩财政货币，而不是增加商品供给；在反危机上，主张优先稳定财政货币，而不是优先稳定生产。由此可以看出，"休克疗法"实行的是以抑制需求为主的反危机政策，力图通过抑制需求恢复供求平衡，稳定宏观经济。按照这一理论，俄罗斯实行了紧缩的宏观财政政策，政府把单纯稳定财政作为必须解决的首要问题。但是，服务于需求管理的紧缩财政政策，与俄罗斯的短缺经济是不相符的。"在短缺和衰退情况下，采取紧缩政策，势必越搞越短缺，越

---

① 张养志. 给扩大内需支招［J］. 21 世纪，2000 年第 5 期.

搞危机越严重。"不过，随着经济体制改革的深入，财政体制改革也一步步深入，财政政策的操作方式越来越向规范的市场经济方向发展。

2. 分税制原则在处理中央与地方政府间财政分配关系中已发挥作用，但仍表现出较大的随意性。中央对地方的财政支持或转移，在很大程度上法律限定是不严密的，因此，是"软"的。反过来，地方在归还中央财政的借债时，在上缴中央的有关税费时，表现出相当大的随意性，违反财税纪律的现象频频发生，主要的表现是偷税、漏税、抗税和欠税等。据有关材料反映，1994 年俄罗斯有 40% 的税款没有收上来，全国有 40% 的经济活动在偷税漏税。俄联邦税务警察局长阿尔马佐夫认为，在俄罗斯，"违反税收法的现象已经严重到威胁国家生存的程度"。另外，俄罗斯企业为了逃税和不履行出口创汇义务，将出口的外汇收入存入国外银行，造成大量资本外流。俄当时每月平均外流资本约 20 亿美元，企业在国外银行账户上存款 200 亿～300 亿美元①。在财政的这个"软约束"后面，部门随机性拨款比例比较高，政府官员批条子问题比较严重等等。这表明转轨时期法律正在健全的过程中，财政收支不受法律硬约束现象十分严重。

3. 转轨时期宏观调控政策的作用既有作为经济手段的一面，也有行政干预的一面。在市场经济条件下，宏观调控政策应以市场机制进行经济性调节为主，如贴息、支持某种基金、以参股方式吸引社会资金投入等。在一定意义上说，经济性手段体现在奖励政策上，而不是体现在各种禁止措施上。在转轨时期，用行政办法直接干预资源配置的情况也很多，有些是必要的，有些则是阻碍经济发展的。

4. 财政体制接受了发达市场经济国家许多现成的做法，同时，又根据俄罗斯的国情进行了调整，如分税制问题。俄罗斯像西方发达国家一样，也是通过分税制来处理中央与地方之间的财权分配关系的，但却与西方发达国家有一定的区别，主要表现在国家财政收支管理权限不同。俄罗斯财政收支主

---

① 许新. 叶利钦时代的俄罗斯（经济卷）［M］. 北京：人民出版社，2001 年，第 34 页.

要由国家税务总局和财政部负责，直接领导是联邦议会。发达市场经济国家财政有多种力量制衡，国会中预算委员会有相当大的权力。如美国财政收入中70%以上的支出是按法律规定的公式支出，这是常年性的拨款，而公式是由国会反复讨论确定的。这就是说，财政部门只能按已定下来的公式进行拨款。政府掌握的款项只是财政收入中的一小部分，并按具体需要分解为各种项目，称为"判断性拨款"，公之于众，这作为年度性拨款。美国州和地方的财政权力较俄罗斯联邦主体、地方财政权力要大，美国是先有地方税收后有联邦税收。地方政府征收房地产税和商业活动的销售税，现在，还要征个人和企业的所得税。县主要征收房地产税，联邦和州都征收所得税，联邦所征收的所得税税率为30%，州在此基础上附加5%的税率。商业的销售税和营业税一般由州征收，但州要返还一部分给县、市，用于当地的教育、道路和安全等开支。俄罗斯与发达国家在税制结构方面的设置也有差距。与发达国家的适度分税制相比，俄罗斯的分税制具有浓厚的本国色彩。如在增值税、利润税等这样的一些联邦和地方共享税的分配上，采取的不是附加式（正税归中央，附加税归地方）和分征式（同一种税，中央与地方各按一定的税率分别征收），而是分成式，即对同一税种，规定中央与地方的分成比例，例如将20%～50%的增值税划拨给地方预算；将22%的利润税划拨给地方财政（其中12%归联邦主体，10%归地方）。总之，完全意义上的适当分税制并没有落户于俄罗斯，代之而建立的是一种俄罗斯转轨经济所特有的分税、分成加补贴的混合税制。这是因为，在俄罗斯向市场经济体制过渡的进程中，完全适应市场经济发展的政府职能转变和各级政府之间的事权合理划分，短期内尚难完成。尤其是受俄罗斯当时的体制现状和生产力发展水平所限，政府和市场主体的行为与市场经济健康运行和发展的规范要求相差甚远，地区间的经济发展不平衡。所以，当时的分税制是俄罗斯经济体制转轨的必然产物。

5. 转轨时期宏观调控政策由服务于国有经济走向服务于全社会，但受国有企业状况影响很大。传统计划经济条件下，国有企业是财政唯一的支柱，历来与财政关系甚大。在转轨中，国有企业对财政影响过大的问题就不断反映出来了。财政受国有企业的影响说明国有企业盈亏情况决定财政收入的大小，因而影响了财政政策进行调控的力度：如果财政提高对国有企业支持的比例，就会影响财政支出对其他方面的投入（如社会领域）；国有企业与财政关系过于复杂，在国有企业改革过程中，不论股份制企业上市，还是债转股，通过各种形式，国有资产悄悄地流失是难以发现的，也是严重的。要真正解决财政与国有企业的财产关系，光靠财政制度的完善还不行，还应真正建立现代企业制度，同时，各种正常监管机构必须发挥作用。

第三节　财政宏观调控实践国际比较和借鉴

一、发达国家财政宏观调控的启示与借鉴

（一）公平和效率并重，形成政府调控与市场竞争良性互动

无论是美国、日本，还是德国，虽然财政宏观调控的模式不尽相同，但都十分注重政府与市场的结合，注重公平与效率的并重，这无疑对我国市场经济深化改革与发展有着重要的借鉴意义。一是进一步从广度和深度上完善市场经济体制。推动资源配置依据市场规则、市场价格、市场竞争实现效益最大化和效率最优化。消除因行业和地方保护主义造成的产品和服务进出障碍以及对非公有企业的差别待遇，提倡跨地区、跨行业、跨部门的公平竞争。二是政府应以有限干预为原则。政府职责应体现在加强和优化公共服务、保障公平竞争、加强市场监管、维护市场秩序和弥补市场失灵等方面，绝对不能成为"闲不住的手"。三是应进一步完善财税体制。特别是要逐步优化税制结构，完善环境税、资源税等税收制度，并调整转移支付的方式，体现以人为本、按需分配，而不是从上至下按项目分配。

（二）根据经济社会形势的变化，采取相应财政宏观调控制度

在财政的宏观调控中实行相机抉择对促进一国经济可持续发展、提高人们生活福利水平有着非常重要的作用。实践中，美国、日本和德国的财政宏观调控制度具有非常鲜明的时代特点，总是根据经济形势的不断变换，相机抉择扩张性财政政策、紧缩性财政政策以及稳健财政政策。在战后经济恢复期，财政宏观调控政策强调预算平衡，注重经济恢复；经济起飞阶段，注重赤字财政政策运用；经济发展阶段，强调民生财政构建；经济形势复杂条件下，不断完善相机抉择财政政策；在财政恶化的形势下，开始实施规则性财政政策，更加强调财政纪律和约束。通过上述政策转变，一方面可以使宏观调控目标得以实现，另一方面也能在较长时期内保证了国民经济的高速发展，同时整体社会福利显著提升。

近年来，面对复杂的国内外形势，我国也一直在完善财政宏观调控制度，调控技术和水平也显著提升。借鉴这些国家的经验和教训，我国在完善财政宏观调控制度的同时，要充分考虑国情特点和时代特色，根据本身经济运行机理和财政管理规律，注重多种政策工具运用，明确政策目标排序，考虑财政可承受能力，充分发挥财政宏观调控职能，但同时避免财政状况恶化影响经济可持续发展。

（三）财政宏观调控政策重视与其他政策协调配合，注重发挥政策协同效应

从上述发达国家财政宏观调控政策的运用看，都十分注重于其他政策的配合和协同。美国和德国均采取了财政与货币政策的配套，而日本的政策协同更为广泛。在经济恢复期，日本制定了对相关产业进行重点支持的产业政策，财政政策与产业政策相配合，通过向重点领域加大投入等方式，保证了产业政策的贯彻落实。在当前的社会保障和税制一体化改革过程中，日本充分考虑了社会保障支出改革、税收制度改革等因素，寻求通过社会保障改革

和税收制度改革增加财政稳健性，进而实现社会保障、税收政策与经济增长的良性循环。

我国在当前宏观调控中，应借鉴这些国家的做法，更加重视财政政策和产业政策、货币政策、投资政策、土地政策等各项政策的协同配合，在具体改革进程上，注重不同改革阶段不同政策选择和力度把握，在面调节的基础上，更加注重点调节和调节时滞，力戒财政政策单兵突进和各种政策无序运用。

（四）财政宏观调控政策要充分考虑经济社会发展阶段，考虑财政可承受能力，保证财政状况稳健

在经济发展到一定程度，基本公共建设已经能够满足需求的情况下，通过财政支出等方式进行基础设施建设拉动需求、刺激经济发展的作用会降低甚至会消失。此外，通过加大财政支出刺激经济发展也会增加财政负担，导致财政状况恶化、政府债务增多，进而会影响到整个宏观经济的健康、平衡和稳定。美、日、德当前的政府债务问题就凸显了过度运用财政宏观调控政策所造成的不良影响。

因此，我国在运用财政宏观调控政策促进经济发展的过程中，更要注意财政状况的健康。当前实施积极财政政策过程中，要注重规范财政政策的运用，通过支出规则、债务规则、财政规划等方式有效约束财政行为，避免出现日本扩张性财政政策实施后的财经纪律松弛和高额负债问题。此外，在制定财政宏观调控政策时，要注重政策制定的合法性，善于运用法律制度手段来调控经济社会发展，尽力获得社会各界对财政政策执行的支持，避免政策执行的偏离和低效。

二、发展中国家财政宏观调控的启示与借鉴

（一）要建立应对全球化冲击的财政宏观调控机制与措施

保持宏观经济稳定，熨平经济波动是财政政策的重要目标。随着经济全

球化的迅猛发展和我国对外开放的深入，应对来自于外部的冲击对保持国内宏观经济稳定、促进经济持续发展具有越来越重要的意义。2008 年美国次贷危机是这一问题的最好说明。我国加入世界贸易组织后，国际国内经济的相互影响、相互依存程度将会进一步加深，而国际收支、货币市场、资本市场和财政政策之间在开放条件下存在着错综复杂的联系。在市场经济体制中，财政政策在某种程度上是政府可以进行主动调控的最重要的变量。因此，深入研究全球化对国内经济稳定的影响并建立相应的财政政策应对机制与措施对于经济发展具有重要意义。这些措施既包括局限在一国内部的财政措施也包括诸如建立国际或区域稳定基金等多边合作措施。

（二）要重视财政政策在促进经济增长中的作用

近年来，发展中国家的政策实践及内生增长理论强调人力资本、技术进步在经济长期增长中的重要作用。发展政策由传统重视物质资本的积累转向重视人力资本的培养。作为财政政策而言，一方面要通过加大对教育、科研开发的财政支出，提高全社会各个层次劳动力的素质，提高整个国家的教育、科研水平；另一方面要通过提供一些有利于企业生产经营活动的外部条件和税收刺激（包括加速折旧、投资税收抵免、盈亏相抵、纳税扣除、优惠税率、免税期等等），调动企业增加人力资本投资、研究与并发投资的积极性，为经济的长期稳定增长提供支持。

（三）国有资本的布局调整与建立完善公共财政体制

我国作为长期实行计划经济的国家，在政府对经济的干预和控制方面比大多数发展中国家有过之而无不及。经过 30 多年的改革开放，随着社会主义市场经济体制的逐步建立和完善，公共部门和国有企业在经济总量中的比重不断下降，但国有企业的经营状况并没有得到根本的好转，在竞争性领域仍然存在着大量的国有资本，而在关键性的电力、电信等行业国有资本的垄断没有被打破，在金融等领域对民营企业和资本的歧视仍然十分严重。因此，国有资本布局的调整与促进民营资本发展是我国经济发展必须解决的重要问题。

另一方面，与市场化改革相配套的公共财政体制尚不完善，政府掌握的资金来源混乱，财政性资金在支持农业和农村发展、普及教育、医疗和社会保障等方面的比重过低。因此，优化财政支出结构，完善公共财政体制仍是我国财政体制改革的重点。

（四） 通过税制改革促进经济发展

进入 20 世纪 80 年代以来发展中国家以"拓宽税基、降低税率、简化税制"为主要内容的税制改革，对促进经济发展起到了积极的作用。我国 1994 年以实行增值税为主的税制调整初步建立了适应市场经济要求的税收体系，与发展中国家的税制改革的基本原则是一致的。20 世纪 90 年代以来，发展中国家税制改革进一步深化，通过减税刺激经济增长是包括发展中国家在内的世界税制改革的普遍趋势，对我国税收体系调整具有重要的借鉴意义。因此，在我国虽然没有进行大规模的减税，但是以结构性减税为主要特征的一系列税制改革正在进行中。

（五） 推进预算体制改革，提高财政收支的透明度和合理性

国际社会非常重视提高发展中国家政府行为的透明度，以提高财政收支的合理性。我国经济发展中同样存在着财政收支透明度不高，财政支出结构不合理等问题。因此，一方面正在通过颁布《新预算法》、国库集中收付制度等制度建设加强对各级财政收支的监督，提高财政收支决策中社会各阶层的参与度，以构成对财政预算执行的全方位监控；另一方面进一步推进预算体制改革，推行政府采购、部门预算，构建预算绩效管理制度，以增加财政收支的透明度和合理性，提高财政运行质量和效率。

回顾与总结：财政宏观调控作为最能直接体现政府意图的手段，目前已经成为许多国家促进经济稳定协调发展的重要基础性措施，不同国家干预的

程度和方法存在一定差异。

就发达国家而言，其财政宏观调控特点主要包括：公平和效率并重，形成政府调控与市场竞争良性互动；根据经济社会形势的变化，采取相应财政宏观调控制度；财政宏观调控政策重视与其他政策协调配合，注重发挥政策协同效应；财政宏观调控政策要充分考虑经济社会发展阶段，考虑财政可承受能力，保证财政状况稳健等。其中，注重规范财政政策的运用，通过支出规则、债务规则、财政规划等方式有效约束财政行为，避免出现扩张性财政政策实施后的财经纪律松弛和高额负债问题，以及善于运用法律制度手段来调控经济社会发展，避免政策执行的偏离和低效值得我国借鉴。

就发展中国家而言，其财政宏观调控特点主要包括：建立应对全球化冲击的财政宏观调控机制与措施；重视财政政策在促进经济增长中的作用；国有资本的布局调整与建立完善公共财政体制；通过税制改革促进经济发展；推进预算体制改革，提高财政收支的透明度和合理性；提高发展中国家政府行为的透明度，以提高财政收支的合理性等。

第五章　现代财政宏观调控运行

本章导读：改革开放以来，财政手段一直是我国政府进行宏观调控的主要工具之一。随着市场经济体制模式的确立和逐步健全，我国开始灵活运用财政政策对经济运行中的周期性波动进行了有效的宏观调控，运用财政手段实施宏观调控逐步走向成熟，但对照党的十八大和十八届三中全会提出的完善宏观调控体系以及发展社会主义市场经济的要求，并与市场经济国家实施宏观调控的通行做法相比，当前我国财政宏观调控仍存在一些值得关注的问题。

　　财政政策效应是国内外财政政策理论研究的重点内容之一，是各国宏观调控政策制定的重要参考依据。根据已有研究成果，财政政策效应研究主要集中在周期稳定效应和经济增长效应两方面。对于周期稳定效应来讲，财政自动稳定器功能和相机抉择财政政策的反周期或顺周期性质是研究的重点；对财政政策的经济增长效应而言，国外学者越来越关注财政政策的凯恩斯效应和非凯恩斯效应的检验，其中，财政政策对私人消费的影响更是重中之重。根据财政政策调节经济周期的作用，可以将财政政策划分为自动稳定的财政政策和相机抉择财政政策。财政政策周期稳定效应研究通常从以上两方面入手，一方面要了解财政政策自动稳定器作用的大小；另一方面要了解相机抉择财政政策反周期操作效果。

第一节　财政政策效应

通过对西方各经济流派财政政策主张发展脉络的梳理发现，财政政策效应的理论分歧，主要包括周期稳定效应的理论分歧和经济增长效应的理论分歧。

一、财政政策周期稳定效应理论分歧

一直以来，在财政政策周期稳定效应方面存在严重理论分歧，各代表学派的观点并不一致，甚至截然相反。其中主要分歧在于财政自动稳定器是否有效，以及财政政策反周期性[①]。代表性理论及观点包括：

（一）古典学派的政策主张：无须稳定政策

亚当·斯密、大卫·李嘉图、萨伊等古典经济学家创立的"自由放任"学说是古典财政政策的理论基础。在古典理论体系里，社会充分就业是在市场机制的相互作用下自动完成的，其思想根源在于著名的萨伊定律，即供给会创造其自身的需求。按照古典经济学家的观点：（1）实际工资率和就业都由劳动的供给与需求决定，劳动需求由劳动边际生产力决定，劳动供给由实际工资决定，当实际工资价格达成均衡时，劳动市场实现充分就业。（2）在资本存量既定的情况下，劳动供求相等决定了实际产出水平。（3）在劳动市场中，实际工资率会不断变动，直到劳动供求相等时才稳定下来；在资本市场中，利率也是不断变动的，直到投资与储蓄相等时才稳定下来。工资价格

---

① 　郭庆旺、赵志耘. 宏观经济稳定政策的理论依据 ［J］. 经济理论与经济管理，2005 年第 3 期.

下降为什么能自动消除失业？在古典经济学家看来，经济体系中一旦出现失业现象，实际工资就会被迫降低，雇主就会雇用较多劳动力，就业和实际产出因此增加。在较高实际产出水平下，储蓄就会增加，使利率下跌，直到投资增加量足以抵消较高水平储蓄为止。因此，经济体系中不会存在非自愿性失业。既然经济体系中业已存在充分就业，政府就无须干预经济。

按照古典经济学家的观点，政府主要做三件事：（1）维持国内安定；（2）抵御外来入侵；（3）建立健全法律体系，解决公民间的争端。与此相应，政府税收和支出应当保持在最小规模；不仅预算规模要小，而且预算还要保持年度平衡。这就是古典经济思想的廉价政府和健全财政观念。

古典经济学家主张平衡预算原则是财政核心，理由有以下几方面：（1）不平衡预算（预算赤字）会导致政府发行公债，而发行公债必然会减少私人企业用于生产目的的可贷资金。（2）政府借债会导致市场利率上扬，继而对私人投资活动产生不利影响。（3）不平衡预算（预算赤字）会增加债务负担，当债务到期时，政府必然会通过增税的办法来筹资，以偿还债务。而增加税收不仅会削弱人们的储蓄能力，还会抑制人们的工作积极性。（4）不平衡预算（预算赤字）往往是因过度开支所致，产生通货膨胀压力。此外，古典经济学家主张年度预算平衡还有两个理由：一是政府支出是非生产性的，政府赤字支出更会造成巨大浪费；二是年度预算平衡是控制政府支出增长的有效手段。

从上述古典学派经济均衡观（市场机制会自动实现充分就业）不难看出，古典经济学家的政策主张，即政府应当追求不干预政策或自由放任政策。最好的政府就是最小的政府，把财政操作限定在最小范围的政府，财政政策不起作用，因此也就无须用财政政策来稳定经济运行。

（二）凯恩斯的反周期财政政策

凯恩斯主义者认为，在促使经济稳定上，自由市场的运作没有效率，市场经常不能出清，大多数工资和很多价格不是完全灵活变动的，市场机制不能完全自行调节实现充分就业。凯恩斯经济理论的基本点是：（1）古典学派关于充分就业自动实现的假设不成立，因为劳动供给是货币工资率的函数，而不是实际工资率的函数；在货币工资率由工会决定的情况下，工资具有向下的刚性。（2）就业量是总有效需求的函数，取决于一国的总支出。（3）自由竞争过程不能自动地产生吸收所有生产性资源的总需求，总需求不足是由消费不足或储蓄过度所致。（4）减少消费并不一定会导致资本积累，相反，储蓄增加也可能导致失业，国民收入下降、能力闲置，从而减少资本形成。（5）当需求增加时，私人投资上升，则需求增加也同时意味着消费增加；消费和投资的增加不是以牺牲另一方为代价的，它们一同增减。（6）利率变动未必能使储蓄和投资达到均衡，投资不足经常存在。由此可见，凯恩斯的就业理论基于需求不足概念，总需求不足使得生产过剩，导致失业。

为了消除失业，前提是解决总需求不足问题。因为凯恩斯主义者认为，在经济的生产能力没有被充分利用之前，就业和产出水平是由总需求水平决定的。换言之，在经济达到充分就业之前，总需求变化只会引起实际产出和就业变化；而一旦达到了充分就业状态，总需求变化就只会引起价格水平变化。在凯恩斯看来，增加总需求主要有两种方法，一是增加消费支出，二是增加投资支出。在短时间里，增加消费支出不太容易，因为在此时间里消费倾向比较稳定。这样，解决总需求不足问题的重担就落在了第二种方法上，即增加投资支出。可是，在经济衰退期间，私人投资萎靡不振，要增加总投资支出，就只有依靠公共投资支出。因此，在经济衰退时期，政府就要对经济加以干预，放弃年度平衡预算观念，一方面增加支出，特别是要增加公共工程方面的公共投资支出；另一方面大幅度减税，刺激民间投资和消费需求的回升，实现充分就业。

后来，在凯恩斯财政政策理论基础上，著名经济学家汉森（Hansen，1941）提出了"补偿性财政政策"（Compensatory fiscal policy）[1]，勒纳（Lerner，1943）提出了"功能财政准则"（Functional finance norm）[2]。补偿性财政

---

[1] A. H. Hansen. Fiscal Policy and Business Cycles. W. W. Norton &. Company, Inc., 1941.

[2] A. P. Lerner. Functional Finance and the Federal Debt. Social Research, 1943.

政策主要是通过财政收支的调整，或补足民间需求短缺，或抵消民间消费过旺，维持经济稳定；功能财政准则主张放弃平衡预算原则，强调财政收支变动对国民收入总水平的影响。无论是补偿性财政政策还是功能财政准则，为了调控社会总需求水平，都要求政府不仅要充分发挥财政自动稳定器功能，还要积极运用相机抉择财政政策工具。在经济萧条时期，因需求不足，国民收入处于低于充分就业均衡水平，政府应该增加财政支出，增加总需求，补充私人投资和私人消费的不足；而且还要间接刺激私人投资和私人消费的增加，减少税收，从而增加消费，刺激投资，使总需求上升，以消除现实投资与充分就业所需投资之间的缺口，促进经济复苏。在经济繁荣时期，政府应该减少财政支出，压缩总需求；增加税收，从而减少私人消费，限制私人投资。这样做的目的是消除通货膨胀缺口，抑制经济过热。总之，凯恩斯需求管理政策是在整个经济周期内，实行"逆经济风向而动"的反周期财政政策。

（三）货币学派和新古典学派的政策主张：财政政策加剧经济波动

在20世纪40~60年代，凯恩斯主义在发达资本主义国家盛行之际，新自由主义抬头，出现了货币学派和新古典学派。极力反对政府对经济的强有力干预，认为旨在调控总需求水平的财政政策，不仅不会稳定经济，反而会使经济更加不稳定。

1. 货币学派的政策主张

货币学派是在20世纪五六十年代，西方各国奉行凯恩斯主义后，通货膨胀不断加剧的历史背景下产生的，其代表人物在芝加哥大学任教，因此也称"芝加哥学派"，其中最主要的学者是弗里德曼（Milton Friedman）。

货币学派以其现代货币数量论为依据，强调货币在影响宏观经济运行中的核心地位。他们认为，货币供给在短期决定名义国民产出的变动，而在长期则是决定价格水平的主要因素。他们强调：（1）市场应从政府干预中解脱出来，应最大限度地依赖市场的力量。只有摆脱政府无效率的"看得见的手"，市场才会更有效率地发挥作用。（2）控制通货膨胀比减少失业更具有意义，因为适当的失业是市场经济的正常现象，而通货膨胀会破坏自由经济的正常发展，导致市场功能丧失，从而政府应集中精力医治通货膨胀。

在政策主张上，货币学派反对凯恩斯学派的相机抉择财政政策，要求实行单一规则的货币政策。弗里德曼否定凯恩斯主义的"斟酌使用"或根据经济情况而进行"微调"经济政策，认为凯恩斯主义为克服萧条而制定的这种扩张性财政政策不但无助于降低失业率，反而会引起通货膨胀，从而加剧经济波动，阻碍经济增长。货币学派反对相机抉择财政政策的理由主要有两点。第一，相机抉择财政政策具有明显的政策时滞，无法适应经济形势瞬息万变的需要。第二，在经济衰退时期，政府为了扩大社会总需求而采取增加财政支出的措施，很可能产生"排挤效应"，使社会总需求水平保持不变。在社会总资源固定的情况下，政府支出增加就会多占用实际资源，相应减少私人部门可用于消费和投资的资源。

货币学派主张实行"单一规则"的货币政策，即确定一个固定的货币供应量增长率（比如年增长3%或4%），一般情况下不轻易变动；这个增长率应在价格水平稳定条件下，与预期实际国民收入的长期平均增长率相一致。货币学派主张单一规则货币政策的逻辑是：（1）在弗里德曼看来，每次大的、主要的通货膨胀都伴随着货币供应量的急剧增加，而每次大萧条也都是由于货币供应量急剧下降的结果。他据此认为，货币政策的目标应该放在控制货币供应量上。（2）在控制货币供应量时，不能采取凯恩斯学派的相机抉择货币政策，而是要使货币供应量增长率与经济增长率保持大致相当，每年按固定比例增加货币供应量。因为，如果采取相机抉择政策，就会像采取相机抉择财政政策一样，不仅存在时滞，而且政策执行者在扩大或收缩货币供应量时容易出现判断失误，使经济更加不稳定。

总之，货币学派鼓吹恢复"自由放任"和自由竞争的市场经济，反对国家干预和调节经济。他们极力反对凯恩斯学派的赤字财政政策，认为凯恩斯学派的财政政策不是减轻而是加剧了经济不稳定性。在他们看来，要使经济稳定增长，又没有通货膨胀，政府必须减少对经济的干预，压缩财政支出，实施预算平衡财政政策。

2. 新古典学派的政策主张

进入 20 世纪 70 年代以后，西方资本主义国家陷入了严重的通货膨胀、经济停滞和大量失业同时并存的"滞胀"困境，凯恩斯学派经济学所倡导的由国家运用财政政策进行"需求管理"的一套政策措施出现了危机。这时，以卢卡斯（Robert E. Lucas, Jr.）、萨金特（Thomas J. Sargent）和华莱士（Neil Wallace）为主要代表人物的新古典学派对凯恩斯学派的理论和政策主张提出挑战。

新古典学派的政策主张包括两个方面。首先，政府应该放弃相机抉择财政政策，设法消除财政支出等变量的不规则变动。因为合乎理性的经济行为主体能够预测一些有规律的政策及其影响，并同时做出相应反应以抵消政策的实际效果。即使那些非规则的政策措施会通过使经济行为主体的预期失误而暂时对经济实际变量产生一定效果，但由于预期失误会导致产量和就业波动，最终反而会加剧经济不稳定性。其次，财政政策目标应该放在防止或减少通货膨胀上，而不是失业。新古典学派虽然认为财政政策不能对产出、就业和其他"实际"变量产生影响，但却承认这些政策对一般价格水平等产生规则性的效果。在他们看来，政府为了制止通货膨胀，就应该制定并公布一些永久不变的规则，如规定一个长期不变的货币供应量年增长率，制定一个平均来说能使预算平衡的税率等，使经济行为主体不因财政政策频繁干预而产生持续的通货膨胀预期，实现稳定价格水平的目的。

由此可见，新古典学派全盘否定稳定政策的有效性，主张用规则的财政政策抑制通货膨胀。

（四）新凯恩斯学派的观点：反周期财政政策有效

面对各种对立经济学派的批评，曼昆（N. Gregory Mankiw）、斯蒂格利茨（Joseph Eugene Stiglitz）、萨默斯（Lawrence Summers）、阿克洛夫（George A. Akerlof）等一批被帕金（Parkin, 1984）称为"新凯恩斯主义者"的中青

年经济学者敢于反经济自由主义潮流，坚持传统凯恩斯学派的基本信条，从20世纪80年代起，逐渐形成了新凯恩斯主义经济学或新凯恩斯学派[①]。

新凯恩斯学派继承了传统凯恩斯学派的基本命题，如劳动市场上经常存在着超额劳动供给；经济中存在着显著的周期性波动；经济政策在绝大多数年份是重要的（Greenwald and Stiglitz，1993）[②]。同时，新凯恩斯学派吸收了新古典学派（新古典宏观经济学）的一些思想，发展了传统凯恩斯主义经济学。如吸纳了新古典学派的理性预期假设，放弃了传统凯恩斯主义模型中经济人的适应性预期假设；以工资黏性和价格黏性代替传统凯恩斯学派工资刚性和价格刚性概念；以工资黏性、价格黏性和非市场出清假设取代新古典学派的工资弹性、价格弹性和市场出清假设，并将其与宏观层次上的产量和就业量等问题相结合，从而建立起有微观基础的新凯恩斯主义宏观经济学[③]。

在有微观基础的宏观经济理论基础上，新凯恩斯学派反驳了货币学派和理性预期学派政策无效的论点。

首先，新凯恩斯学派反驳了货币学派的一个核心论点，即规则可以创造经济快速稳定增长的环境。他们认为，需求受许多因素的影响，有时会受到外部因素的猛烈冲击，这些外部因素包括预期变化、政治事件、世界性经济因素（例如20世纪90年代后期的亚洲金融和经济危机）或世界性政治事件（例如伊拉克战争）等。由于需求的外生变化常常是不规则的，而且变化程度不一，所以经济很可能经历时期长短不规则且程度不同的周期，恪守规则就会引起经济运行的不确定性和不稳定性。

其次，新凯恩斯学派对新古典学派关于理性预期在使政策无效方面的作用提出质疑。新凯恩斯学派虽然承认具有理性预期的个人反应确实会部分抵消政府政策效果，政府需要考虑私人部门对政府政策措施的反应，但人们不可能总是理性地、及时而迅速地作出抵消性反应。许多关于人类行为的实证

---

① M. Parkin. the New Keynesian Theory of Aggregate Supply，Macroeconomics. Prentice-hall，1984.

② B. Greenwald and J. Stiglitz. New and Old Keynesians. Journal of Economics Perspectives，1993.

③ 王健. 新凯恩斯主义经济学 ［M］. 北京：经济科学出版社，1997.

研究表明，即使在最有经验的经济预测专家身上，也会存在非理性预期成分①。私人部门即使对某些政策能够而且会采取抵消性行动，但对另一些政策可能并没有这样做。比如，在经济衰退时期，政府往往采取刺激投资需求的税收优惠措施。具有理性预期的消费者，如果知道税收优惠刺激了投资从而使他们未来收入提高，可能会把这些未来收益的一部分用于现时消费，而现时消费增加正是政府政策所要达到的目的。

因此，新凯恩斯学派相信，政府在稳定经济方面比在经济不稳定方面时会做出更多贡献。由此可见，财政政策，特别是相机抉择财政政策究竟是顺周期的还是反周期的，究竟是稳定了经济周期波动，还是加剧了经济周期波动是一个实证问题，需要根据特定国家、特定时期进行特定分析。

二、财政政策经济增长效应理论分歧

对财政政策而言，不仅存在财政政策周期稳定效应方面的理论分歧，而且在财政政策经济增长效应方面也存在理论分歧。在财政政策经济增长效应方面，主要存在财政政策经济增长效应是凯恩斯效应还是非凯恩斯效应的争论，即一些理论认为财政政策对经济增长（私人消费）具有凯恩斯效应，增加政府支出或减少税收将刺激产出和私人消费的增加；另有一些理论则认为财政政策对经济增长（私人消费）具有非凯恩斯效应，增加政府支出或减少税收将减少产出和私人消费，或者对经济根本不产生影响。代表性理论与观点主要包括：

（一）财政政策凯恩斯效应

传统凯恩斯学派的主要观点认为财政政策具有凯恩斯效应。财政政策的凯恩斯效应是指为保持国民收入的均衡稳定增长，公共部门可根据私人部门

---

① 萨缪尔森、诺德豪斯. 经济学 ［M］. 北京：华夏出版社，1999.

的表现来相机调整收支决策。为保持经济的稳定运行，政府应突破原有的平衡预算思想，根据经济状况适时运用赤字政策。该学派的观点以两个核心假设为前提，第一个假设前提是经济运行中存在闲置资源，第二个假设前提是大量个人是短视的并且受到流动性约束，这个假设保证了总消费需求对可支配收入非常敏感。按照凯恩斯主义总需求理论，总产出和经济增长是由总需求决定的，总需求增长的快慢直接左右着经济增长速度。

凯恩斯主义认为，财政政策影响总需求的方式非常直接：财政扩张刺激总需求，而财政紧缩降低总需求，刺激总需求的程度取决于财政政策乘数。在封闭经济中（IS–LM 模型，也被称作希克斯–汉森模型），挤出效应通过提高利率而降低乘数；在一个开放经济中（蒙代尔–弗莱明模型），乘数也会随着汇率和收入效应而降低。然而在两种情况下，政府支出乘数都大于零，永远不会为负，而税收乘数则小于零，永远不会为正。这种情况被称为财政政策的"常规观点"（Elmendorf、Mankiw，1998）。

（二）财政政策非凯恩斯效应

与凯恩斯主义观点不同，许多理论认为财政政策将对经济增长（私人消费）产生非凯恩斯影响，非凯恩斯效应从根本上对凯恩斯效应关于财政政策的乘数的传统认识提出了挑战，认为财政乘数在特定环境中有可能为零或者为负。主要包括两种情况：财政政策对经济增长（私人消费）根本不产生影响，即财政政策乘数为零；积极财政政策降低经济增长（私人消费），即财政政策乘数为负。这些代表性理论或观点包括：

1. 李嘉图等价定理

财政政策依据理性预期消费者和永久收入假设①会出现与"常规观点"不同的方面。众所周知，巴罗—李嘉图等价定理假设无限期界（Infinite lives）的理性消费者、一次总付税和完善的资本市场。在这些假设下，消费仅仅依

---

① 永久收入假设即人们的消费行为主要取决于永久性收入，而不是偶然所得的"暂时性收入"。

赖于永久收入和利率。因为消费者熟知政府预算约束，所以政府支出融资方式因为不改变私人消费路径而无关紧要。对无限期界消费者而言，今天的税收削减相当于将来税收的提高，并不影响其永久收入和消费。

李嘉图等价定理的核心观点是赤字仅仅是延迟的税收，具有理性预期行为特征的个人将认识到现在的债务在将来某一天必定被偿还，并且未来税收经过贴现的现值与目前财政赤字相等——与税收时间路径无关。李嘉图学派的观点认为发行公债符合"萨伊法则"：公众对公债的需求会自动增加到与政府出售的公债数量相等的水平。既然税收的时间路径不会影响个人一生的预算约束，也就不会影响到个人消费决策（个人不会因为政府临时减税而增加消费支出）。结果，债务增加不会刺激总需求，对经济增长没有影响，即财政乘数为零。

李嘉图等价问题的研究焦点集中在政府支出路径不变的情况下，减少一次性总付税所产生的效应。在比例税或累进税情况下，还必须考虑减税对供给的效应如何影响永久收入。如果财政扩张是采取增加政府开支方式，则它对永久收入的影响将取决于这将如何在未来予以还清。政府临时增加支出，而未来以削减支出予以抵消的做法不会产生任何影响。不过，以未来增税方式融资的政府增支则会减少永久收入和消费，从而可能导致财政乘数为负，尽管产量最终下降的具体程度取决于政府支出对生产力的影响如何[①]。

2. 理性预期学派的观点

理性预期学派是 20 世纪 70 年代中期在美国作为凯恩斯主义的对立面而出现的一个新自由主义经济学派。理性预期学派从维护和发挥新古典经济学理论的原则出发，着重从宏观上分析"理性预期"在市场经济中的作用及其对于经济政策实施的影响，从而说明凯恩斯宏观经济政策的无效性，故又称为新古典经济学派。理性预期学派的代表人物有卢卡斯（Robert Lucas）、萨金特（Thomas J. Sargent）、巴罗（Robert J. Barro）和华莱士（Neil Wallace）。

---

① 匡小平，龙军. 现代西方学者财政政策效应理论文献综述［J］. 吉首大学学报（社会科学版），2004 年 10 月.

理性预期学派相信并且依赖于至少四个假设条件，即个体利益最大化、理性预期、市场出清和自然率假说①。

个体利益最大化：新古典经济学认为宏观经济现象是个体经济行为的后果。例如，一个社会的总消费量是个体消费量的总和。微观经济学表明，个体行为的一个最基本假设是个体利益最大化。这就是说，宏观经济理论必须具有微观理论基础，特别是，要符合最大化的基本假设条件。

自然率假说：按照自然率假说是指任何一个资本主义社会都存在着一个自然失业率，其大小取决于该社会的技术水平、资源数量和文化传统，而在长期中，该社会的经济总是趋向于自然失业率。

市场出清：市场出清假设是指无论劳动市场上的工资还是产品市场上的价格都具有充分灵活性，可以根据供求情况迅速进行调整。有了这种灵活性，产品市场和劳动市场都不会存在超额供给。因为一旦产品市场出现超额供给，价格就会下降，直至商品价格降到使买者愿意购买为止；如果劳动市场出现超额供给，工资就会下降，直至工资降到使雇主愿意为所有想工作的失业者提供工作为止。因此，每一个市场都处于或趋向于供求相等的一般均衡状态。

理性预期：所谓理性预期是在有效地利用一切信息的前提下，对经济变量做出的在长期中平均说来最为准确的，而又与所使用的经济理论、模型相一致的预期。实际上，这一假设包括三个含义：第一，做出经济决策的经济主体是有理性的。为了追求最大利益，他们总是力求对未来做出正确预期。第二，为了做出正确预期，经济主体在做出预期时会力图得到有关的一切信息，其中包括对经济变量之间因果关系的系统了解（包括相关经济理论和模型在内）和相关资料与数据。第三，经济主体在预期时不会犯系统的错误。这就是说，由于正确预期能使经济主体得到最大利益，所以经济主体会随时随地根据它所得到的信息来修正预期值。当预期值高于正确值时，它会降低预期值。当预期值低于正确值时，它会提高预期值。因此，随时随地的修正

---

① 高鸿业. 西方经济学（宏观部分）. 北京：中国人民大学出版社，2001 年 8 月，P725 – 728.

会使它避免老是做出高估或低估的错误，而不会犯系统性错误。从整体上看，长期中经济主体对某一经济变量的未来预期值与未来实际值将会是一致的。理性预期学派认为，一切公开执行的经济政策，包括财政和货币政策在内，都属于预期到的因素，则经济政策只能改变价格水平，不会引起就业量或产量上升或下降。换言之，凯恩斯主义所主张的通过宏观经济政策来改变就业量的说法是错误的。

第二节　我国财政宏观调控回顾

回顾过去的 30 多年来，面对国内国外经济形势的跌宕起伏，我国政府积极运用财政政策，实施相机抉择的调控机制，完善自动稳定机制，向世人充分展示了其灵活性和针对性。这些相机抉择的财政政策确实起到了调节宏观经济运行、促进经济增长的目标，当然也存在一些问题。

一、我国改革开放以来的经济波动

我国改革开放以来的经济增长可分为三个阶段：增长分为三个阶段：1978～1987 年、1988～1994 年以及 1995 年至今。在此基础上，依次在每个阶段分析我国所实施的财政政策，捕捉财政政策冲击与经济增长波动之间的联系，考察我国财政政策的实践效果。

（一）第一个经济阶段：1978～1987 年

在第一个经济阶段（1978～1983 年）内，1978～1983 年表现为经济的紧缩过程，1984～1987 年表现出经济扩张的特征。1978 年 12 月十一届三中全会中改革开放重大战略决策的提出与实施，激发了全国人民发展经济的热情，国民经济很快实现了恢复性增长。但在新情况下又出现了急于求成的倾向，造成经济迅速趋热，通货膨胀、固定资产投资远超经济承受能力、财政赤字严重等问题相继出现。针对经济过热引发的各类问题，中央在1979年提出对国民经济进行"调整、改革、整顿、提高"的八字方针。在1980年的经济工作会议上提出要实现财政收支平衡、信贷收支平衡及稳定物价等"两平一稳"的方针来调整国民经济。实行的主要财政政策措施包括：控制生产性投资需求，要求基本建设不能突破国家预算范围；压缩政府开支，控制消费需求，各行政机关事业单位实行"预算包干，结余留用，增收归己"的办法，防止政府支出扩大，坚决反对铺张浪费，节约非生产性开支；从1980年开始，对企业进行"利改税"试点，并于1983年推向全国，对企业征税比利润上交具有较大的强制性，对于加强企业经营管理和增加国家财政收入均起到促进作用。这次宏观调控主要采取的是强制性的直接调控，紧缩效果短期内比较明显，但经济增长率也出现了大幅下降，由1978年的11.7%下降到1981年的5.2%。

但1982年党的十二大提出，在20世纪后20年实现国民经济"翻两番"的目标，在此背景下，经济过热苗头重新开始显现。尤其1984年10月十二届三中全会作出加快以城市为重点的经济体制改革的决定，提出要进一步完善税收制度和改革财政体制，中国进入加速改革时期。再加上我国机关、企事业单位和专业银行所存在的体制弊端，在新中国成立35周年大庆之际，纷纷突击大发工资、奖金以及竞争性放贷，信贷和工资总额的失控，使得投资需求和消费需求出现"双膨胀"现象，1984年和1985年产出增长率曾分别达到15.2%和13.5%。

（二）第二个经济阶段：1988～1994年

在第二个经济阶段（1988～1994年）内，我国经济大致以1990年为界，前后呈现出紧缩和扩张的特征。针对1985年以来我国经济出现的过热现象，政府决定在"七五"计划期间，综合运用行政手段和经济手段，控制社会总需求的过度增长。1988年中央提出要对物价和工资进行改革，但价格改革不仅没有降低物价，反而使物价指数迅速上涨，通货膨胀及通胀预期又导致群众恐慌性提储抢购风潮，总供求出现严重失衡，这给我国的经济稳定带来沉重打击，中央遂出台"治理经济环境、整顿经济秩序"的严厉财政紧缩措施。这一轮的宏观调控的措施力度大、调控的步伐也比较急，因此，导致经济增速回落过快、降幅过大，国民经济出现"硬着陆"。GDP 增幅从 1987 年的 11.7% 骤降至 1990 年的 3.8%，降幅接近 8 个百分点。

经过这一轮的宏观调控，我国的市场经济秩序得以整顿和规范，通货膨胀问题得到基本解决，尤其一些经济发展过程中的利好条件不断显现，如一些城市和沿海地区已初步实现了小康等，为经济的新一轮增长做好了各项铺垫。急刹车般的财政紧缩当然不可持续，宏观经济政策向宽松悄然转变。1992 年邓小平同志南方谈话的发表，以及党的十四大的召开，为我国进一步改革开放指明了方向，随后，我国经济逐渐呈现快速发展的态势，GDP 增幅一路上涨至 1993 年的 14%。

（三）第三个经济阶段：1995 年至今

在 1995 年至今的第三个经济阶段内，20 世纪 90 年代初，随着经济体制改革的不断推进，市场作用因素逐步增强，企业活力明显增强，我国经济步入快速发展时期。但同时，所积累的一系列矛盾也逐渐暴露，典型表现就是经济"一松就热、一紧就冷"。全国范围内开发区的新办，导致固定资产投资超高速增长，1993 年全社会固定资产投资增长 61%，达到改革开放以来最高峰；居民消费价格指数也不断飙升，1994 年达到 24.1% 的历史最高峰，社会消费品零售总额也在不断攀升；投资和消费需求双双出现膨胀，带来全社会总需求过度扩张，供求矛盾非常突出。这一现象使决策部门认识到，必须改变过去那种经济"一松就热、一紧就冷"的做法，既要保证经济调控的实时有效，又要保证经济的平稳发展，防止经济增长的大起大落。基于这一思路，中央提出"适度从紧"的财政政策思想。

1993 中央出台《关于当前经济情况和加强宏观调控的意见》，明确提出加强和改善宏观调控的 16 条措施。一方面要实行总量调控，加大对总需求的控制力度，主要改革措施包括：大力加强税收征管，实行税制改革，推行以增值税为主体的流转税制度，并统一企业所得税和个人所得税，规范税率，扩大税基；严格控制财政赤字，从 1994 年起，中央财政赤字主要通过发行公债弥补，不再向中央银行借款或透支；控制固定资产投资增长，严格控制投资规模，清理在建项目，从严控制新开工项目；另一方面调整政府支出结构，严格控制政府的预算支出，精简压缩政府的会议性经费；通过增加投入和实行优惠政策措施，来加大对农业的财政支持，促进国有企业改革，加大对企业技术进步的支持。这一轮适度从紧财政政策的运用，是根据改革与发展的需要做出的相机抉择，不仅治理了严重的通货膨胀问题，而且避免了经济发展过程中的"急刹车"现象，成功实现了经济增长的"软着陆"，国内生产总值增长率虽缓慢下降，但基本保持在 10% 以上，避免了大起大落。但进入 1997 年后，我国经济遭遇亚洲金融危机的沉重打击，外贸出口严重受挫，1998 年国内发生的特大灾害，对农业生产和工业建设产生了巨大影响，一直到 2003 年突如其来的"非典"疫情使得中国经济再次遭受一轮冲击，一系列的冲击使得 1995～2003 年这一阶段的我国经济呈现出紧缩的格局。

针对亚洲金融危机和国内需求不足带来的冲击，政府迅速出台积极财政政策：1998～2004 年，中央财政累计发行 9100 亿元的长期建设公债，主要投向农林水利、交通通信、产业升级等基础设施建设；调整税收政策，为刺激消费、投资和出口，国家推出降低消费税税率、暂停征收固定资产投资方向调节税等一系列税收优惠政策，不断下调关税税率和提高出口退税率；不断增加财政支出中的抚恤和社会福利救济费、行政事业单位和国有企业的医疗和离退休经费及补充全国社会保障基金等方面的支出，重视加强社会保障工作，不断完善社会保障体系；中央财政加大对中西部地区的转移支付力度，促进中西部地区的发展。通过实施积极财政政策，我国出口强劲增长，社会总需求全面回升，经济结构不断得到优化，经济达到持续、稳定、快速的增长，经济增长质量和效益也不断提高，故从 2004 年开始我国呈现出经济的扩张态势，GDP增长率不断稳定上涨，2007年达到14.2%。2008年底，由于全球金融危机的全面爆发，我国外向型的经济增长模式难以为继，经济出现短暂性的紧缩，政府审时度势出台刺激性的财政政策，2008年11月，国务院公布十项扩内需保增长的宏观经济措施，其中最著名的当属中央政府计划分两年以1.18亿元财政资金，拉动社会配套资金以形成4万亿元基础设施建设投资计划，并以此带动地方政府及全社会增加投资超过20万亿元。同时，为解决地方政府项目资金来源不足，中央财政还连续几年为地方政府代发2000亿元地方债券。在全球经济一片萧条下，我国经济成功实现"保8"，俨然成为全球经济复苏的重要引擎。故从2004年至今，我国的经济运行呈现出扩张的特征。

二、我国财政宏观调控实施经验

改革开放以来，财政手段一直是我国政府进行宏观调控的主要工具之一。改革开放初期，由于计划经济模式仍然是主导模式，因此财政宏观调控主要是配合国家计划控制进行的。20世纪90年代以来，随着社会主义市场经济体制模式的确立和逐步健全，中国政府开始灵活运用财政政策、货币政策等经济调控手段，对经济运行中的周期性波动进行了有效的宏观调控，有力地促进了国民经济的健康发展。总的而言，1994年以后，中国政府分别相机抉择实施了"适度从紧"的财政政策、积极的财政政策和稳健的财政政策，运用财政手段实施宏观调控逐步走向成熟。

（一）改革开放初期的财政宏观调控及其经验

在改革开放初期，虽然政府在经济管理中开始有意识地发挥市场机制调控作用，并注重利用各种政策工具调控经济，逐步发挥市场机制配置资源的基础性作用，但主要还是依靠计划来实行综合平衡，财政宏观调控依附于计划或者隐含在计划调控之中，形成了独具特色的转型时期财政政策作用机制。

但是，由于当时经济的商品化和货币化程度还不高，各种政策工具尚不完善，采取的政策措施还是以指令性的行政手段为主，财政调控的地位和作用并不十分明显，这为以后的财政宏观调控进行了初步、有益的探索。

（二）1993～1997 年的"适度从紧"财政政策及其经验

针对 1992 年以来的经济过热和较为严重的通货膨胀现象，党中央、国务院适时提出了"适度从紧"的财政政策，其主要内容包括控制财政支出规模、压缩财政赤字，并与适度从紧的货币政策相配合。"适度从紧"的财政政策顺利实现了经济增长的"软着陆"，严重的通货膨胀得到有效控制，而经济增长也保持了较高速度的增长，从而取得了既控制通货膨胀又保持国民经济持续增长的良好结果。

1993 年开始实施的"适度从紧"财政政策，是根据改革与发展的需要而作出的抉择。通过财政政策以及与货币政策的组合运用，治理了严重的通货膨胀，避免了经济发展中的"急刹车"现象，在新中国成立后第一次成功地实现了经济增长中的"软着陆"。这是改变计划经济时代运用行政手段控制国民经济的传统做法而主要运用经济手段进行宏观调节的成功范例，标志着中国在经济管理体制模式转变中，基本实现了经济调控方式从行政手段为主向经济手段为主的重大转变。

（三）1998～2004 年的积极财政政策及其经验

1998 年，由"适度从紧"的财政政策转向为夸张性的积极财政政策，其直接原因是应对由亚洲金融危机导致的经济低迷现象。1998 年，采取了三项主要措施，即增发 1000 亿元长期建设公债、向四大国有独资商业银行发行 2700 亿元特别债、提高纺织品原料及制成品、纺织机械、煤炭、水泥、钢材、船舶和部分机电、轻工产品的出口退税率，支持外贸出口。此后，我国政府正确分析国内外经济形势，在外部环境压力依然比较严峻，国内有效需求不足的矛盾没有得到根本缓解的情况下，为了保持经济持续快速健康发展，巩固扩大需求的成果，继续实施积极的财政政策，并在 1999 年以后及时调整、不断丰富和完善了积极财政政策的调控方式，充分发挥政府投资、税收、收入分配、财政贴息、转移支付等多种手段的政策组合优势。

通过实施积极的财政政策，在此期间，我国经济增长速度保持了持续、快速和稳定的状态。实践表明，积极的财政政策是我国政府根据市场经济规律在国内外经济环境急剧变化的情况下主动采取的一次反周期调控，在我国宏观调控史上具有重大意义。通过宏观调控成功地克服了亚洲金融危机的冲击，宏观经济运行环境得到显著改善，社会需求全面回升，经济持续快速增长，通货紧缩得到有效遏制，经济结构优化稳步推进，经济增长的质量和效益有所提高。与此同时，财政实力也得到进一步发展壮大。总之，作为一项反周期宏观政策，积极财政政策基本上是恰当的，它对中国经济社会相对平衡发展起到了不可低估的作用。

(四) 2005～2008 年的稳健财政政策及其经验

2004 年，在国民经济运行明显走过了从相对低迷阶段向繁荣高涨阶段的拐点之后，中国的财政政策也不失时机地实现了从扩张性的积极财政政策向中性导向的稳健财政政策的转型。通过采取控制赤字、调整结构、推进改革、增收节支等主要措施，宏观上既防止通货膨胀苗头的继续扩大，又防止通货紧缩趋势的重新出现；既坚决控制投资需求膨胀，又努力扩大消费需求；既对投资过热的行业降温，又着力支持经济社会发展中的薄弱环节。

将短期的反周期调节与促进经济长期稳定增长相结合，保持宏观经济稳定与促进结构优化相结合，实施宏观调控与推动经济体制改革相结合，充分发挥财政在调节经济运行和优化经济结构中方面的作用，有力地促进了经济社会稳定协调发展。由于稳健财政政策实施时间相对较短，所取得的成效还是阶段性的，随着政策措施和调控手段的不断完善，稳健财政政策的效应仍将进一步显现。

（五）2008～至今的积极财政政策及其经验

2008 年，由美国次贷危机引发的国际金融危机爆发，对我国经济发展造成严重冲击。首当其冲是出口受阻，造成我国部分出口加工企业倒闭，国内经济出现滑坡迹象。面对严峻的国内外形势，中国政府果断决定实施积极财政政策，及时采取了扩大内需的一系列政策措施，制定了 4 万亿元经济刺激计划，并调整了出口退税政策，有力地支持了经济增长。近年来，国家进一步调整和完善了积极财政政策，定向减税和普遍性降费、扩宽小微企业税收优惠范围、扩大"营改增"试点、加快财政支出进度、积极盘活存量资金等，如表 5 – 1 所示。

表 5 – 1　　　　　　　　我国财政和货币政策：2008～2016 年

年 份	财政政策		货币政策	
	类型	目　　的	类型	目　　的
2008 上半年	稳健	进一步减少财政赤字和长期建设公债	从紧	加强金融调控，控制货币供应量和信贷过快增长
2008 下半年	积极	扩大内需、促进经济增长	适度宽松	加大金融对经济增长的支持力度
2009	积极	扩大内需	适度宽松	促进经济增长
2010	积极	促进扩大内需和经济结构调整	适度宽松	支持经济发展
2011	积极	进一步扩大内需，加快推进经济结构战略性调整，保持经济平稳较快发展	稳健	稳定物价总水平
2012	积极	扩大内需、稳定外需，大力发展实体经济，调结构，惠民生	稳健	促进经济平稳较快发展、保持物价稳定和防范金融风险
2013	积极	稳增长、调结构、促改革、惠民生	稳健	促进经济增长、稳定物价和防范金融风险
2014	积极	稳增长、保就业、调结构、促改革	稳健	营造稳定的货币金融环境，引导货币信贷和社会融资规模适度增长
2015	积极	稳增长、保就业、调结构、促改革	稳健	保持货币信贷和社会融资规模平稳增长
2016	积极	稳增长、调结构的平衡，着力加强供给侧结构性改革	稳健	保持流动性合理充裕，疏通传导机制，降低融资成本，加强对实体经济支持

资料来源：根据公开资料整理。

积极的财政政策统筹了稳增长和调结构。一方面，积极的财政政策促进了经济的稳定增长。这主要表现为扩大了投资需求、加大了减税力度、推动了外贸协调发展；另一方面，积极财政政策推动了经济结构调整。这主要表现为有力促进了创新驱动、促进产业结构调整和节能减排等。这一阶段的财政宏观调控启示我国，未来的财政宏观调控要坚持以提高经济发展质量和效益为中心，主动适应经济发展新常态，深入推进财税体制改革，继续实施积极的财政政策并适当加大力度，保持经济运行在合理区间，加快推动转方式调结构，强化风险防控；盘活存量，用好增量，优化财政支出结构，有保有压，确保重点领域特别是民生支出；坚持依法理财，加强财政管理，提高财政资金使用效益，促进经济持续健康发展和社会和谐稳定。

第三节　我国财政宏观调控存在的问题

虽然财政宏观调控对促进我国经济持续健康发展发挥了重要作用，但对照党的十八大和十八届三中全会提出的完善宏观调控体系以及发展社会主义市场经济的要求，并与现代市场经济国家实施宏观调控的通行做法相比，当前我国财政宏观调控仍存在一些值得关注的问题。

一、财政宏观调控中仍运用较多行政手段

尽管市场经济体制不断完善，但由于我国财政宏观调控具有一定的路径依赖，仍存在使用行政手段过多配置资源和干预企业生产经营活动，在某种程度上已损害到市场机制正常作用的发挥，阻碍财政宏观调控的有效执行，导致资源误配和效率损失。由于财政宏观调控某些行政手段和计划安排的主观意志与市场需求不完全契合，明显遏制了产业结构的优化，导致长期重复建设、重复引进和结构失调。近些年来为推动经济结构调整，财政宏观调控

中出台的一些产业政策和区域政策，虽起到了一定作用，但也造成财政政策的"碎片化"，内含了深层次的政府干预特征。由于中央和地方、地方各级政府间之间还存在事权和支出责任不清等问题，财政宏观调控越位和缺位现象还不同程度的存在，也影响了财政宏观调控的权威性和有效性。

二、财政宏观调控实施方式有待改进

一是财政宏观调控措施存在微观化倾向，突出表现在投资、房地产和物价等调控方面，虽然有助于提高政策的短期效果，但不利于经济结构调整和长期可持续发展，不利于政府转换职能，也意味着在总量增长和结构调整目标之间存在一定的矛盾性。二是中央和地方政府之间存在利益博弈，在财政宏观调控中，中央财政代表的是社会的整体利益，而部分地方政府在执行中央财政宏观调控政策时却过多地考虑了地方利益，在 GDP 增长仍是政绩考核的"硬指标"情况下，部分地方可能变通落实财政宏观调控措施，主要追求地方经济快速增长，影响了财政宏观调控的效力。三是财政宏观调控退出机制尚未有效建立。成熟市场经济国家的财政宏观调控以短期政策为主，并且拥有健全的退出机制，可以灵活调整和到期终止。我国财政宏观调控兼具长短期目标，其政策选择大多是长短结合，而退出机制不完善，容易导致短期财政宏观调控政策固化、长期化。在非常时期出台的财政宏观调控政策，往往在非常时期结束之后还继续存在，没有及时调整，一些应急措施变成了财政宏观调控的常规手段。

三、财政政策"碎片化"问题严重

由于缺乏顶层设计，社会事业发展规划与各项改革的推进，无一例外对财政提出诸多硬性要求。一是区域税收优惠政策过多过滥，呈现普惠趋势，影响了国家税制规范和市场公平竞争。据不完全统计，目前已出台实施的区域税收优惠政策共有 30 余项，包括支持西部大开发的减按 15% 税率征收企业所得税、对经济特区和上海浦东新区新设立高新技术企业"免二减三"企业所得税等过渡性优惠政策，对新疆等 11 个区域的 28 项税收优惠政策。截至目前正在申请的区域性税收优惠政策多达 70 余项，几乎涵盖全国所有省（区、市）。二是事业发展经费投入与财政收支增幅或 GDP 挂钩机制，固化了财政支出结构，不符合社会事业发展规律。初步统计，目前与财政收支增幅或 GDP 挂钩的重点支出涉及教育、科技、农业、文化、医疗卫生、社保、计划生育等 7 个领域，肢解了财政预算安排，僵化了支出结构，而且引发攀比。三是政府间转移支付亟待完善，专项转移支付项目繁杂、资金分散、常要求地方政府配套，影响政策目标实现与重大改革的实施效率。据统计，目前中央对地方专项转移支付多达 200 余项。这些都导致财税政策"碎片化"，严重肢解了财政职能，导致资金投入重复、低效、浪费，破坏了正常市场经济秩序。

四、一些制度安排制约财政调控的效率

国外市场经济国家一般都统一由一个部门负责所有政府性资金的分配和预算编制。而我国是除财政部之外，还有其他部门享有预算分配权，这种由多部门参与预算分配的管理方式，是传统计划经济预算管理办法的延续，不利于科学有效制定和实施政府预算政策，削弱了财政的综合调控能力，也不符合市场经济宏观调控的原则和要求。税收政策制定和预算安排割裂因素较多，"税政"和"费政"不尽统一，影响了财政运用税费手段实施宏观调控的能力和效果。财政预算实行"年度赤字规模"管理，人大批准的预算核心不是支出而是平衡状态，即政府预算不得突破人大批准的赤字规模，容易导致财政政策顺周期。也就是说，当经济过热时，税收会随之大幅度增加，一些财税部门完成任务后该收不收，藏税于民，造成"热上加热"；当经济增长下行时，税收随之减少，一些征收部门为完成任务，收"过头税"，进一步抑

制总需求。这有悖于依法治税原则，不利于政府有效实施逆周期调控。

回顾与总结：财政政策效应研究主要集中在周期稳定效应和经济增长效应两方面，具体而言财政政策效应研究通常从财政政策中的自动稳定器作用效果和相机抉择财政政策反周期操作效果两方面入手。不同经济学派对财政政策效应观点存在差异：古典学派认为无须周期稳定政策和经济增长政策；凯恩斯学派认为反周期财政政策是必要的且能促进经济增长；货币学派和新古典学派认为财政政策加剧经济波动，即不能促进周期稳定和经济增长。

过去30多年来，我国政府积极运用财政政策，实施相机抉择的调控机制，完善自动稳定机制，起到了调节宏观经济运行、促进经济增长的目标，但财政宏观调控仍存在财政政策运用较多行政手段、财政政策实施方式有待改进、财政政策"碎片化"问题严重、一些制度安排制约财政调控的效率等值得关注的问题。

第六章 现代财政宏观调控取向与政策配合

本章导读： 现代财政宏观调控的是基于国际国内外部环境与经济形势的深刻变化而提出的。我国实施现代财政制度框架下的财政宏观调控应根据经济环境和形势的变化，在加强需求管理的同时，注重供给管理和结构调整，并加强财政和货币政策的协调配合，提高宏观调控的整体效应，强化宏观调控措施的权威性和有效性，促进经济持续健康发展。

财政政策与货币政策作为我国宏观调控的两大主要政策手段，它们之间的内部协调与配合一直都是宏观调控的核心内容。在现代财政制度框架下，为实现科学的宏观调控，就必须着力解决财政与货币宏观调控的取向及协调问题，并建立动态协调机制，以各尽所长，相互补充协同。

第一节 新常态下的财政宏观调控环境与发展趋势

现代财政宏观调控的提出主要是基于国际国内外部环境与经济形势的深刻变化。

一、国际和国内经济发展形势

自 2008 年国际金融危机之后，国际经济形势呈现出分化局面。受制于资本、劳动力、环境与国际环境等因素，我国经济呈现出新常态，主要表现为：一是从高速增长转为中高速增长。二是经济结构不断优化升级，第三产业消费需求逐步成为主体，城乡区域差距逐步缩小，居民收入占比上升，发展成果惠及更广大民众。三是从要素驱动、投资驱动转向创新驱动。当前，我国经济增长形势相对严峻，潜在增速放缓，短期内有下行压力，正处于深度结构调整之中。

（一）国际形势

从国际上看，自 2008 年发生国际金融危机以来，世界各大经济主体的经济发展速度都受到了一定影响。美国经济经过多轮宽松货币政策的刺激，经济扩张持续 6 年多，逐渐复苏。欧洲经济体则由于受到欧债危机、结构性改革以及新近的难民问题，经济复苏持续缓慢。发展中国家经济表现则分化得更加明显，中国经济增速虽然有所放缓，但是仍然较为稳定。其他新兴经济体的经济表现则普遍欠佳，俄罗斯和巴西经济均陷入衰退，复苏进程缓慢。世界经济增速从 2010 年的 5.1% 降至 2015 年的 3.0%，据国际货币基金组织（IMF）2017 年 1 月 16 日发布的《世界经济展望》报告，2016 年的全球增长率目前估计为 3.1%[①]。总体来看，全球经济仍处于复苏轨道，但是经济缓慢复苏，分化势头明显，风险威胁紧迫，结构深度调整成为新常态。因此，中国面临的国际环境与形势依然较为复杂，经济增长所面临的不确定性依然存在。

第一，国际政治的形势复杂。后金融危机时代，随着新兴市场国家和发

---

① IMF. A Shifting Global Economic Landscape. In Washington, D. C.: January 16, 2017.

展中国家整体实力的增强，其国际话语权也随之提升，这有利于构建公正合理的国际政治经济新秩序。但与此同时，在气候变化、粮食安全、能源资源等领域，各国的斗争日益激烈，从而导致政治交锋与经济合作的形势更加复杂。

第二，经济全球化的深入发展。全球经济形势对中国的影响方面，随着美联储加息，外部金融条件将进一步收紧，使中国国际资本的外流压力进一步增加，也刺激了资本和金融项目逆差的进一步扩大。欧元区经济体深受主权债务和难民问题的困扰，对中国出口的影响具有不确定性。而日本以及其他发达国家的经济形势并未呈现显著好转，外部需求短期难有起色。新兴市场总体面临经济增速下滑和货币贬值的情况，也不利于中国出口。后危机时代，尽管贸易保护主义有所抬头，但各国经济的相互依存和利益交融日益增强，经济全球化进一步向前发展。与此同时，区域经济一体化也呈现加快发展趋势。

第三，新科技革命方兴未艾。国际金融危机加速催生了新的科技革命，围绕新能源、气候变化、空间和海洋开发等的技术创新加快推进，全球范围内的绿色经济、低碳技术等新兴产业迅速崛起。如3D打印技术的应用发展、智能电网的开始展现等。

第四，全球治理机制的加速变革。后危机时代，随着实力对比的新变化，新兴经济体对全球治理机制进行变革的要求更加迫切，在多边治理机制构建过程中的话语权也有所提升。因此，围绕利益分配和规则制定的国际竞争日趋激烈，全球治理机制的变革也在加速推进。

（二）国内形势

从国内来看，我国经济发展进入新常态，经济发展速度已告别两位数的高速增长，长期依赖外贸出口的传统模式已不再持续，人们的消费需求和模式都发生了重大变化，对生态环境的要求也日渐增加，经济发展已到了一个不可持续、必须转型的关键时期。新的发展阶段是增长速度换挡期、结构调整阵痛期和前期刺激政策消化期三期叠加的阶段，由于潜在增长率下降，资源环境压力加大，劳动年龄人口减少，储蓄率和投资率双降，劳动力从农业部门向非农部门转移放缓，要素成本上升，倒逼经济结构优化升级、发展转向创新驱动。由此，我国经济发展必然进入以增速变化、结构优化、动力转换、风险多变为主要特征的新常态。

1. 经济增长由高速转为中高速

我国经济增速换挡回落，由过去 10% 左右的高速增长转为中高速增长。2015 年第三季度开始，我国经济增速相对前几个季度降幅已经有所缩小，初步显示宏观经济有所企稳的迹象。但从工业、服务业、消费、投资、外贸等各方面的数据和资本市场的气氛综合来看，中国经济短期内触底反弹的能量还很薄弱，2016 年中国经济继续下行的压力依然很大，2017 年经济复苏仍面临阻力，如图 6 - 1 所示。

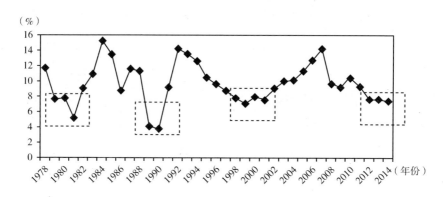

图 6 - 1　1978 ~ 2014 年我国 GDP 增长率

资料来源：中国统计年鉴 2015。

本质上说来，新常态意味着我国经济发展将告别过去传统粗放的高投入、高消耗、高污染、低效益的高速增长阶段，进入高效率、低成本、高质量、低排放、可持续的中高速增长阶段。由高速增长转向中高速，绝不仅仅是速度的变化，速度变化的背后是经济发展理念、目标追求、价值取向、发展模式、调控方式、动力机制等等一系列的调整和转变。评价体系和考核标准将从 GDP 一维转向经济、社会、生态、人文多维，将兼顾经济增长速度与质量、结构与效益的均衡，实现经济效益与社会效益、生态效益、人文效益的统一。只有这样，经济发展的实际效果和客观结果才会从畸形到正常，从失衡到平衡，实现由粗放型增长顺利转向集约型增长。

2. 经济结构需要实现再平衡

经过 30 多年的高速发展，经济结构不合理的矛盾也日益突出，发展不平衡、不协调、不可持续性日益显现，质量和效益不高问题十分突出。随着支撑我国发展的要素条件发生了深刻变化，未来要继续保持经济的持续健康发展，必须要加快转变经济发展方式，深化产业结构战略性调整。以 2016 年为例，实体经济持续低位运行的主要原因在于供给侧改革下重工业部门结构调整和内外需拉力不足的共同作用。2016 年前三季度第二产业和第三产业累计值占 GDP 的份额分别为 40.6% 和 51.9%，对 GDP 增长的贡献率相差达 22%，第三产业贡献占 58.8%，第二产业贡献则仅占 36.9%。可见结构调整已经取得一定进展，考虑到供给侧改革背景下"三去、一降、一补"的政策主线，国有企业还将继续经历一段时期改革深化的阵痛期。在经济整体下行的背景下，需求侧难以出现明显向好，在国内外经济风险充分释放前，经济整体仍将面临较大增长阻力，如图 6 - 2 所示。

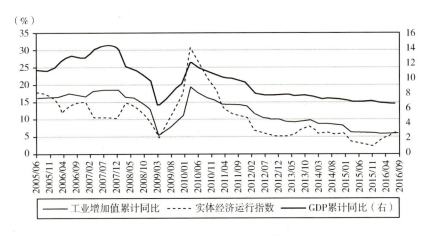

图 6 - 2 工业增加值、实体经济运行指数与实际 GDP 增长率

资料来源：国家统计局。

经济结构层级低、产业素质低、产品档次低、产业结构不合理，一直是困扰我国经济的顽症和痼疾，也是我国经济大而不强的根源所在。要使我国经济从全球产业链、价值链、技术链的低端和底部，迈向中高端和顶部，应果断结束旧常态，积极进入新常态，就是要痛下决心，优胜劣汰，择优扶优，淘汰落后，使我国经济从全球产业链、价值链、技术链低端和底部逐步迈向中高端和顶部。当然，这个转轨过程非常艰巨，甚至会伴随一定风险，要做出一些牺牲。只有做优做精，做大做强，我国经济才会行稳致远，不断向产业结构更高级、经济结构更合理、质量效益更好的阶段迈进。

3. 经济增长需要新动力

新常态下经济增长要从要素驱动、投资驱动转向创新驱动。以出口和投资为导向特征的传统增长模式难以为继，世界经济结构调整、国内发展模式转型、化解国内经济社会发展中的各种矛盾，对寻找并培育壮大经济增长新动力提出了紧迫要求。以消费为例，自 2011 年以来名义消费增速逐渐减缓，2016 年以来社会消费品零售总额名义增速相对平稳，1~11 月份累计名义增速为 10.4%，而 2015 年同期和 2015 年全年累计名义增速分别为 10.64% 和 10.7%，分别下降 0.24 和 0.3 个百分点。由于国内的社会公共服务还不健全，加上经济下行带来的收入下降担忧，以及受股市大幅震荡的影响，自 2015 年 6 月以来，消费者信心指数、消费者满意指数和消费者预期指数均呈现明显下降[①]。同时，迅速发展的海外代购对国内消费市场形成越来越大的影响。由此，内外双重因素拖累社会消费，增长后劲不足。由此可见，消费总体上呈现量价增速均放缓的迹象，增长后劲不足，如图 6-3 所示。

同时也须认识到在经济新常态中经济转型升级步伐明显加快，新动力加快孕育成长。

一是第三产业蓬勃发展。经国家统计局初步核算，2016 年全国第三产业增加值为 384221 亿元占国内生产总值比重为 51.63%，比 2013 年提高 3.93

---

① 上海财经大学高等研究院"中国宏观经济形势分析与预测"课题组的计量分析显示，消费对收入的弹性约为 0.6.

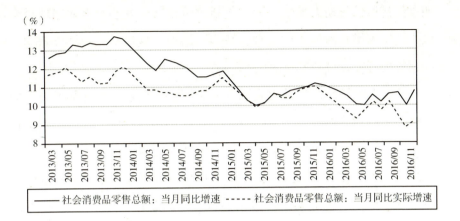

—— 社会消费品零售总额：当月同比增速　　----- 社会消费品零售总额：当月同比实际增速

图6-3　社会消费品零售增速情况

资料来源：国家统计局。

个百分点，高于当年第二产业11.8个百分点①。

二是新的消费模式方兴未艾，其中与互联网相关的新业态高速增长，网上零售业持续高速增长，2015年网络销售额20.8万亿元，同比增长27%。2016年上半年，中国电子商务交易额达10.5万亿元，同比增长37.6%，增幅上升7.2个百分点。其中，B2B市场交易规模达7.9万亿元，网络零售市场交易规模2.3万亿元。截至2016年6月中国电子商务服务企业直接从业人员超过285万人，由电子商务间接带动的就业人数，已超过2100万人②。

三是居民收入稳定增长。2016年全国居民人均可支配收入23821元，比上年增长8.4%，扣除价格因素，实际增长6.3%；全国居民人均可支配收入中位数20883元，增长8.3%。按常住地分，城镇居民人均可支配收入33616元，比上年增长7.8%，扣除价格因素，实际增长5.6%。农村居民人均可支配收入12363元，比上年增长8.2%，扣除价格因素，实际增长6.2%③。

---

① 国家统计局.2015年国民经济和社会发展统计公报.
② 中国电子商务研究中心：2016年（上）中国电子商务市场数据监测报告.
③ 国家统计局：2015年国民经济和社会发展统计公报.

四是经济增长新动力加快孕育。包括改革创新激发公共事业领域投资潜能、旅游电影等增长潜力不断显现、智能制造业发展迅猛以及智能家居、智能医疗、智能可穿戴设备不断涌现。

市场机制是市场经济的动力之源。一方面，必须发挥市场配置资源的决定性作用，更好地发挥政府作用，使"无形之手"与"有形之手"互相配合、相得益彰，这是社会主义市场经济的奥秘和优势所在，也是新常态的一个应有之义；另一方面，要重塑我国经济发展的动力机制，经济发展要由原来的主要依靠要素资本驱动，转向主要依靠创新驱动，更多依靠科学技术、体制机制、商业模式等的全方位创新推动，更多依靠人力资本、知识资本、技术资本的优化和提升来支撑。

4. 发展中需要防范风险

当前，我国正处于经济增速换挡、结构调整阵痛、前期刺激政策消化的"三期"叠加的阶段，经济发展面临通货紧缩风险进一步升高、银行体系系统性风险隐现、地方债务暗藏长期金融风险等诸多困难、挑战和风险。我国GDP平减指数非累计同比增速已呈现由负转正，CPI增速在低位徘徊，截至2016年9月PPI已连续54个月为负，实际利率上升，企业债务负担加重、进一步借债困难增加、成本提高，进而投资减少、产出下降，相应的收入也进一步减少。2011~2015年，我国工业企业盈利能力持续下降，且自2015年以来亏损企业数加速上升、工业品价格持续下滑，由此可见，"债务—通缩"循环已初见端倪，通货紧缩风险不容忽视，未来可能成为宏观经济面临的最大挑战之一，如图6-4所示。

撇开变化多端、风险重重的国际经济形势和波诡云谲的国际竞争不说，单就国内经济环境来看，由以往经济发展下遗留过来的资源能源困境、生态环境风险、地方债务风险、高泡沫的地产风险，以及以高杠杆率为主要特征的金融风险，在现阶段集中显现，互相关联，效应叠加，使我国经济发展面临一定的风险和挑战。开启新常态，就是要善于准确认识风险，理性把握风险，顺利化解风险。

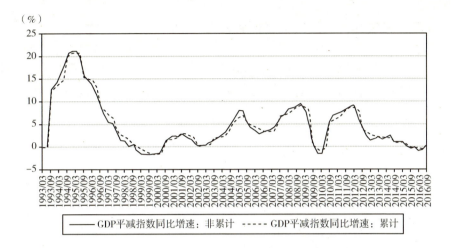

图 6 - 4　GDP 平减指数同比增长变化情况（1993 ~ 2016 年）

资料来源：上海财经大学高研院"中国宏观经济形势分析与预测"课题组提供的统计分析数据。

二、国内宏观政策发展方向

与以往的经济周期性波动不同，进入新常态后的增速换挡，是周期性调整和结构性因素相互交织、短期需求波动和中长期潜在增长率下降相互作用的结果，但主要还是生产要素供需变化带来的潜在增长水平下降所致。因此，进入新常态后，宏观调控在理论和实践上都需要完善和发展。具体表现为：

（一）保持定力，稳定宏观政策基本取向

正确认识我国现在放缓的经济增速是经济发展基本规律所致，不能不顾潜在增长水平下降，动不动就"踩油门"，采取短期强刺激政策，不仅难以阻止经济增速放缓，甚至可能加剧产能过剩、负债上升、资产泡沫、环境污染等结构性问题。因此，只要经济运行在合理区间，就要保持宏观政策基本稳定，坚持积极的财政政策和稳健的货币政策的合理搭配，不搞强刺激，不进行大的政策调整，给市场主体稳定的预期和信心。

（二）主动作为，适时有序预调微调

保持宏观政策取向基本稳定，并不意味着无所作为。在周期性与结构性因素相互交织的情况下，实际增速与潜在增长率都存在较大易变性，如果放任市场自我调整，经济增速就有可能滑出合理区间。因此，宏观调控要瞄准经济运行中的突出问题，确定调控"靶点"，对关键领域和薄弱环节精准发力。当前，我国经济仍面临较大下行压力，需要及时有序进行预调微调，避免经济增速滑出合理区间。

（三）远近结合，坚持和完善定向调控

宏观调控要立足当前，着眼长远，在总量调控和结构调整相结合基础上进行政策组合，在稳增长、调结构、转方式和防风险的多重目标中寻求平衡，既要保持经济运行处在合理区间，更要促进结构调整和发展质量提升。财政政策和货币政策既要相互配合，又要分别侧重用力。比如财政政策要侧重发挥"定向"功能，加强中西部铁路、棚户区改造、水利、能源、生态环保等重大工程投入，扩大医疗、养老等社会急需的公共服务供给，落实对农业、小微企业、服务业降税减负政策。而货币政策则要完善"有保有压"，加强金融对实体经济的支持，在定向降准等措施基础上，着力降低融资成本，缓解企业融资难、融资贵问题。需要指出的是，进入新常态后，制造业大规模扩张的空间逐步缩小，经济增长动力主要来自于产业升级，提升产业价值链和产品附加值，推动经济向中高端水平发展，应成为定向调控的重要着力点。

（四）改革创新，不断完善宏观调控方式

随着经济进入新常态，特别是市场配置资源作用不断增强，要更加尊重市场规律，更多运用间接调控手段，核心是处理好政府与市场的关系。要寓改革于宏观调控之中，深化财税体制改革，在预算管理、税制、事权和支出责任划分等方面推行一系列改革举措，在定向调控中有效发挥作用。金融改

革要在放宽市场准入、利率市场化、存款保险制度等方面有序推进，以增强货币政策的传导性和有效性，发挥货币政策在总量平衡和促进增长等方面的作用。深化投资体制改革，确立企业投资主体地位，发挥发展规划、产业政策的约束和引导作用，加强对投资活动的土地利用、能源消耗、污染排放等管理，避免重复建设和无序竞争，增强宏观调控的有效性。

具体来说，在三期叠加阶段，国内宏观调控的主要关注点有：

一是对环境的关注。如果早先更多地侧重经济增长速度，即产出目标，那么当前政策取向增加了环境和可持续的发展目标。由于环境的恶化，会更多地关注生态建设，改变资源耗竭和环境污染的发展模式，不再推崇 GDP 崇拜。

二是对就业的关注。保持就业的稳定、将失业控制在恰当的范围，这一直是现代宏观经济调控的核心目标。在三期叠加的未来相当长一段时间内，不排除特定时期出现失业率达到两位数的水平。因此，宏观调控目标关注就业反映的是实实在在的"以人为本"的意识。

三是对居民需求的关注。应该要意识到工业化进程已经到一定阶段，中国现行的经济发展已到了放弃依赖传统的阶段。需要通过关注居民需求的多样化，来特别提升服务业的发展。通过发展服务业增加国民经济发展空间。医疗、电子商务、养老等都是薄弱环节，但又是居民需求的重点领域，因而相关行业将会有较大的发展空间，同时，对国民经济能取得较长时期的支撑作用。

总体来看，未来一段时间宏观调控政策的取向是遵循一般规律中的逆周期调节思路，维持宏观经济稳定，平滑宏观经济的波动。宏观政策将改变过于积极的取向，短期内不会出台太多刺激政策，长期内会逐步形成更科学的决策机制，宏观经济政策也会更规范化。不仅在微观层面上，提出市场的决定性作用，改变政府的职能和实施民营经济"非禁即入"的模式，同样，在宏观管理层面，也会尽可能地减少干预措施。

三、现代财政宏观调控取向

近年来，我国不断加强和改善财政宏观调控，并加强宏观调控的机制建设，财政调控体系不断健全，宏观调控水平不断提高，有力地促进了经济社会又好又快发展。当前我国财政宏观调控政策取向应为继续完善财政政策的工具、目标、实施方式，进一步提高财政宏观调控的效率和效益。

·(一) 财政宏观调控目标注重总量调控和结构调整相结合

宏观调控的首要任务是实现年度经济运行的总量平衡，主要调控目标包括经济增长、就业增加、物价稳定和国际收支基本平衡。同时，我国正处于经济结构剧烈变动时期，经济结构不合理的深层次矛盾也日益暴露。由于经济发展方式仍相当粗放，体制改革不到位，这就容易引发盲目投资和低水平扩张，既不利于结构优化升级，又可能导致总需求膨胀。因此，要实现转型发展，就必须把总量调节政策和结构引导政策有机结合起来，把总需求保持在合理水平上，为促进结构调整创造比较宽松的宏观经济环境，避免经济大起大落对结构调整的负面影响。在总供求基本平衡的前提下，结构引导政策的着力点应放在经济结构调整和发展方式转变上来，提高经济发展的质量和效益。在经济结构特别是产业结构不断优化升级、经济增长质量和效益不断改善的基础上，宏观经济的总量平衡也比较容易维持，这样才能促进经济持续健康发展。

(二) 财政宏观调控注重短期和中长期结合

宏观调控要立足当前、兼顾长远，既有利于解决当前面临的矛盾，也为长远发展打好基础。一方面，增强宏观调控的针对性、有效性，通过预调微调，搞好需求管理，促使总需求与总供给基本平衡，熨平短期经济波动，保持经济运行在合理区间，防范化解各种经济风险；另一方面，着眼于改善中长期供给能力，大力实施创新驱动发展战略，培育新的经济增长点、增长极、增长带，加快推动经济结构优化，不断提高要素产出效率，促进经济提质增效升级，提升经济潜在增长能力，为经济持续健康发展奠定坚实基础。

（三）财政宏观调控注重政策工具的协调配合

财政政策要综合使用多种政策工具，不断创新调控手段和方式，根据不同的调控对象和范围，适时适度地协调整合各种政策工具，形成适应不同经济运行形态需要的，包括目标定位、政策取向、工具组合、时机选择、组织实施等一系列要素在内的财政宏观调控体系。要在保持政策基调总体稳定的前提下，在区间调控基础上加大定向调控力度，实行相机调控、精准调控。把保持经济运行在合理区间作为宏观调控的基本要求和政策取向，充实和完善"三个工具箱"：当经济平稳运行时，加快推出一些促改革、调结构的政策措施；当经济出现波动时，预调微调的力度就要大一些；当经济出现下滑时，采取力度更大的稳增长措施。要坚持需求管理和供给管理并重，把产业政策和竞争政策有机结合起来，大胆探索创新政策工具，盘活存量、用好增量，有保有压、有扶有控，保持经济运行在合理区间，推动结构调整优化，提高经济质量效益。

今后，要进一步健全政策调控手段灵活选择和合理搭配机制，综合运用公债、税收、补贴等多种政策工具，采取一揽子政策措施，打政策组合拳，把扩大内需与稳定外需结合起来，把稳投资和扩消费结合起来，把推动经济结构战略性调整和实施创新驱动发展战略结合起来，把拉动经济增长和保障改善民生结合起来，把克服当前困难和促进长远发展结合起来，加快转变经济发展方式，实现经济持续健康发展。

（四）财政宏观调控依据经济形势变化相机抉择

财政政策的制定和调整，均要根据宏观经济运行变化来相机抉择，以经济环境的变化和经济发展的需要为基础和条件。任何脱离、滞后和超越经济运行实际的财政政策都将给经济、社会发展带来危害。1993 年以来，我国根据经济形势发展的变化，就先后实施了适度从紧的财政政策、积极的财政政策、稳健的财政政策以及当前这一轮积极的财政政策。由于较好地适应了客观经济发展形势和环境，并在执行过程中注重把握好政策力度，这些政策的实施都对国民经济健康平稳运行起到了积极的作用，避免了经济增长的大起大落，促进了经济结构的调整优化。今后，要以科学发展观统揽宏观调控全过程，进一步完善财政宏观调控的决策机制，建立健全经济社会发展主要指标监测预警机制，加强对经济运行进行实时动态监测分析和预测，及时发现经济运行中的苗头性、局部性问题，及早动手，采取措施及早加以防控，着力增强财政宏观调控的针对性、有效性和时效性。

（五）财政宏观调控遵循市场经济规律，以间接调控为主

以利益导向为特征的间接调控方式，比以行政干预为特征的直接调控方式更符合市场经济发展的要求。财政调控坚持以间接调控为主要方式，对于市场机制起支配作用的最广泛的经济活动，主要依靠税收、财政贴息等经济杠杆进行调节。同时也应看到，我国正处于体制转轨过程中，许多经济问题和矛盾是由行政干预甚至违法违规引起的。因此，加强和改善财政宏观调控，还需要具体问题具体分析，对症下药。对于违法违规行为导致的经济问题和矛盾，还要依靠法律手段加以解决。对于不适当行政干预导致的经济行为扭曲，则应当运用必要的行政手段加以纠正和规范。以经济杠杆和法律手段为主要的、常态性的调节手段，而行政手段则是辅助的、应急性的，这样不仅可以克服传统或常规的宏观经济政策作用的盲区和死角，也有利于常规宏观经济政策工具作用的充分发挥。在加强间接调控时，既要注重需求管理，也要重视供给管理政策，如结构性的出口退税政策、支持农业生产的惠农政策，房地产市场调节中的土地供给政策，以及环境政策等等。通过需求政策与供给政策的结合、短期政策和中长期政策的配合，提高宏观调控的有效性。

(六) 加强政策协调配合，增强宏观调控的综合效果

财政政策注重与货币、产业等政策的协调配合，以形成政策合力，避免顾此失彼，有效实现宏观调控目标，并取得良好成效。比如 2008 年下半年以来，为抵御国际金融危机冲击，我国实施了积极的财政政策和适度宽松的货币政策的"双宽松"模式，后来为抑制物价较快上涨，货币政策调整为稳健的货币政策。今后要进一步完善与货币政策的协调配合机制，加强公债在协调两大政策中的作用；财政资金注重与银行信贷资金在基础设施建设和政府公共投资项目上密切配合，通过财政贴息等方式鼓励银行向需要支持的项目发放信贷，通过国库现金管理操作，配合货币政策调节银根等。同时，财政政策也要与产业政策、土地政策、进出口贸易政策、环保政策等加强协调配合。如根据国家产业发展规划，确定政府投资和经济建设支出投向，完善税收优惠政策，支持国家鼓励的产业发展，严禁不符合产业政策和市场准入条件的项目投资，着力推动产业结构优化升级。要健全宏观调控部门有效沟通机制，强化宏观调控政策的协调配合。完善发改委、财政部、人民银行之间的会商制度，健全货币政策会议机制，加强宏观部门之间的交流沟通。

第二节　现代财政宏观调控政策配合

为了探讨在现代财政制度框架下财政和货币宏观调控取向，我国必须明确在全面深化改革目标下尤其是经济体制改革目标下对财政政策和货币政策调整的要求。本节首先从宏观角度简述财政政策和货币政策的调控方向，接着以优化经济结构目标为切入点分别从产业结构、收入分配结构以及需求结构角度分析财政政策和货币政策调控的着力点和相应的应对措施，最后还提出了内外均衡理念，详细阐述政府部门如何通过政策分配实现内外均衡总量目标。

一、全面深化改革目标下的财政宏观调控与政策配合

（一）全面深化改革目标下财政宏观调控政策

在全面深化改革目标的框架下，经济体制改革占有重要地位。在现代市场经济中，市场机制在资源配置中起着基础性作用，政府宏观调控主要在市场失灵的领域发挥作用，并为市场机制有效运行营造良好的环境。政府宏观调控的两大主要工具，就是财政政策和货币政策。财政政策是指国家根据一定时期政治、经济、社会发展的任务而规定的财政工作的指导原则，通过财政支出与税收政策来调节总需求。财政政策一般通过预算、税收、补贴、投资、公债、转移支付等手段，发挥稳定经济、优化资源配置、调节收入分配等方面的功能作用。货币政策是指政府或中央银行的行为影响经济活动所采取的措施，尤其是指控制货币供给以及调控利率等多项措施。其中货币政策工具包括：公开市场业务、存款准备金和再贴现。那么在全面深化改革的背景下，政府部门应当在以下几个方面调整。

1. 健全宏观调控体系

宏观调控的主要任务是保持经济总量平衡，促进重大经济结构协调和生产力布局优化，减缓经济周期波动影响，防范区域性、系统性风险，稳定市场预期，实现经济持续健康发展。健全以国家发展战略和规划为导向、以财政政策和货币政策为主要手段的宏观调控体系，推进新时期新阶段宏观调控目标优化和政策手段运用机制化，加强财政政策、货币政策与产业、价格等政策手段协调配合，增强宏观调控前瞻性、针对性、协同性。财政是国家治理的基础和重要支柱，科学的财税体制是优化资源配置、维护市场统一、促进社会公平、实现国家长治久安的制度保障。必须完善立法、明确事权、改革税制、稳定税负、透明预算、提高效率，建立现代财政制度，发挥中央和地方两个积极性。

2. 改进预算管理制度

实施全面规范、公开透明的预算制度。审核预算的重点由平衡状态、赤字规模向支出预算和政策拓展。清理规范重点支出同财政收支增幅或生产总值挂钩事项，一般不采取挂钩方式。建立跨年度预算平衡机制，建立以权责发生制为基础的政府综合财务报告制度，建立规范合理的中央和地方政府债务管理及风险预警机制。

3. 完善一般性转移支付增长机制，重点增加对革命老区、民族地区、边疆地区、贫困地区的转移支付

中央出台增支政策形成的地方财力缺口，原则上通过一般性转移支付调节。清理、整合、规范专项转移支付项目，逐步取消竞争性领域专项和地方资金配套，严格控制引导类、救济类、应急类专项，对保留专项进行甄别，属地方事务的划入一般性转移支付。

4. 完善税收制度

深化税收制度改革，完善地方税体系，逐步提高直接税比重。推进增值税改革，适当简化税率。调整消费税征收范围、环节、税率，把高耗能、高污染产品及部分高档消费品纳入征收范围。逐步建立综合与分类相结合的个人所得税制。加快房地产税立法并适时推进改革，加快资源税改革，推动环境保护费改税。按照统一税制、公平税负、促进公平竞争的原则，加强对税收优惠特别是区域税收优惠政策的规范管理。税收优惠政策统一由专门税收法律法规规定，清理规范税收优惠政策。完善国税、地税征管体制。

5. 建立事权和支出责任相适应的制度

适度加强中央事权和支出责任，国防、外交、国家安全、关系全国统一市场规则和管理等作为中央事权；部分社会保障、跨区域重大项目建设维护等作为中央和地方共同事权，逐步理顺事权关系；区域性公共服务作为地方事权。中央和地方按照事权划分相应承担和分担支出责任。中央可通过安排转移支付将部分事权支出责任委托地方承担。对于跨区域且对其他地区影响较大的公共服务，中央通过转移支付承担一部分地方事权支出责任。保持现有中央和地方财力格局总体稳定，结合税制改革，考虑税种属性，进一步理顺中央和地方收入划分。

（二）全面深化改革目标下货币宏观调控政策

伴随着经济增速稳中趋缓，2015 年消费物价涨幅将进一步收缩，经济增长减速的同时，需求结构、产业结构趋于改善，但工业产能过剩严重、经济增长过度依赖房地产以及"理财热、实业冷"等结构性压力进一步加剧，速度与结构的矛盾突出。同时，过高的货币存量与社会总杠杆率仍在上升，债务风险与银行不良风险逐步显露，"守住不发生系统性、区域性金融风险的底线"任务艰巨。在风险高压下，如何推动经济增长与结构调整形成良性循环，以改革红利来释放增长潜力，实现稳增长、调结构、促改革、防风险的有效结合是宏观调控面临的艰巨且极具挑战性的任务。宏观金融调控要将货币政策与宏观审慎监管协调起来，配合使用信贷政策与监管政策，更加注重松紧适度，处理好速度、结构和风险的关系，为经济和金融平稳运行创造适度宽松的货币条件，实现信贷资金结构的调整与优化。

1. 稳健的货币政策进一步向"宽松"方向微调

2011 年以来，面临日益复杂的国内外经济形势、日渐繁重的调控任务，我国货币政策一直强调"适时适度进行预调微调"。2015 年面对经济下行压力与通缩隐忧，货币政策要坚持这一有益经验，在坚持"稳健"基调的同时，及时向宽松方向预调微调，保证社会流动性状况与实际利率水平中性适度。保持货币供应量与社会融资总量合理适度增长，根据直接融资和表外融资等市场化融资增长情况，确定合理的表内信贷新增规模，引导商业银行加大对实体经济的支持力度，继续着力降低社会融资成本。

2. 构建利率间接调控框架，着力降低社会融资成本

2014 年利率调控加快由直接调控向间接调控的转变，避免使用直接下调存贷款基准利率这一行政性较强的调控手段，而更多通过公开市场操作等更为市场化的手段，调节短期利率，并引导中长期利率联动，最终实现对社会

融资成本的调节。央行致力于构建"短期利率走廊+中期政策利率"这一间接利率调控模式，即以超额准备金存款利率为下限，以正回购、再贷款和再贴现利率、常备借贷便利（SLF）等利率为上限，通过公开市场操作来调控和引导市场短期利率稳定在上下限构成的目标区间（利率走廊）之内，并通过中期借贷便利（MLF）、再贷款利率等作为中期政策性利率引导社会融资成本下行。2015年利率调控将延续这一模式，继续引导社会融资成本走低。考虑到贷款利率管制完全放开时间尚短，原有的贷款基准利率对商业银行仍具有一定指导意义。如果经济下行与通缩风险加剧，也可通过直接降息来引导商业银行降低贷款利率，以降低信贷资金成本，同时释放宽松信号和鼓舞信心。

3. 综合运用各类结构性调控工具，引导银行调整与优化信贷结构

在"调结构"方面，金融调控的政策工具日益丰富。除传统的信贷政策外，宏观审慎监管政策、差别准备金动态调整措施和"定向降准"、再贷款和再贴现以及新创设的抵押补充贷款等都可以对信贷结构发挥有针对性的引导作用。未来应综合运用上述工具，引导商业银行"盘活存量、用好增量"，实现信贷资金结构"有保有压"的调整。重点鼓励科技服务业、文化产业、信息服务业、新兴信息产业、先进制造业、新能源和新材料、节能环保等新兴产业，支持与民生有关的重大基础设施、城市基础设施、保障性安居工程建设与棚户区改造，支持中小套型普通商品住房建设和居民首套自住普通商品房消费，继续加大"三农"、小微企业等薄弱领域的支持力度。同时，继续严格控制高耗能、高污染、产能过剩行业的贷款和投机投资性购房贷款。通过加快推进信贷资产证券化等手段来提高信贷资金周转速度和资金使用效率。

二、经济结构优化目标下的财政宏观调控与政策配合

在发达市场经济体制下，宏观经济政策的微观基础已经形成，而在我国转轨经济体制下，由于经济结构矛盾突出，宏观经济政策的效力大大下降，以结构调整为重点的财政货币政策将是下一步宏观调控的主要内容。经济结

构失衡成为经济有效增长的"瓶颈"，常需要财政政策和货币政策的有效调整。转轨经济体制下经济结构障碍主要有：城乡二元经济结构；所有制的二元经济结构；产业结构矛盾突出；区域经济结构不平衡。这些结构上的障碍对财政货币政策的实施效果有重要影响。城乡分割严重，城镇化进程缓慢的二元经济结构，使得农村居民收入低，消费需求低。财政货币政策在城乡间的效果差别巨大。相对于国有经济部门，非国有部门经济对利率和信贷政策，这造成货币信贷政策常常效果不明显。并且可能会加剧经济的不平衡和效率降低；对 GDP 增长做出重大贡献的非国有部门经济获得融资困难，而获得绝大部分国有银行融资的国有经济效率低下。面对服务业比重上升，消费结构的变化，产业结构升级和分配结构的调整，对财政政策和货币政策的宏观调控提出了更高的要求①。

（一）产业结构调整下财政和货币宏观调控政策

1. 产业结构调整的内容

产业结构调整要依靠改革，进退并举。进，要更加积极有为。优先发展生产性服务业，推进服务业综合改革试点和示范建设，促进文化创意和设计服务与相关产业融合发展，加快发展保险、商务、科技等服务业。促进信息化与工业化深度融合，推动企业加快技术改造、提升精准管理水平，完善设备加速折旧等政策，增强传统产业竞争力。设立新兴产业创业创新平台，在新一代移动通信、集成电路、大数据、先进制造、新能源、新材料等方面赶超先进，引领未来产业发展。退，要更加主动有序。坚持通过市场竞争实现优胜劣汰，鼓励企业兼并重组。对产能严重过剩行业，强化环保、能耗、技术等标准，清理各种优惠政策，消化一批存量，严控新上增量。

在我国当前的实际情况下，调整经济结构优化调整主要在于产业结构的调整，主要考虑以下方面：（1）要提高产业层次和技术水平，尽快掌握核心

---

① 阎坤，鄢晓发，李琳. 转轨和经济开放条件下促进经济结构调整的财政货币政策协调研究[J]. 财政研究. 2007 第 1 期.

技术，形成一批拥有自主知识产权的技术和产品，提升国际竞争力；（2）要依靠市场机制的作用，推进产业结构的调整，加快产能过剩行业的改革步伐；（3）要加大对钢铁、铜、铝、水泥、电力、焦炭、铝合金等高耗能高污染行业的检查力度，控制高耗能高污染行业的增长速度，加快淘汰落后生产力，促进节能减排。同时应建立完善的退出机制。

2. 产业结构调整优化中的财政政策取向

随着我国社会主义市场经济的建立，政府对资源配置的主导作用逐步让位于市场，市场成为资源配置的主体。与此同时，财政领域也正在向与市场经济相适应的公共财政框架方向改革。但由于市场对产业结构调整失灵的客观存在，支持产业结构调整成为公共财政的应有之义。因此产业结构调整与优化的财税政策应从公共财政的视角进行改革。

（1）坚持公共财政的基本原则。在市场经济体制下，政府活动的范围是市场缺位和市场失灵的领域，在运用财政政策手段调整产业结构时，应坚持公共财政的基本原则：凡是市场能处理好的，都交给市场去做；在市场机制有效的领域，对产业结构调整应坚持政策的诱导性，而非主体性。政府有限的公共财力应主要运用到提供公共产品和基础产业、基础设施、教育、高科技、高新技术等具有"外部正效应"的产业，逐步退出一般性的竞争领域。避免"与民争利"，最大限度地避免重复建设、产业趋同，以及缺乏比较优势和协作效益等问题。

（2）深化财税体制改革。现行分税制财政体制的缺陷，可以说是各地方产业结构趋同的深层原因。继续完善分税制财政体制，是财政支持产业结构调整的必然选择。第一，合理划分政府间事权与支出责任。在保持中央和地方收入格局大体稳定的前提下，进一步理顺中央和地方收入划分，促进权力与责任、办事与花钱相统一，全面提升国家治理效率。第二，合理划分税种归属。按照产业结构调整的要求，合理划分税种归属，促使中央和地方共同关心经济效益，消除地方政府的投资冲动、强化地方财源而不顾产业结构整体布局的行为。第三，改革现行税制，使其适应经济发展战略特别是产业结构的调整，使其激励的对象和内容随着政策重点的转移相应调整。具体来说，可以从规范财政分配制度、编费扩税、健全税收征管、控制偷漏税和减免税，依法治税，减少税源流失，大力培植新的财源增长点，合理调整现行消费税政策、所得税政策，制定对传统产业改造升级的税收政策。

（3）从基础建设施建设向产业结构升级优化转移。可以选择的具体的措施有：第一，从投资倾斜于国有企业转向投资支持有发展前途中小企业。这是因为，中小企业在我国产业结构的转换中将会发挥重要作用。新兴高新技术产业是我国产业升级优化的方向，这一产业因资本有机构成高，劳动生产率高，企业员工相对少，多为中小企业在运作。为支持高新技术发展，财政应当通过相应手段扶植这类中小企业发展。通过财政资金的加大投入来支持中小企业的技术进步，有利于通过科技进步促进产业结构的升级换代。采取区别对待的财政调控政策，加大对升级产业中优势企业的支持力度。如加大减税让利幅度，采取适当的税收支出形式，视情况予以一定的财政补贴等。第二，配合产业技术政策，扩大技术公共产品供给，促进技术扩散。由于现代科学技术出现了科学与技术的混合现象，产业技术开发向技术前端甚至基础科学部分延伸，技术公共产品的供给水平直接影响到技术的扩散速度，影响到产业结构的优化升级。财政投资将扩大技术公共产品的供给作为重要方面，可以推动技术公共产品的各产业共享机制的形成，促进技术扩散，提升产业结构。通过科技进步促进产业结构的升级换代。

（4）灵活运用财政贴息、财政信用等间接调控杠杆。随着政府投资主体地位的弱化，企业投资主体地位的强化，减少财政直接投资已成必然。因此，财政对企业的援助、调控将主要采取间接方式。将直接投资转化为间接手段，既符合市场经济下公共财政要求，也符合我国目前的财力状况。财政贴息是一个非常重要的间接调控杠杆，通过对企业贷款的贴息可以引导社会资金流向，优化产业结构。同时，运用较少贴息资金可以引导较大规模企业资金运转，推动企业专业化协作，引进国外先进技术，加强企业技术改造等，和财政直接投资相比，可以起到"四两拨千斤"事半功倍的作用。在配合产业结构调整方面，财政信用发挥作用的领域主要是具有明显的社会效益但经济效益不明显、资金供给难以由市场解决的产业，如基础设施、基础工业；促进农业发展、繁荣农村经济；支持支柱产业等。此外，除了启用贴息杠杆和信用杠杆的同时，还应考虑运用快速折旧、投资抵免等手段推动我国产业结构的调整和升级。

（5）税收优惠政策要突出国家产业政策目标。一是要明确产业发展序列，强化税收优惠政策的产业导向功能，引导资金和生产要素的合理流动。因此，税收优惠政策应当加强对农业、能源、交通运输、原材料等基础工业和基础设施建设的税收优惠，缩小税收优惠政策的梯度差，使全国产业结构趋于合理。二是税收政策应根据国家产业政策调整的总体目标，更好地综合运用优惠税率、加速折旧、税前列支、投资抵免、再投资退税等多种方式，不断改革和完善相关的政策和措施；服从和服务于产业结构优化升级的宏观战略，以充分发挥税收对产业结构的调整作用。

（6）完善相关配套政策。要实施有利于节能、降耗、减排和安全生产的政策，由工业扩大到建筑业、政府机构和公用事业等领域；要鼓励自主技术创新的综合配套政策；要建立普适性产业政策，促进产业结构优化升级、走新型工业化道路；要建立并完善有利于转变粗放型外贸增长方式的政策和有利于文明适度消费的引导政策。

（二）收入分配结构调整下财政和货币宏观调控政策

目前，我国的收入分配体制主要存在三大问题。其一，是城乡收入差距不断扩大；其二，是微观分配机制存在缺陷，主要表现在工资决定机制不合理、工资增长机制不完善、工资支付的保障机制不健全；其三，是再分配机制的逆调节问题，一些国企高管薪酬增长过快，与职工收入差距过大，国有企业职工持股和红利分配政策缺失。作为关系 10 多亿国民切身利益的大事，收入分配问题备受关注。要千方百计提高广大中低收入者的可支配收入。根据十八大报告的战略部署，初次分配和再分配都要处理好公平和效率的关系，更加注重公平。调节过高收入，取缔非法收入，以实现共同富裕。建立和完善合理的收入分配体制是坚持以人为本、构建和谐社会的必然要求，是切实增加广大中低收入者的收入水平的根本举措。为此，应考虑以下方面的财税政策改革：

1. 税收和微观分配、再分配机制改革。首先，应该加强对资本性收益的税收调节。资本性收益对劳动性收益的压抑是造成中国居民收入差距扩大的主要原因之一。目前中国个人所得税并没有对资本性收益采取累进税率，如利息、股息、红利所得等都采取的是单一的比例税率。另一些则免予缴纳个人所得税，比如对上市公司股票交易所得免税。因此，加强对资本性收益的税收调节有助于缩小收入差距。其次，实施结构性减税。通过适当提高个人所得税起征点、取消养路费等收费、制定措施限制垄断利润等来切实提高居民的可支配收入。最后，以市场为导向，建立和完善按生产要素贡献参与分配的原则，特别是提高国有企业的红利分配发放标准、降低印花税等措施，让更多的人拥有财产性收入。加强国家对企业分配制度的调控，建立绩效工资制度缩小城乡之间的分配差距不断完善居民再分配体制，建立严格有效的机制制约寻租和腐败现象。

2. 需要财政担当提供社会保障资金的重要责任。首先，应该解决社会保障资金的筹资模式。近几年财政收入虽超速增长，但是由于过去财政"欠账过多"，光靠财政收入来弥补社保资金缺口时间周期过长，需要拓展其他渠道来筹集资金，可以考虑将国有企业利润、国有资产转让等方式筹集社保资金。其次，社会保障体系应向纵深倾斜和介入。建立覆盖城乡的社会保障体系，重点解决农村居民的养老问题。在城市化过程中，部分农民失去了土地，也就失去了未来生活的稳定保障，因此，应该将这部分群体囊括进来，逐步探索覆盖全民的社会保障体系，财政资金应强力介入，特别是要覆盖广大农村地区，实现社保体系的城乡一体化，才能逐步解决城乡收入差距过大的问题。

3. 尽可能地创造更多的就业机会。我国经济一直是以投资为主导的经济发展模式，这种发展模式推动了工业的发展，实现了第二产业发展的自动化和机械化，也造成了第二产业的单位产量所需的劳动量越来越少，产生了大批的过剩劳动力。与此同时，随着农村地区生产工具的改进和人口数量的增长，出现了大批的富余劳动力。因此，为城市过剩劳动力和农村富余劳动力创造就业机会，是当前提高居民收入、扩大消费需求的首要举措。首先要加快物流、金融等现代服务业发展。由于目前第一产业和第二产业吸纳剩余劳动力的能力有限，加快服务业的发展可以吸纳更多的剩余劳动力。其次要加大对中小企业和大学生自主创业等的政策扶持力度，以适当减税、财政补贴等方式，为更多的人实现就业创造机会①。

（三）需求结构调整下财政和货币宏观调控政策

1. 财政货币政策调控重点应由投资转向消费

消费需求作为经济运行的主要动力，对拉动经济增长具有十分重要的作用。② 英国著名经济学家马歇尔指出："一切需要的最终调节者是消费者的需要。"消费是一切经济活动的起点和落脚点。马克思曾指出："没有需要，就没有生产。而消费则把需要再生产出来"，"消费的需要决定着生产。"这正说明消费需求对经济增长起着巨大的导向作用和拉动作用。消费需求是推动经济增长的重要动力。消费对于整个经济增长起着直接的和最终的制约作用，消费需求的变化方向及变动速度，最终决定着经济增长的方向和速度。消费需求对经济的稳定增长和良性循环具有决定性作用。首先，消费需求在某种意义上决定着投资需求和总需求。特别是从中长期来看，没有消费需求支撑的投资将成为无效投资，而无效投资是无法保证国民经济持续快速协调健康发展的。因此，一国要保持经济长期稳定增长，就必须保持合理的消费率。消费率与投资率之间并不是简单的此消彼长的关系，消费率对投资率在本质上具有决定性作用。在宏观经济分析中，消费决策同时也就是储蓄决策，二者恰如一枚硬币的两面。而储蓄与投资有着本质性联系，即储蓄为投资提供

---

① 冯艳蕾．金融危机背景下宏观调控政策取向 ［D］．成都：西南财经大学．2009. 11.
② 李颖．基于我国内需结构失衡的财政货币协调配合研究 ［D］．天津：天津财经大学．2009. 5. 1.

资金来源。因此，如果希望有一个较低的投资率的话，首先就要有一个较低的储蓄率也就是较高的消费率作为基础。直接针对高投资率采取措施，可能在短期内起一定作用，从长期看则没有抓住问题的本质。其次，在拉动经济增长的"三驾马车"中，消费需求对经济增长的贡献最大。实证研究表明，消费需求对经济增长的贡献率大大超过投资需求和出口需求，是拉动经济增长的最主要因素。

我国改革开放以来，消费需求对经济增长贡献率的平均值约为60%（近几年降至50%左右），而世界平均水平约为75%，其中美国、英国、德国等发达国家达到80%以上。消费需求具有减缓经济波动的特征。消费需求不仅是拉动经济增长的主导力量，也是缓解经济剧烈波动的稳定力量。消费需求在经济波动中的稳定性表现为，它的波动总是小于投资需求的波动和GDP的波动，而且往往滞后于投资需求波动。由于GDP的波动主要是消费需求与投资需求波动的综合结果即两者的叠加，所以消费需求的相对稳定性是经济周期性波动的重要制约因素。消费需求相对平缓，能在很大程度上削弱投资需求波动给国民经济带来的动荡，缓解国民经济的大起大落。消费需求作为国民经济中的最终需求，始终约束着投资需求的波动。在投资需求迅速上升时，由于消费需求上升相对缓慢，从而限制投资需求增长的空间，以致减缓投资需求的增长速度；而在投资需求迅速下降时，由于消费需求下降缓慢，在投资需求下降初期消费需求下降很少甚至维持不变，因而具有一种自发的对经济衰退的遏制作用。

消费需求增长是提高经济增长质量的关键。一方面，消费需求的稳定增长是经济增长方式由粗放型向集约型转变的需要。消费需求的增加，意味着投资提供的产出可以顺利地实现其价值，不存在产品积压和资源的浪费；同时居民消费需求的增长和消费结构的升级，可以被企业新增投资所提供的供给满足，即不存在被动储蓄。在这种模式下，投资的粗放型扩张因消费需求的约束而受到抑制，而消费需求所引导的市场竞争的作用，将使资源得到更有效率和更为集约地被使用；另一方面，消费需求的稳定增长促进产业结构升级。产业发展是一个国家和地区的产业不断演进升级的过程，其根本动力在于消费的适度增长及其结构变化。消费需求总量扩张，刺激总供给增长，而消费需求结构变动促进产业结构和资源分配结构变动。它的不断升级推动产业结构不断优化，资源分配更加合理，进而创新和优化供给结构，来满足需求变动的总量和结构要求，完成一个产业结构与消费需求的良性互动。

2. 优化内需结构应以财政政策为主货币政策为辅

财政政策与货币政策作用空间的变迁与国民经济运行格局息息相关，财政政策和货币政策要真正发挥宏观调控功能必须改善其赖以发挥作用的经济运行环境，财政政策与货币政策调控功能彼此不能相互替代。同时毋庸讳言，财政政策与货币政策协同作用的同时也存在此消彼长的问题，这决定了在某一时期内，财政政策和货币政策发挥作用的空间和承担角色的重要性不可能一致。长期以来，我国存在着"强金融、弱财政"的现象。

从 2007 年底至 2008 年初，我国进口原材料的数量没有大的变化，但其名义价值却在大幅上涨，这说明在一定意义上我国正经历着输入型通胀期。同时，国内的粮价、猪肉等农产品价格也在高位运行，说明我国已进入了成本推动物价上涨的时期。由于国际输入型的物价上涨，国内的货币交易需求出现加速增长，PPI、CPI 增速和 M2 的增速比迅速提高，形成货币供给实际上的过度紧缩状态，在方式上体现为金融系统可贷资金吃紧，加上本已在 10 年前逐步抛弃的信贷规模限制重归央行货币政策，企业的金融状况已然不堪重负，停业倒闭者甚众。对于通货膨胀或需求拉动引起的物价上涨，可以通过紧缩银根加以治理，而对于由其他因素导致的物价上涨，货币政策则显得无能为力。所以，货币政策调控并没有根本改变物价上涨的趋势。

同时，由于货币政策一般都是通过采取调控总量的办法来给经济降温，但这种"一刀切"的政策，很难兼顾到因地区差异、行业差异等造成的经济发展冷热不均的问题，中国二元经济的冷热分歧更加明显，加剧了经济失衡。

当前的中国经济开始面临更加复杂的国内外局面，内需结构失衡已成为我国财政政策和货币政策发挥作用的硬约束条件，被寄予厚望的单一货币政策难以达到多重调控目标。所以，在解决内需结构问题中，财政政策应当扮演更重要的调控角色。财政政策应主导宏观调控方向，从收支的方式和数量调节国内需求；货币政策为辅，从优化产业结构的政策引导、金融支持两个方面进行配合，努力培育新生增长方式。根据蒙代尔的政策搭配原则，应该进一步强化财政政策，让财政政策在宏观调控方面发挥更重要的作用。本书认为两大政策在我国内需结构优化调控方面的协调配合，应以财政政策为主，货币政策为辅。我国经济增长过程中结构变动因素特别强烈，问题十分突出，涉及总需求结构、产业结构、城乡结构、区域结构、国民收入分配结构等诸多领域的矛盾，而且在开放程度日益提高的环境中，这些结构性问题更容易传递总量问题。特别是在总需求结构中，消费需求比例偏低是导致出口压力大的重要原因，而出口快速增长又是诱发流动性过剩以及通货膨胀的重要因素。

与此同时，我国实现现代化战略目标的赶超性质和激烈的国际竞争环境等，不允许我国坐等由漫长的平均利润率形成过程和调节资源分配过程来解决结构问题。财政政策在促进结构优化方面具有货币政策不可替代的优势，财政收支是非常重要的操作手段，通过调整财政收支的流向和流量，达到促进结构优化的效果。货币政策需要解决的是总量问题，其目标是在经济波动与经济稳定之间求得平衡，而财政政策要解决结构性问题，其目标是在经济部门的优先发展与协调发展之间求得平衡。虽然财政政策是从结构着手，但其最终也是有助于达到总量的均衡。因此，要解决当前宏观经济遇到的难题，从长远的角度看，财政政策必须予以足够重视。

除了收入分配结构、需求结构、产业结构外，还应该考虑更加广泛的经济结构调整。区域结构方面，应促进区域协调发展，加快西部大开发步伐，促进中部地区的崛起，同时发挥东部沿海地区的模范带头作用城乡结构方面，促进农民增收，缩小城乡差距，提高城市化水平，优化城乡经济结构。

三、内外均衡总量目标下的财政宏观调控与政策配合

(一) 内外均衡理论的概念

狭义上的内外均衡或非均衡增长是指各国或国家联合体的国际贸易、跨国投资、自然人移动等要素是否均衡，以及在这些要素流动基础上的国际货币收支均衡与否等。从广义角度看，我国应当看到，考量一国的经济均衡与非均衡不仅应当包括传统意义上的国际贸易、跨国投资、自然人移动等，还应包括资源所有、财富分配、消费能力以及教育、养老、医保等方面是否均衡。

英国经济学家米德的"两种目标，两种工具"的理论模式，即一国如果希望同时达到内部均衡和外部均衡的目标，则必须同时运用支出调整政策和支出转换政策两种工具。中央银行宏观调控的最终目标在于内部均衡和外部均衡的实现。然而，宏观政策在为这一目标努力时却并非总是合作愉快，米德冲突经常发生。米德冲突是指在某些情况下，单独使用支出调整政策——货币政策和财政政策——追求内、外部均衡，将会导致一国内部均衡与外部均衡之间的冲突。为避免米德冲突，我国需要为不同的目标制定不同的政策，即满足所谓的丁伯根法则：要实现 N 个经济目标，必须具备 N 种政策工具。

支出调整政策，主要由凯恩斯理论所表明的需求管理政策，即财政政策和货币政策组成。通过实施支出调整政策可达到相对于收入而改变支出水平的目的。支出转换政策指能够影响贸易商品的国际竞争力，通过改变支出构成而使本国收入相对于支出增加的政策，如汇率调整、关税、出口补贴、机构配额限制等都属于支出转换政策范畴。狭隘的支出转换政策则专指汇率政策[①]。

[①] 石凯. 论结构优化与中国外汇储备管理战略 [D]. 长春：东北师范大学，2013 年.

（二） 内外均衡的总量目标对财政与货币政策调控提出了更高的要求

在封闭经济或经济开放程度不高的条件下，宏观经济调控的总量目标是价格稳定、充分就业和经济增长。在开放经济条件下，宏观经济调控的另一个重要目标是国际收支均衡，并且该目标常常会与前面三个目标形成冲突，增加了宏观经济政策调控的复杂性和难度。开放经济条件下，以货币供应量（M2）为调控中介的货币政策难以实现内外平衡的双重目标。

近年来，我国出口持续保持顺差，国际资本流动性越来越强。2004 年外汇储备新增加 20 多亿美元，扣除贸易顺差 300 多亿美元后为 1700 亿美元，国际资本大规模流入。这对汇率稳定条件下的货币政策制定影响巨大：国际资本大规模流入带来的大量热钱流入，引起外汇储备增加从而外汇占款增加，在对冲不充分的条件下，外汇占款增加导致基础货币的增加，从而使货币供应 t（M2）被动增加。这样一来，货币发行 t 不是依据国内宏观经济情形来制定，而是被外汇占款压迫性的加快发行；如果在经济过热的情形下，希望通过紧缩货币来抑制通货膨胀的货币政策就会与保持国际收支平衡的外部目标冲突。克鲁格曼（1979）提出的"三元悖论"，即固定汇率制度、资本自由流动、货币政策独立三个目标总能同时实现，一国充其量只能实现其中两个目标。我国实行的是有管理的浮动汇率，汇率实际上是趋向于固定汇率的。在事实上资本流动的状况下自然就难以同时实现独立的货币政策和人民币汇率稳定这两个目标。

（三） 实践中追求内外均衡的原因及具体做法

1. 汇率政策与直接管制结合起来维持外部均衡

在实践中，多数国家以财政与货币政策维持内部均衡，并将汇率政策与直接管制结合起来维持外部均衡，这是因为：

（1）财政政策与货币政策相对于支出转换政策于达到内部均衡更有利，而汇率政策与直接控制对外部均衡的调节更有效。

（2）直接控制与汇率政策的结合能够实现总量与结构调整的统一。在运用汇率政策进行总量调节的同时，可运用关税、出口配额、补贴等直接控制措施结合国内产业结构政策对不同类型的进出口物资进行调整，促进贸易结构优化，实现质的均衡；通过改变资本项目管理和利用外资策略控制外资流入的速度和规模，并引导外资投向，调节长期资本与短期资本的比例，从而改善外资结构。

（3）汇率、利率作为经济杠杆调节内外均衡，能否实现预期的效果取决于诸多因素。其中进出口商品的价格弹性、利率市场化程度、资本市场开放程度是比较关键的三个因素。一国货币的升贬值能否改善贸易收支，利率的变动能否引起投资需求的变动以及国际资本的流动对于上述政策的效力具有决定性作用。在市场不发达、经济中心行政性干预较多的国家，上述以市场经济传导机制为基础的政策搭配的效力将大打折扣。

2. 中央银行如何进行政策配合以实现内外均衡

内外均衡对货币控制提出了新的要求。中央银行货币控制必须从直接向间接过渡。目前的直接管理模式会造成内外均衡脱节，最后形成货币失控。货币政策工具应以间接控制工具为主。对内均衡控制应以利率和货币供应量为主；对外均衡应以汇率和货币供应量为主。只有货币控制处于间接管理基础上才可能真正实现内外均衡的统一。下文从缓和外部因素对内部均衡的冲击、谋求内外均衡统一的角度，具体研究政策间的协调问题。

（1）结合我国目前的经济状况，货币政策与汇率浮动政策应有效配合

首先，货币政策在总量从紧的前提下，注重在结构上作调整，已实现稳定物价的同时促进经济增长。在市场经济成熟的国家，货币供给调控作为一种短期宏观需求管理政策，通常是着眼于需求方进行总供求的调节。而我国的情况与发达国家则大不相同，即使从短期看，货币供给的调解也不仅体现在需求方，还体现在供给方。也就是说，在我国经济发展水平尚比较落后，市场经济刚刚起步的条件下，短期内总供给不变的假定无法成立。从实践来看，为积极转换经营机制且效益好的国有企业提供流动资金贷款支持，在资

金投向上优化信贷结构，分散贷款风险，从而创造迫使企业以市场为导向调整生产结构和产品结构的外部环境是货币政策取向之一。

其次，汇率政策为配合国内均衡的实现，应进一步发挥市场供求的决定作用，增大汇率浮动范围，使汇率的合理浮动部分抵消国际收支对国内经济的影响。在经济持续存在下行压力、国际收支逆差和美联储加息的环境下，人民币汇率的波动幅度应控制在一个合理的区间。

（2）货币政策的中和操作

中和是一种表现形式，即中央银行基础货币投放结构发生改变的条件下，为抵消外汇占款增加对国内货币政策的影响，货币政策制定必须考虑到外部因素的作用，进行中和操作。当前我国经济金融运行总体平稳，但形势的错综复杂不可低估。世界经济仍处于国际金融危机后的深度调整期，主要经济体经济走势分化，美国经济温和复苏，欧元区复苏基础尚待巩固，日本经济低迷，部分新兴经济体实体经济有所改善。国际金融市场风险隐患增多。我国中和操作的主要形式为收回对商业银行的再贷款，辅之以开办特种存款和发行融资券。在市场经济国家，金融体系是以利率为传导的，中央银行提高再贴现率，或进行公开市场业务以达到紧缩货币供给的目的。

（3）外汇储备政策与外资政策

鉴于外汇储备变动与我国宏观经济变量的联系日益密切，中央银行应长期将外汇储备变动视为央行控制货币供应量的调控指标，并根据整个宏观经济目标来确定外汇储备的规模。因此，调整外汇储备结构，控制外资流入部分的数量，并主动降低外汇储备总量规模，是实现内外均衡的有效措施。具体的建议有：利用外汇体制改革以来国家外汇储备大幅增长和汇率相对稳定的有利时机，调整外债政策，减少国际商业性借款，同时考虑提前偿还部分高息债务；调整利用外资政策，加强对利用外资的监控。具体而言，应采取不同区域、不同模式的引资差别政策。在外资流入的监管上，应注意防止"盲目招商"和避免外资向消费领域渗漏以及防范游资对资本市场的冲击。

3. 政府部门如何进行政策配合以实现内外均衡

为了应对国际金融危机，促进我国经济的稳定较快发展，政府出台了一揽子计划，其内容可以概括为：（1）下大力气从各个方面扩大内需，特别是扩大广大居民的消费需求，增强消费需求对经济增长的拉动力，推动中国经济的发展。（2）扩大投资力度，加强基础设施建设的投入，促进经济增长，并最大限度地减少对民间投资的"挤出效应"。投资力度向中西部和贫困地区倾斜，推动中国经济协调发展。（3）优化产业政策，提升产业竞争力和自主创新能力。（4）完善社会保障制度，全面提高人的素质。在政府一揽子政策的作用下，我国的需求结构明显改善，产业结构调整和节能减排积极推进。但是，从国内经济看，经济回升的基础还不稳定、不巩固、不平衡，一些深层次矛盾特别是结构性矛盾仍然突出。外需萎缩的局面及影响还在持续经济增长的内生动力不足，民间投资意愿不强产能过剩的问题更加凸显，产业结构调整压力和难度加大推进节能减排任务仍然艰巨农业稳定发展和农民持续增收难度较大财政收支矛盾突出，信贷结构不合理，流动性管理难度加大。因此政府相关部门在内外均衡总量目标下应对挑战，解决危机上仍然面临着较大的困难。

四、供给侧结构性改革下的财政和货币宏观调控取向

在我国进入"中等收入"阶段后，增长状态合乎规律地由"高速"向"中高速"下调，仍在延伸中的弥合"二元经济"过程，将继续释放出巨量需求，但适应和满足需求的供给机制，其动力结构正在经历深刻的变化：前期支持高速增长的人口红利、低廉劳动力等比较优势，需要向"全要素生产率"转型求得替代物；原来我国作为低起点发展中经济体的"后发优势"，正需要从低端产业向中、高端产业爬升；近年我国主要经济指标之间的联动性亦出现变化，居民收入有所增加而企业利润下降，消费上升而投资下降，宏观调控层面货币政策持续加大力度而效果不彰，旧经济疲态显露而以"互联

网＋"为依托的新经济崭露生机，东北区域经济危机因素加重而一些原来缺乏基础优势的西部省市则异军突起。简言之，中国经济的供给升级客观需要和结构性分化过程，正趋于明显。相应于这番情景，必须看到，过去侧重总需求管理的宏观调控手段的可用空间已经显著收窄。在"新常态"下，投资尤其是政府常规投资的边际收益率持续下降，国际需求低迷且不确定性明显，国内需求方面，家电、汽车、住房等大宗"耐用品"已基本走完排浪式消费的历程，正在向个性化、多元化和对接"服务型消费"方向转化，结构性的优化细分成为发展潮流和经济成长性的新支撑因素。因此，基于总量调控的需求管理已远不足以"包打天下"。基于我国最近两轮通胀—通缩压力转变都有明显的结构性特征，因而仅靠货币政策的总量调节难以从根源上消除引发通胀或通缩的高权重因素。财政政策方面，经历了 4 万亿元政府投资安排为代表的一揽子扩张性刺激政策后，进一步以财政政策手段刺激经济的安全空间也已收窄，特别是考虑到我国基本上没有可能再提高宏观税负、未来社会保障支出压力伴随老龄化进程极为巨大等情况，就更是如此。

与此同时，中国经济存在着十分突出的结构性问题，由不平衡向较平衡状态作调整以及由被动的高代价平衡向积极主动较低代价的平衡作调整，势在必行，而且变不均衡为均衡的过程，同时也就是释放潜力、激发活力、合成动力、打造"升级版"的过程，客观上需要特别发挥供给侧管理的结构调整作用，即力求在短板上增加有效供给①。

（一）供给侧结构性改革下的财政宏观调控取向

1. 继续深化财税改革，支持政府治理体系与能力现代化

财政的实质是公共资源配置的体系与机制，是国家治理的基础和重要支柱，既与公共权力主体的系统化改革高度关联，也与整体资源配置机制改革息息相关。当前，需要继续借力三中全会后率先启动的财税改革部署，调适

---

① 贾康等．"十三五"时期的供给侧改革．国家行政学院学报，2015 年第 6 期．

优化政府、市场、社会之间的关系。

一是加快建设以"规范、透明、绩效"为特征的现代预算管理制度。以"预算全口径"为原则，将政府的所有收入和支出（包括尚游离于"四本预算"之外的债务、各类公共资源资产、各类公共权力收支等）都纳入管理；以"管理全过程"为原则，全面建立以权责发生制为基础的政府综合财务报告制度；深化推行绩效预算、加强财政审计、推动财政问责制，形成覆盖财政资金管理全程的政府收支管理制度体系；实施中期预算框架，建立跨年度预算平衡机制；加快推进预算公开，提高财政透明度，包括扩大公开范围、细化公开内容，完善预算公开机制，强化对预算的外部监督检查等。二是以减少间接税、增加直接税为切入点，建立现代税收制度。"营改增"改革要力争如期收官。消费税改革应结合"问题导向"抓紧形成和推出实施方案。资源税改革要进一步扩大覆盖面并对接各配套联动改革事项。房地产税要加快立法进度，力争于2017年推出。个人所得税改革应分步走向"综合加分项扣除"模式。三是建立事权和支出责任相适应的中央与地方财政体制。可依托正在进行的权力清单、责任清单改革，由粗到细试编和逐步明确各级政府事权清单，再对接以预算支出科目为量化指标的各级支出责任一揽子清单。结合省直管县打造三层级框架积极推进省以下分税制财政体制。构建由地方税、转移支付等共同组成的地方收入体系，促进地方政府事权和支出责任相适应。以促进基本公共服务均等化为导向，优化重构转移支付制度。

2. 有序推进国有企业改革，促进国有资产收益和存量的转置

规模庞大的国有经济是中国特色社会主义的组成部分。大型国有企业在中国经济社会中发挥重要作用的一个重要方面，是顺应社会诉求将更大比重的资产收益上缴国库，支持我国社会保障体系的运行和公共服务的增量提质。今后，随着国有经济"战略性改组"和"混合所有制"改革的深化，中央政府在国资委管理范围内的100多家企业收缩至几十家以后，应积极探索通过立法方式，确定各类企业的设立依据、政策目标、国有资产收益的合理转置等相关规则，形成规范法案，并在动态优化中全面形成以国有资产收益和存量形态的合理转置，在法治化制度体系中服务于全社会公共目标：在坚持"资产全民所有，收益全民所用"的基本原则之下，完善国有资本经营预算（资本预算）管理体制，提高利润（资产收益）上缴比例进而对社会保障和其他公共服务的支出加大支持力度，合理纳入全口径预算体系统筹协调。各类公益型资产处置（如文化企业转制过程中国有资产的处置）也应纳入国有资本经营预算体系中来，以此充实社会保障基金、强化基本公共服务均等化的财力支撑，真正体现国有经济的优越性及全局性贡献。

3. 改善收入分配与再分配相关制度，打造"橄榄型"现代社会结构

科学、合理、公平的收入分配制度是国家长治久安的保障。必须看到我国长期以来存在的收入分配矛盾问题成因复杂，不可能通过实施某种专项、单项的改革达到"毕其功于一役"的目的。但总体来说是坚决校正单纯改起征点的错误氛围，理顺改革设计，两句话，一是初次分配要侧重于讲效率，二是再分配要侧重于讲共富。在初次分配领域，政府要维护产权规范与公平竞争的规则与环境，尊重、培育和健全市场的资源与要素配置机制，合理调节各地最低工资标准和适当引导企业劳方与资方在工薪分配上的集体协商等，促进社会资源的优化配置和社会财富的最大涌流。在再分配领域，一是建立健全我国税收制度的收入调节功能，坚定地逐步提高我国直接税比重，开征房地产税、改革个人所得税、研究开征遗产和赠与税；二是完善我国社会保障制度，力争在"十三五"期间实现基础养老金全国统筹，建立兼顾各类人员的养老保障待遇确定机制和正常调整机制，发展企业年金和职业年金，加快健全覆盖全民的医保体系，加大保障性住房的供给规模并优化供给机制；三是改革转移支付制度，增强其平衡区域收入差异、人群差异的调节功能如加大对中西部地区特别是革命老区、民族地区、边疆地区和贫困地区的财力支持，加大教育、就业、扶贫开发等支出，加强对困难群体救助和帮扶，大力发展社会慈善事业等；四是消除部分行业的过度垄断因素，提升相关收入分配制度规则的透明度；五是加强对非工资收入和财产性收入的引导和管理，严厉打击贪赃枉法、权钱交易、行贿受贿、走私贩毒、偷逃税收等相关的"黑色收入",同时清理整顿规范种种"灰色收入";六是积极推进官员财产报告与公示制度的改革试点;七是在管理和技术层面加强"问题导向",有针对性地解决诸如国家特殊津贴专家标准严重不一等遗留多年的问题。

4. 以满足公共服务需求、优化结构和调动潜能为大方向,积极理顺基础资源、能源产品比价关系和价格形成机制,积极实施选择性"有效投资"和PPP机制创新

针对我国基础资源、能源产品的比价关系和价格形成机制的严重问题,要抓住煤炭资源税从量变从价改革已形成框架、电力部门改革已有部署的时机和基础,以"从煤到电"这一基础能源链条为重点,攻坚克难实行理顺比价关系和价格形成机制的配套改革,以利内生、长效、全面地促进全产业链节能降耗和释放市场潜力。在优化供给侧环境机制的同时,必须同时看到,由于我国仍然处于城镇化进程的中期,政府投资部分仍然有可以作为的广阔空间。在经济下行中,结合优化结构、提升发展后劲、改善民生等需要,应积极考虑加大选择性"有效投资"(即可以增加有效供给的"聪明投资")的力度。其投入要素又正是我国现成的所谓"过剩产能"的一部分,并吸收和消化相关的劳动力、施工力量与管理力量。投资选择的对象,首先可包括新型城镇化与城乡一体化建设中的基础设施,如一大批中心城市的交通、公用事业基础设施的升级换代、城市管网更新扩建("综合管廊"模式)、"海绵城市"建设、区域交通互连互通、全国大江大河治理、农田水利设施建设与整修等;其次应考虑产业领域,如以节能降耗减排为特征的示范园区和示范项目建设、重点企业的技术改造、各类生产性服务业等;第三是环境领域,不仅需要加快水体、大气、土壤的污染治理,而且需要加快优化能源供给方式,调整能源、资源结构和技术路线,大力加快煤炭清洁利用的设施投资建设,加快发展地铁、轻轨等综合性快速公共交通,加快污水处理厂、垃圾处理厂等环保设施建设,多措并举加快节能减排降污;第四是民生领域,如未来几十年内将需求激增的健康养老产业、仍存突出结构性供给矛盾的教育、以"住有所居"为目的的棚户区改造、公租房、共有产权房等保障性住房供给，各类以满足人民群众日益增长的文化、体育需求的设施建设与产业开发，等等。这些基础设施、公共工程项目，都应充分注重以有限的政府财力通过 PPP（政府与社会资本合作）机制发挥"四两拨千斤"的放大效应和乘数效应，拉动民间资本、社会资金合作供给，并提升绩效水平。

（二）供给侧结构性改革下的货币宏观调控取向

针对我国金融市场的结构失衡、功能不全和"金融抑制"，全面推进金融改革。一是进一步深化金融机构特别是国有控股商业银行改革，适当降低国家持股比例提升社会资本持股比例；二是积极发展证券、保险等非银行金融机构；三是在政策性融资机制创新中构建多层次、广覆盖、可持续的开发性金融、农村金融、绿色金融、科技金融等服务体系；四是依托存款保险制积极发展一大批社区银行、村镇银行，通过降低准入"门槛"，引入民间资本或将现行的民间放贷机构合法化，增加金融供给主体和金融产品，健全小型、微型企业融资体制，并引导小贷公司按"资本金融资、自负盈亏、自担风险"原则发展，改进小微企业的金融服务；五是依全面放开存贷款利率管制，实现市场化定价的方针，择机在利率市场化的最后"临门一脚"——放开存款利率上取得突破；六是以显著提升直接融资比重为目标，大力发展多层次资本市场，在继续完善主板、中小企业板和创业板市场的基础上，积极探索覆盖全国的股权交易市场（三板），并推动"大资产管理公司"建设；七是提高金融业稳健性标准，积极稳妥地推进银行业实现第三版巴塞尔协议，防范银行表外业务风险，牢牢守住发生系统性风险、区域性风险的底线；八是加强金融业监管，落实金融监管改革措施和稳健标准，完善监管协调机制，界定中央和地方金融监管职责和风险处置责任；九是做好准备适时实行人民币在资本项目下的可兑换，支持人民币国际化。

第三节　开放经济背景下积极财政政策与
稳健货币政策协调

　　开放经济条件下，国际经济波动存在显著的溢出效应。从次贷危机到债务危机，世界主要经济体都受到了不同程度的波及。为了减轻这种影响，我国只有更好地将财政政策和货币政策协调配合起来。2008 年以来的经济危机在一定程度上降低了我国高速增长的贸易和资本"双顺差"，在此我国可以通过政策间的双向协调、利率市场化、公债买卖和一揽子汇率制度等政策的变化来调控宏观经济，进而达到稳定增长经济的目标①。为此，要协调好宏观调控的短期目标与长期目标、职能与定位、外汇储备与外债优化的关系。

一、短期与长期目标协调的财政和货币宏观调控取向

（一）宏观调控的短期与长期目标

　　我国的经济如何有效转变经济增长方式，提高经济增长的质量，从而使经济能够长期、有效、持续的增长是当前宏观经济面临的紧迫任务。短期内，财政货币政策可以保障宏观经济快速、稳定的增长。但在宏观经济背景下，财政货币政策的长期目标不再是盲目地扩大总需求，而是调整总需求与总供给的结构。无论是在短期内的总量调节还是长期中的结构调整，财政货币政策的协调在政策操作的空间和功效的持续性都是有所区分的。因此，财政货币政策的协调应该在短期内侧重总量调节的目标，而在长期内则侧重结构调整的目标。

---

　　① 张鹤，姚远. 开放经济条件下财政政策与货币政策的协调配合［J］. 工业技术经济，2012 年 2 月第 2 期.

经济结构调整包括总需求结构调整和总供给结构调整两个方面。新时期宏观经济的发展目标，要求政府的政策操作即要注意运用需求管理调控短期需求的形成和变化，调节总供求关系中的短期趋势，又要注意运用供给管理来调节长期供给的形成和变化，不断提高总供求均衡点。一般来说，需求管理运用更多的是货币供应、利率和汇率时滞较短等货币手段，通过这些参数的变化来相机调节信贷投资和消费需求，从短期内影响总需求的形成和变化，实现短期供求均衡。但是在中国实践中，也会通过及时调整财政政策，影响短期内的总需求，比如2008年国际上爆发金融次贷危机时，为应对出口需求的负面影响，中央政府及时作出增加4万亿元基础建设投资的财政政策调整，通过增加投资需求，扩大社会总需求，促进短期供求均衡，实现宏观经济的稳定增长。而供给管理运用更多的是税率、转移支付等时滞较长的财政政策手段。它主要通过影响投资和消费成本的角度改变供给的水平和结构。这种改变一般要较长的时间效果才能显现，所以主要是为实现长期供求均衡做出贡献，这对经济的长期稳定有深远的意义。但是在中国实践中，也会通过货币政策促进长期经济结构调整，比如为促进中国经济尽快转型升级，银行业针对战略新兴产业提供优惠利率贷款政策，而对国家要去产能的"三高"产业则采取限制贷款规模及不给予利率优惠的贷款政策。相对于其他政策，财政货币政策搭配更有可能实行供给管理和需求管理的结合，以统一短期和长期均衡目标。

（二）我国宏观经济调控政策组合

虽然经济环境的多样性导致每个国家政策组合的选择虽有不同，但是货币政策的独立性始终被明确为政策组合的核心或是长期发展的目标所在，即维持国内价格的稳定是政策组合的首要目的。但是危机的爆发导致了新兴市场国家的汇率出现巨幅波动，为了避免汇率波动对本国经济的不利影响，新兴市场国家在短期内通过资本管制措施或是以牺牲货币政策独立性为代价控制汇率水平，寻求对内和对外价格的双重稳定，从而减缓金融危机对本国经济的蔓延趋势。比如，1997 年，亚洲爆发了非常严重的金融危机，为了保护韩元，韩国政府接受 IMF（国际货币基金组织）的援助，放弃对货币政策的独立性。IMF 答应给韩国 570 亿美元的援助，但是附带了两个条件，其中一条就是要求韩国上调利率，实行紧缩的经济政策。而当经济形势趋于稳定、市场情绪逐步企稳时，各国不断取消和放松在危机期间所采取的管制措施，汇率水平主要由市场决定，从而给货币政策的制定预留出足够的空间，即政策组合的均衡点重新回到了以货币政策独立性为核心或长期发展目标的趋势中。

不同于新兴市场国家立足于使用汇率手段应对危机挑战，发达国家在 2008 年以来的金融危机中主要是通过利率手段以压低整条利率曲线的方式刺激经济复苏，可以说，新兴市场国家和发达国家分别采用了不同的方法抵御危机的不利影响。究其根本原因，主要是由两类经济体在全球经济中的不同地位所决定。由于经济总量相对较小，绝大多数的新兴市场国家在全球经济环境中往往处于被影响者的地位，其与全球经济的联系主要体现在本币汇率水平方面，而每当突发事件发生时，市场的恐慌性情绪会在第一时间通过快速贬值的本币币值表现出来，这就决定了新兴市场国家在危机发生时一般会采取一定措施维持币值稳定，从而稳定市场情绪，避免连锁性事件的发生。对发达国家而言，其较为成熟的经济发展水平以及所拥有的储备货币地位会使得国际资本在危机发生时出现回流，这在一定程度上降低了发达国家出现货币贬值的可能性，从而避免了因为汇率管制而丧失货币政策独立性的"三元悖论"难题，所谓"三元悖论"，即克鲁格曼早些时候所说的"永恒的三角形"。它是指一国政府无法同时追求独立货币政策、固定汇率和资本自由流动这三个目标。"三元悖论"是任何一个开放经济所属必须面对的问题。这也是发达国家在危机期间可以专注于使用利率手段调控经济发展的原因所在。

作为新兴市场国家的一员，加入 WTO 以来，我国经济开放程度逐步提高，世界经济爆发金融次贷危机以来，我国也同样面临着"三元悖论"的难题。危机爆发后，发达经济体持续推出量化宽松政策，资本的逐利性导致热钱不断流入我国，因此央行不得不通过买入美元的方式稳定人民币汇率，从而投资与出口主导型的经济增长方式。因此，党的十七大报告提出，"以投资、出口拉动向消费、投资、出口协调转变"促进经济增长的决策是非常及时的。而国内国外利差的存在以及相对稳定的汇率相当于给流入的资本或套利资金赋予了"双保险"，在对人民币升值预期不变的前提下，资本流入的势头只会有增无减。如果要继续维持汇率稳定，央行必须通过买入外汇的方式干预市场，从而导致外汇占款增加，基础货币投放量不断上升。市场中充足的流动性以及相应增加的信贷供给必然带来资产价格上涨以及通货膨胀的压力，使得央行必须加大通过正回购方式回收流动性的力度，但是这又会推高市场利率水平，进而继续推高人民币升值的预期。这似乎形成了一个恶性循环：流动性充足，通货膨胀预期上升，央行回笼力度加大，利率上升，资本流入增加，汇率升值预期上升，热钱进一步流入，流动性又上升，进入新一轮的循环。2014年以来，随着美联储逐步减少并退出资产购买计划，对美元升值的预期使得人民币顺势开始贬值。而我国央行扩大人民币汇率日内波幅的决定最终令人民币进入了一个调整性贬值的阶段。虽说本币贬值对一个国家的经济稳定通常会带来负面影响，但是2008年金融次贷危机中，人民币贬值并没有让我国出现类似于亚洲金融危机期间东南亚国家所面临的资本出逃的问题，除了政策导向外，我国外汇储备的潜在干预能力也杜绝了人民币出现趋势性贬值的可能性。此轮人民币贬值对打击热钱的流入起到了示范性的警示作用，在一定程度上扭转了对于人民币单边升值的预期，在提高人民币双向波动可能性的同时，为下一步进行汇率制度改革摸索出了宝贵经验。

同时我国也有不同于其他新兴市场国家的一些显著特点。位居世界第二位的经济总量、多元化的贸易往来结构、持续稳定的经济增长势头以及雄厚外汇储备的支撑使得我国在全球经济中占据着越来越重要的地位，甚至可以说我国对于全球经济的重要性已经超越了某些发达国家的作用。即使在人民币尚不能自由兑换的情况下，人民币的单日交易量已经超越了新西兰元，2013年9月5日，根据国际清算银行发布了最新一期的全球外汇交易市场调查报告，人民币已经超越港币、瑞典克朗和纽币，成为全球第九大交易货币。近年来，人民币在国际贸易双边结算中发挥着越来越重要的作用，这在方便贸易往来的同时，也在不断地为人民币的国际化道路甚至人民币成为国际储备货币奠定基础。

因此，就短期目标看，改革是大势所趋，在允许资本自由流动的同时，逐步放开对于汇率的管制可以保证我国货币政策的独立性，使其专注于应对国内宏观经济的变化，从而解决"三元悖论"的难题。与此同时，不断积累的外汇储备在一定程度上可以起到为资本和外汇市场改革保驾护航的作用，从而避免因为政策调整对于整个宏观经济的冲击。这点也是我国与其他新兴市场国家在现阶段相同的发展目标。就长期目标而言，由于我国自身所拥有的优势地位，人民币的国际化发展程度会大大超越其他新兴市场国家的水平，随着人民币在贸易双边结算中发挥着越来越重要的地位，人民币呈现出逐步成为国际储备货币的趋势。或者说，通过不断放松对人民币的限制可以加强其在国际货币体系中的作用，在人民币不断融入国际货币体系的同时，可以使人民币拥有类似于其他储备货币的特点，即使在危机发生时也不会出现巨幅波动，从而使我国能够像其他发达国家那样，将货币政策从汇率管制中解放出来，真正地为调控国内宏观经济而服务。

二、职能与定位协调的财政和货币宏观调控取向

长期内侧重结构调整的目标要求财政货币政策的协调不再是促进投资和出口的快速增长，而是促进消费，调整供给结构。公共财政框架的建立即是适应这样的需要，原来直接用于经济冷却和经济加热的职能要向为社会提供公共安全、公共服务、社会公平和补偿机制的公共职能转变。财政政策直接促进经济增长速度的效力可以下降，但却提高了经济增长的效率和弥补了经济增长中的缺陷。也就是说，财政政策开始多少具有"中性"的含义。这里所说的"中性"是指在资源配置领域，市场机制发挥决定性作用，政府财政

政策只具有补充作用，主要是纠正市场失灵领域的外部性问题、公共产品问题与社会保障问题等。另外，随着政府主导的国有商业银行体制的改革和转型，长期以来货币金融体系所担负的经济增长"发动机"的功能需要向经济增长"稳定调节器"和促进投融资效率的功能转变。总而言之，财政和货币金融政策的职能要从原来直接刺激或者抑制经济增长转向提升经济增长的效率和维持经济增长的稳定性，这是中国经济改革与发展对财政与货币政策提出的客观要求。

（一）外汇储备和外债优化下的财政和货币政策协调

世界各国的外汇储备管理体制因历史、本国货币在全球经济体系中的地位和汇率制度安排的不同而有所差异，既有完全由中央银行主导的外汇储备管理模式，也有由财政部主导的外汇储备管理模式。在完全由中央银行主导的外汇储备管理模式下，财政与货币政策在储备管理中的协调配合的要求并不高，但在财政部主导的外汇储备管理中，中央银行通常会积极地参与财政部的外汇储备管理，由于财政部和中央银行的职责的差异，在储备管理中它们会加以密切地协调配合。然而，财政当局和货币当局在外汇储备管理中的分工和职责、协调配合的机制不尽相同。

1. 外汇储备管理中的财政货币政策协调配合

大国开放经济实行的是灵活的浮动汇率制度，相对于其他发展中国家而言，它们对外汇储备的需求相对要小，因为，这些经济体发行的货币本身是其他国家外汇储备的重要组成部分。如美元、欧元、英镑和日元都是国际储备货币。但是，尽管它们现在都实行了浮动汇率制，但其外汇储备管理体制却是在金本位时期或者是在布雷顿森林体系时期确立的，具有明显的路径依赖的特征。这些经济体的外汇储备管理体制虽然有明显的差异，储备的规模也相异悬殊，但在外汇储备管理中，财政和货币当局都有密切的配合。对大国开放经济中的外汇储备管理中，财政与货币政策的协调配合主要有以几个特点。

（1）从外汇储备的持有者来看，这些经济体既有财政当局和货币当局各持有一部分外汇储备，也有财政主导下的外汇平准基金账户持有的。美国财政部拥有美国一半左右的外汇储备，美联储掌握着另一半，但是，美国财政部在外汇储备管理中拥有决策优先权，它主要通过外汇平准基金（ESF）来管理外汇储备。

（2）大国开放经济经常利用外汇储备进行外汇干预，以维持当局所期望的汇率水平，但在这个过程中，财政当局和货币当局有明确的职责分工。从1962年开始，美国财政部和美联储就开始相互协调对外汇市场的干预，具体的干预操作却是由纽约联储银行实施的，联储是美国财政部的代理人。从20世纪70年代后期开始，美国财政部与美联储共同并平等地进行了几乎所有的外币操作，通常由每方各负担一半的干预资金。

（3）大国开放经济中，主要由中央银行负责储备管理的具体操作，但财政当局对储备管理拥有重要的决策权。在美国，ESF可以进行外汇操作，但它的操作都要经过财政部的许可，财政部负责制定和完善包括外汇市场干预政策在内的美国的国际货币和国际金融政策。此外，美联储主要通过联邦公开市场委员会来管理外汇储备，并与美国财政部保持密切合作。

（4）储备管理或外汇干预不应当对中央银行的货币政策产生不利冲击，也不应当影响中央银行货币政策的独立性。为了支持货币政策目标，英格兰银行自己持有的储备，这些储备并不属于英国政府的外汇储备，而是英格兰银行自身用于干预外汇市场以支持其独立的货币政策之需。

2. 主权外债与宏观调控

政府主权外债管理离不开同宏观经济政策的配合，我国政府主权外债通过其特有的渠道影响财政政策和货币政策的实施，从而促进财政、货币政策目标的实现。财政和货币政策作为宏观调控政策的两大主要手段，与政府主权外债管理的联系需要深入剖析，以便更加充分地探讨强化中国政府主权外债的风险管理的方方面面。

政府通过举借主权外债对宏观经济进行调控，促进经济持续快速健康发展。特别是当社会有效需求不足、经济运行中存在通货紧缩压力时，政府通过举借主权外债，加大公共投资支出，在较短的时间内直接形成社会有效需求，并引导民间投资，扩大国内需求、推动经济增长当经济过热、存在通货膨胀压力时，政府可以通过控制赤字和减少举借主权外债的办法，压缩政府支出，抑制社会需求，减轻通货膨胀压力。从这个意义上说，举借主权外债也是政府调控宏观经济运行的一个重要的政策工具。

（1）政府主权外债政策与财政货币政策协调配合内容

政府通过举借外债，将全球其他地方暂时闲置的资金集中起来，按照政府发展规划和宏观调控政策取向重新配置，用于国内经济建设，带动和提高国内社会资金的运行效率。一是政府通过举借主权外债可以使闲置的资金转向生产领域，扩大社会积累规模，提高资本的形成率，调整积累和消费的比例关系。二是政府通过举借主权外债转向集中的公共消费领域，以及转向国家确定的重点产业和重点地区的投资领域，起到调整和优化经济结构的作用。政府主权外债政策与财政和货币政策的协调配合主要包括以下两方面的内容。

第一，政策工具和政策运用的协调配合。政府主权外债政策同样关注汇率、利率、公开市场操作等货币工具，以及赤字、公债、财政投资和财政转移支付等财政政策工具，与二者主要在公共投资领域发挥作用，促进社会公平、实现经济社会可持续发展。货币政策以微调为主。财政政策则有迅速启动投资、拉动经济增长的作用。政府主权外债政策既涉及财政投资也涉及外汇货币政策，与二者共同发挥政策作用。例如，政府主权外债关注货币政策中的利率和货币发行量。利率直接涉及举借成本，货币发行量与举借量密切相关，如果本国货币发行量较大的情况下，借入外国债务资金量也大，将造成货币贬值和通货膨胀预期加大的问题。同样，政府主权外债举借同财政赤字也密切相关，如果财政赤字较大的情况下继续大量举借政府主权外债，将加大财政赤字，对未来财政支出产生较大压力。

第二，政策功能的协调配合。货币政策与财政政策功能的协调配合还体现在基础性和公益性投资项目应该以财政投资为主，而竞争性投资项目应该是商业金融体系的投资范围。同时，政府主权外债政策影响二者在作用机制、调节领域、作用对象、效应时滞、政策工具等各个方面。一般而言，政府主权外债政策按照财政政策方针实施，在促进经济稳定增长、优化结构和调节收入分配方面具有重要功能，特别是通过发挥其目标定位准、针对性强、作用直接有效的优势，对经济发展的薄弱环节实施"点调控"，可以在调整和优化经济结构方面发挥更大作用。而政府主权外债政策在特定时间和环境条件下，也对货币政策在调节社会供求总量方面具有一定程度的影响。特别是我国的政府主权外债往往以外币借入，除部分外币资金购买机器设备之外，其中很大部分可能换为人民币使用，因此，在国内资金流动性充足，甚至是过剩的情况下，就会加大国内货币的流通量，推动通货膨胀及其预期。在实践中，政府主权外债的利息第四章中国政府主权外债风险管理利息成本一定程度上还同国内的公债利息成本比较，从而判断利息的债务负担，并据此对政府债务政策作出调整。从一般意义上说，只要公债发行的加权平均利率低于增长率，政府债务政策就是可持续的。我国经济的高增长和公债发行利率的低水平，从另一个方面说明我国政府债务的偿还风险较低。随着宏观调控的需要，我国的财政和货币政策会做出相应调整，我国借用政府主权外债也应有力地支持和配合国家的财政货币政策，保证政策意图的实现。

（2）财政货币政策对政府主权外债的影响

政府主权外债对财政货币政策的实施起着重要的作用，而举借债务国家的国内政策也会影响政府主权外债，特别是财政和货币政策的选择对于加强政府主权外债管理、防范和化解由政府主权外债引发的危机产生重大的影响。例如国内货币政策不当，货币流通量过度，发生通货膨胀，物价上涨，国内货币贬值，对外偿还外债政府主权外债风险增加。或者，由于财政政策不当，导致增加财政赤字，弱化了国家偿债能力，间接地导致偿债风险。并且，贸易赤字加大，也会使本币贬值，外币升值，外债负担加重。因此，政府主权外债债务国国内政策必须与政府主权外债管理要求有适当的协调，应当协调货币有效供给和利率水平，增加流动性，稳定国内投资利率水平和储蓄利率，充分动员国内长期储蓄，扩大内需的有效需求，提高消费水平。此外，政府主权外债还同积极或紧缩的财政公共投资、政府采购、内外债协调等因素密切联系。一般说来，实施紧缩的货币财政政策，理论上应是减少举借政府主权外债的规模，还会通过提前还款，还外借内等做法压缩总量和调整借款结构。而实施积极的货币财政政策，由于扩大货币发行量和公共财政支出，需要的资金使用量大，政府一般会在对外借款方面也相应采取更加积极的态度。实践中，无论采取紧缩还是积极的货币财政政策，政府都会采取理性判断以下几方面因素来为举借决策作出判断、使用外债资金量的实际需求、国内外的经济环境，例如国外资金的成本较国内高得多，则需少借、自身的承受能力，借用政府主权外债需要通过项目的收益、财政收入或国家外汇储备对外保证偿付，因此，如果借款已经或快要达到债务警戒线，则需少借或不借。①

第四节　现代财政宏观调控中的体制模式优化

纵观近年来的财政管理体制改革，结果不太令人满意。一些零星改革大都停留在修修补补层面，碎片化、表层化问题突出；有些改革处于摇摆状，或在方案论证上或在试点试验中，出现了选择性改革、被动性改革的问题；受部门或集团利益、地方利益的驱使，甚至还出现了改革的逆向性选择、狭义经验主义倾向。当下，改革的滞后性已引致社会各界诟病，并产生了诸多与之相关的经济社会问题。因此，加快推进分税制财政体制改革紧迫而必要。

1. 加快财政管理体制改革是完善市场经济体系的客观要求

1993 年 12 月 15 日，国务院做出的《关于实行分税制财政管理体制的决定》，时值我国由计划经济向市场经济转轨的初期，受多种因素和条件的制约，选择了一条"渐进式"改革路径，过多照顾既得利益、过多强调中央集

---

① 张徐. 中国政府主权外债风险管理研究. 财政部财政科学研究所［D］，2010 年.

权、过多注重激励机制，形成了"中国式财政分权"。财政制度是衡量市场经济成熟程度的重要标尺，也是完善市场经济体系的重要内容。只有妥善处理好政府与市场、事权与财权、集权与分权等关系问题，切实构建现代意义上的财政制度，才能有效发挥市场机制作用。

2. 加快财政管理体制改革是加快经济发展转变的重要内容

1994 年的分税制改革，历经 20 年的实践运行，基本上丧失了帕累托改进的余地，期初的某些"正向激励"日益演化为"逆向调节"。近年来，我国经济一直处于"过热"状态，中央政府诸多宏观调控难以"落地"，也是源于"基数＋增长"的制度设计"倒逼"着地方政府不遗余力地"增长"，而可供选择的路径便是投资、招商"冲动"，难以摆脱粗放式发展模式。加快经济发展方式转变，迫切需要创新财政体制机制，切实营造优良的制度环境条件。

3. 加快财政管理体制改革是释放改革红利的重要途径

1994 年分税制改革，释放了巨大的制度红利，奠定了财政大国地位。当下，我国已步入工业化中后期，进入了中等收入国家行列。面对着人口红利的逐渐消失、收入分配差距扩大、资源生态环境约束等一系列矛盾和问题，必须靠改革的思维、方式、方法来解决。财税制度是一个国家最为根本的经济制度，而财政体制又居于核心地位。重启财政体制改革，进一步释放改革红利，是实现中国梦的战略选择。

4. 加快财政管理体制改革是缓解地方财政困境的直接途径

分税制后，一个不争的事实就是财权上移，形成了事权与财权、财力的极不匹配。尽管政府采取了诸如县级财力保障机制等措施，在一定程度上缓解了地方财政困难。但地方政府财源枯竭、事权无限度扩大的现实没有从根本上改观，致使地方政府过度依赖土地财政，大量变相融资举债，在某种程度上陷入了增长困境。

因此有必要重新完善我国的分税制财政管理体制，改进基本思路包括：

（1）重新定位财政职能范围。要"有所为，有所不为"，重新考量政府财政活动领域和作用边界。一个基本的改革建议，就是凡是市场能做的，政府就要少介入或者不介入；凡是通过间接手段能调节的，政府就少用或者不用直接手段来干预；凡是更低一级政府能做的，更上一级政府就少介入。合理确定财政收入规模和速度，减少行政手段在财力资源配置上的无节制运用，还原市场机制的本原，最大限度地满足社会公共需要。

（2）充分划分政府间事权范围。本着外部性、信息复杂程度和激励相容的原则，重新划分中央政府、省级政府和地方政府（市、县、乡镇）之间的事权范围，有效克服"上下一般粗，职责同构"的问题。当下，要将一些事关全局、流动性强、跨界域的事权和支出上划省级以上政府。

（3）适度降低政府宏观税负。以2012年为例，我国大口径的宏观税负为35.8%，超出了仍处于发展初级阶段的国情。要从国民收入初次分配入手，通过一系列税费改革，如结构性减税、减费等，合理控制政府收入规模和增长速度。

（4）合理划分政府间财权。一方面，积极探求"集权"与"分权"的平衡点，适度降低中央财政的集中度，通过减少共享税种、降低共享比例等，适度下沉财力，建议中央与地方政府间的税收收入的初次分配比例控制在"50：50"的水平；另一方面，赋予地方政府适度的税权，将那些保证全国政令和税收政策统一，维护全国统一市场和公平竞争的地方税的税收立法权集中在中央外，可将其"余权"让渡地方。

（5）省以下财政体制实行"命令模式"。层级分权思维主导下的政府间收入划分，到了县乡层面几乎无税可分。前些年，财政单项力推的"省直管县"改革试验，也因与现行的行政管理体制不匹配、区域经济发展不协调以及省级管理幅度和县级运行成本等问题的制约，效果不理想。为此，要从弱化层级财政思维入手，不断强化辖区财政责任。同时，借鉴俄罗斯、巴西等转轨国家省以下财政体制经验，引入"命令模式"，由中央政府明确规定主要税种在地方各级中的最低划分比例。

（6）加速推进税制改革。我国现行的税收制度，大体延续1994年的制度框架，虽然经历了近年来的两税合一、个税起征点变动、增值税"转型"和"扩围"试点等项改革，但流转税、间接税的主体地位没有改变。这种税制结构，适应了组织财政收入的需要，特别是确保了中央财政收入的稳定增长。地方税制的先天不足和逐年萎缩，伤害了地方政府的财源基础，迫使地方政府纷纷在土地、资源、环境上做文章，造成了不规范竞争、产业趋同、产能过剩。新一轮税制改革，要在总体改进完善的基础上，必须将地方税建设置于重要地位，通过重新划分增值税和所得税分享比例，改进消费税并让渡地方，以及完善房产税、遗产和赠与税等，确保地方政府拥有较为稳固的主体税源。

（7）改进财政转移支付制度。明确转移支付来源，合理确定转移支付规模、优化转移支付结构，自上而下加大专项整合力度，积极探索横向转移支付形式，加大以"因数法"为主导的分配办法，切实提高转移支付绩效。

（8）统一政府财政权。政府财权部门化、部门财权法治化，是当前我国财政经济运行中的最大顽疾。从根本上解决"各路大臣都分钱"的问题是当务之急。要从维护国家和地方财政经济安全的高度入手，通过完善各项财政法规制度，推进依法理财和"阳光财政"建设，深化政府预算改革，整合政府财力资源，实行"金财工程"等措施，确保政府财政权的完整、统一。

回顾与总结：根据国际经济发展形势和国内经济新常态，我国现代财政宏观调控取向可确定为：目标上注重总量调控和结构调整相结合，遵循市场经济规律，以间接调控为主，加强政策协调配合，增强宏观调控的综合效果；工具上注重政策工具的协调配合；操作上注重短期和中长期结合，依据经济形势变化相机抉择。现代财政宏观调控，应在全面深化改革、经济结构优化、内外均衡总量、供给侧结构性改革目标下进行财政宏观调控与货币宏观调控政策配合。现代财政宏观调控政策实施，需要对我国现性财政管理体制进行进一步改革，形成较为科学的财政管理体制保障财政宏观调控的实施。

开放经济条件下，国际经济波动存在显著的溢出效应。从次贷危机到债务危机，世界主要经济体都受到了不同程度的波及。为了减轻这种影响，我国只有更好地将财政政策和货币政策协调配合起来。2008年以来的经济危机在一定程度上降低了我国高速增长的贸易和资本"双顺差"，在此我国可以通过政策间的双向协调、利率市场化、公债买卖和一揽子汇率制度等政策的变化来调控宏观经济，进而达到稳定增长经济的目标。

参 考 文 献

[1] 楼继伟. 财政改革发展若干重大问题研究 [M]. 北京：经济科学出版社，2014.

[2] 楼继伟，张少春，王保安. 深化财税体制改革 [M]. 北京：人民出版社，2015.

[3] 项怀诚等著：个人所得税调节谁，北京：经济科学出版社，1998.

[4] 高鸿业主编. 西方经济学宏观部分 [M]. 北京：中国人民大学出版社.2005.

[5] 张馨等著. 当代财政与财政学主流 [M]. 沈阳：东北财经大学出版社.2000.

[6] 闫坤，张鹏.2013 年我国宏观经济与财政政策分析报告 [J]. 经济研究参考，2014 年第 15 期.

[7] 李颖. 基于我国内需结构失衡的财政货币政策协调研究 [D]. 天津：天津财经大学，2009 年第 5 期.

[8] 冯艳蕾. 金融危机背景下中国宏观调控政策的取向 [D]. 成都：西南财经大学，2009.

[9] 卞志村，陈义林. 经济结构调整目标下的财政货币政策协调 [N]. 广东金融学院学报，2008 年第 11 期.

[10] 张鹤，姚远. 开放经济条件下财政政策和货币政策的协调配合 [J]. 工业技术经济，2012 年第 2 期.

[11] 石凯.论结构优化与中国外汇储备管理战略 [D]. 长春：东北师范大学，2013.

[12] 郭伦德.我国经济转轨阶段财政政策研究 [D]. 北京：中共中央党校，2004.

[13] 张徐.中国政府主权外债风险管理研究 [D]. 财政部研究所，2010.

[14] 阎坤，鄢晓发，李琳.转轨和开放经济条件下促进经济结构调整的财政货币政策协调研究 [J]. 财政研究，2007 年第 1 期.

[15] 乔欣.2015 宏观调控新思维 [J]. 新理财（政府理财），2015 年第 5 期.

[16] 高培勇.论国家治理现代化框架下的财政基础理论建设 [J]. 中国社会科学，2014 年第 12 期.

[17] 高培勇.由适应市场经济体制到匹配国家治理体系——关于新一轮财税体制改革基本取向的讨论 [J]. 财贸经济，2014 年第 3 期.

[18] 楼继伟.主动适应经济发展新常态不断开创财政事业新局面 [J]. 中国财政，2015 年第 4 期.

[19] 张晓晶.试论中国宏观调控新常态 [J]. 经济学动态，2015 年第 4 期.

[20] 徐利.对"十二五"时期财政宏观调控的思考 [J]. 财政研究，2011 年第 7 期.

[21] 马骁.财政宏观调控：目标与手段 [J]. 财经科学，1995 年第 1 期.

[22] 宁旭初，古炳玮.中期财政规划：内外部环境、挑战及对策研究 [J]. 经济研究参考，2015 年第 23 期.

[23] 张延，邱牧远.预期"新常态"下宏观调控政策的特点 [J]. 财政研究，2015 年第 5 期.

[24] 王志刚.新常态下的财政政策规则与目标 [J]. 公共财政研究，

2015 年第 3 期.

[25] 许志峰，成慧. 宏观调控转向了吗［N］. 人民日报，2015 年 4 月 27 日.

[26] 财政部财政科学研究所课题组，张鹏，王志刚，程瑜，梁强. 宏观经济形势与财政调控：从短期到中长期的分析认识［J］. 经济研究参考，2015 年第 61 期.

[27] 财政部财政科学研究所课题组，贾康，赵全厚. 财政宏观调控方式的健全与完善［J］. 经济研究参考，2019 年第 2 期.

[28] 高培勇. 经济增长新常态下的财税体制改革［J］. 求是，2014 年第 24 期.

[29] 倪红日. 中国经济新常态下财税改革的目标、路径以及面临的挑战［J］. 经济体制改革，2015 年第 1 期.

[30] 于长革. "新常态"下的财政运行特征及政策取向［J］. 中国财政，2015 年第 3 期.

[31] 黄伟京. 主动适应经济发展新常态　努力开创财政改革新局面［J］. 经济研究参考，2015 年第 5 期.

[32] 贾康. 新常态下的宏观调控与财政政策［J］. 金融市场研究，2014 年第 11 期.

[33] 贾康，苏京春. 经济学的"新框架"与"新供给"：创新中的重要联通和"集大成"境界追求［J］. 财政研究，2015 年第 1 期.

[34] 贾康. PPP：制度供给创新及其正面效应［N］. 光明日报，2015 年 5 月 27 日.

[35] 贾康等. "十三五"时期的供给侧改革. 国家行政学院学报，2015 年第 6 期.

[36] 李春根. 我国经济发展新常态下的财税政策选择［J］. 税务研究，2015 年第 4 期.

[37] 王志刚. 新常态下的财政政策调整［J］. 中国财政，2015 年第

6 期.

　　［38］查勇，梁云凤．新常态下财税改革方向及政策建议［J］．财政研究，2015 年第 4 期.

　　［39］郭代模，李栋．新常态下财政调控的基本思路［J］．中国财政，2015 年第 14 期.

　　［40］刘伟，苏剑．"新常态"下的中国宏观调控［J］．经济科学，2014 年第 4 期.

　　［41］IMF. A Shifting Global Economic Landscape. In Washington，D. C. : January 16，2017.

　　［42］上海财经大学高研院"中国宏观经济形势分析与预测"课题组．中国宏观经济形势分析与预测年度报告（2016 – 2017）．2016 年 12 月.

　　［43］上海财经大学高研院"中国宏观经济形势分析与预测"课题组．中国宏观经济形势分析与预测年度报告（2015 – 2016）．2015 年 12 月.

后　　记

　　为推进现代财政制度的建立，进一步提高财政干部的业务素质，经财政部领导批准，我们立项开发了我国现代财政制度系列教材课题，包括一个总课题和六个子课题，由中央财经大学牵头，联合其他五所部省共建院校共同研究，财政部有关司局也参与了研究。本书是在江西财经大学李春根教授主持的子课题之五《现代财政宏观调控研究》的基础上而成。

　　现代财政制度本质上是公共财政，其核心是公共性，其整体功能是保证效率与公平有效融合。而效率与公平功能的实现需要现代财政制度框架下的财政宏观调控，即在现代财政制度框架下利用财政政策工具调整总需求数量和结构，进而影响总供给的数量和结构，实现经济适度增长、产业结构升级、区域协调发展、分配结构平衡，促进我国尽快适应"新常态"。本书借鉴了国内外诸多理论界和实践界专家、学者的成果，力图探索我国现代财政制度建设过程中的财政宏观调控理论发展和实践经验，使本书稿研究成果既反映财政理论与政策的最新发展，又适用于财政干部培训的实践需求。

　　本书由江西财经大学财税与公共管理学院李春根教授主持，李春根教授、舒成副教授负责全书的总纂和统稿。各章编写具体分工为：第一章，李春根教授、徐建斌博士；第二章，汪柱旺教授、万军博士；第三章，舒成副教授、王丽娟博士；第四章，程岚教授、罗晓华副教授；第五章，蔡芳宏副教授、吴进进博士、戴丽华博士。江西财经大学财税与公共管理学院的研究生宋江、张添文、何玉娟、徐吉荣、陆鸣等参与了书稿数据、资料的收集整理。

在课题研究和书稿写作过程中，财政部综合司积极参与了课题研究和书稿审核；中央财经大学马海涛教授对本书进行了审阅；中国财经出版传媒集团经济科学出版社在本书的出版编辑过程中给予了大力支持。在此，对参与课题研究、书稿写作、审核和编辑出版的各个单位和各位专家表示衷心感谢。

目前，财税体制改革正处于攻坚克难的关键时期，现代财政制度的构建也在不断实践和推进之中，加之我们的理解和研究水平所限，书稿中的疏漏和不足之处在所难免，欢迎读者予以批评指正，以便再版时修正。